◎国际商务案例集◎

国际市场营销案例

刘铁明　编著

中国财经出版传媒集团
经济科学出版社
Economic Science Press

图书在版编目（CIP）数据

国际市场营销案例/刘铁明编著.—北京：经济科学出版社，2015.12
（国际商务案例集）
ISBN 978-7-5141-6436-7

Ⅰ.①国… Ⅱ.①刘… Ⅲ.①国际市场-市场营销-案例 Ⅳ.①F740.2

中国版本图书馆 CIP 数据核字（2015）第 315754 号

责任编辑：杜　鹏　张　力
责任校对：隗立娜
版式设计：齐　杰
责任印制：邱　天

国际市场营销案例
刘铁明　编著

经济科学出版社出版、发行　新华书店经销
社址：北京市海淀区阜成路甲 28 号　邮编：100142
总编部电话：010-88191217　发行部电话：010-88191522
网址：www.esp.com.cn
电子邮箱：esp_bj@163.com
天猫网店：经济科学出版社旗舰店
网址：http://jjkxcbs.tmall.com
北京万友印刷有限公司印装
710×1000　16 开　18 印张　360000 字
2016 年 5 月第 1 版　2016 年 5 月第 1 次印刷
ISBN 978-7-5141-6436-7　定价：42.00 元
（图书出现印装问题，本社负责调换。电话：010-88191510）
（版权所有　侵权必究　举报电话：010-88191586
电子邮箱：dbts@esp.com.cn）

总　　序

20世纪末的第二次全球化大潮使世界各国和地区的市场进一步融合，任何一国的企业，无论是否有意参与国际竞争，都已置身于国际商务环境之中。与此同时，中国自2001年加入WTO以来，对外贸易和对外投资迅猛发展，中国企业"走出去"开展跨国经营、参与国际竞争的意愿逐渐增强。为适应21世纪我国对外贸易和对外投资发展的需要，增强我国企业的国际竞争力，我国教育部于2005年首次批准设置国际商务本科专业。至今，国际商务专业已走过了10年的风雨历程。在这十年里，国际商务专业在国内学术界的争议声中不断成长，逐渐被社会认可，被市场需要。如今，国际商务专业已发展成非常有前景的热门专业。

经过10年的努力，国际商务专业的学科属性已基本成型。国际商务是一个独立的自足（Self-contained）的学科，是从各相关学科中吸取国际化经营所需的专业知识进行有机的融合而形成的新的学科体系（王林生，2013）。国际商务是在全球性、区域性、国家、地区、产业和企业多个层面上货物与服务进出口、国际生产制造和对外直接投资的综合活动（王炜瀚，2013）。由此可见，国际商务是一个十分庞大的学科，其实践领域可以涵盖国际贸易、国际投资、国际金融、国际商法、国际市场营销、跨文化管理、国际商务谈判等方方面面。

为进一步培养应用型、复合型、职业型高级国际商务专门人才，教育部于2010年批准设立国际商务专业硕士学位。国际商务人才培养目标突出目标市场及具体专业技能培养，突出国际化技能和国别技能培养，突出高层次国际商务人才培养。要实现上述目标，学生在校期间除了多参加实践活动之外，在教学活动中的案例教学显得尤为重要。

但目前，市场上与国际商务学科相关的案例集普遍存在零散、系统性差、时间滞后、无法满足国际商务教学实践等特点。因此，编辑、整理、收集为国际商务专业学生课堂教学使用的专门的案例集就显得尤为迫切且十分必要。

本套丛书既可满足高校培养应用型、复合型、职业型高级国际商务专门人才之需，弥补国际商务专业所需的各种技能训、练基地缺乏之需，也可满足为政府及企业国际化提供借鉴材料之需。

本套丛书由王云凤教授担任总主编，分别由郭天宝、王素玉、张智远、刘铁明、李建民、关嘉麟、李可七位老师编写。本套丛书能够出版，与吉林财经大学国际经济贸易学院教师多年形成的齐心协力、合作共赢的氛围是分不开的，它凝结了吉林财经大学国际经济贸易学院教师多年的科研和教学心血与宝贵经验。本套丛书由2014年吉林省财政专项国际商务专业硕士案例库建设项目资助。由于编写水平有限，疏漏或不当之处在所难免，敬请同行专家、学者及读者批评指正。

编委会

2016年2月

前　言

随着经济全球化，我国融入世界经济的程度不断加深。从进出口贸易到对外直接投资，跨国经营活动的规模不断扩大，经营的领域不断拓深。目前我国已成为世界第二大贸易国和第三大对外投资国。从贸易大国向贸易和投资强国转变，中国正面临着巨大的挑战，如何提高跨国经营的水平、增强企业参与国际市场竞争的能力，已经成为摆在中国企业面前的重要课题。

《国际市场营销学》是研究企业跨国经营战略和策略、提高企业国际竞争力的应用学科。它将市场营销的基本原理运用在复杂多变的国际环境中，阐述如何针对国际市场运用4P等营销策略取得跨国经营的成功。掌握好国际营销的基本理论、基本技能，案例学习是一个重要手段。通过案例的分析和讨论，不仅能增强学生对营销实践的感性认识，而且能锻炼他们的创新思维和判断推理能力，从而有效提高他们的营销实战技能。本书就是为实现这一目的而配合国际营销的基础理论所编写的参考书籍。

本书按照国际营销学基础理论的框架，将案例分专题分别予以对应，使案例更具有针对性；案例的选用不仅考虑经典性，更注重其时代感和创新性，使案例更具吸引力；案例汇集了国内外著名企业的营销实例，涉及的领域也较为广泛，力求全方位、立体地展示企业营销实战，为学生将来从事营销实践活动提供切实有益的帮助。

本书作者长期从事国际市场营销的教学工作，并一直致力于案例教学的探索，书中很多案例在教学中曾使用过，作者努力将案例教学积累的一些经验体现在书中。

本书既可以作为高等院校市场营销、国际经济与贸易、工商管理、国际商务等专业营销课程的配套参考书籍，也可以作为各类企业营销管理人员的参考资料。

本书在编写过程中，参阅了大量的国内外同行专家教材、著作、论文、报刊及各类媒体报道，在此深表谢意，遗漏未列出的参考文献敬请作者谅解。由于国际市场营销理论的快速发展和营销实践的不断变化，加之学识和经验有限，书中难免会有疏漏之处，欢迎广大读者批评指正。

编 者

2016 年 12 月

目录

第一部分　国际营销导论 ………………………………………………… 1

没有"中国制造"的一年 ……………………………………………… 3
拉夫星球：保罗·拉夫·劳伦的全球营销战略 …………………… 5
惠尔浦和全球器具工业 ………………………………………………… 9

第二部分　国际营销的经济环境 ………………………………………… 13

如何应对全球金融危机 ………………………………………………… 15
TCL进入越南市场 ……………………………………………………… 18
日本黑白电视机进入中国市场 ………………………………………… 21
玩具"反"斗城与全球化 ……………………………………………… 23
乐购在印度 ……………………………………………………………… 31

第三部分　国际营销的政治法律环境 …………………………………… 37

"印度可乐门"事件如何收场 ………………………………………… 39
中海油并购优尼科 ……………………………………………………… 42
墨西哥水泥公司与反倾销 ……………………………………………… 45
发展中的纳米技术监管：三星银离子系列洗衣机 …………………… 54
微软反垄断案 …………………………………………………………… 57
环境灾难的余波：联合碳化物公司在布巴 …………………………… 69

第四部分　国际营销的社会文化环境 …………………………………… 75

欧洲的迪士尼 …………………………………………………………… 77
宜家在美国 ……………………………………………………………… 80
凯洛格公司 ……………………………………………………………… 86
在拉丁美洲营销工业品 ………………………………………………… 90
绍兴黄酒进军美国市场 ………………………………………………… 93

谁能最好地将"城市冒险者"介绍到沙特阿拉伯？ …………………… 96

第五部分　国际营销调研 …………………………………………… 103
肯德基的跟进选址策略 …………………………………………… 105
调研帮助惠而浦在全球市场实现当地化 ………………………… 108

第六部分　国际市场细分、目标市场选择和市场定位 …………… 111
宝洁公司的市场细分策略 ………………………………………… 113
奔驰公司在中国的市场细分 ……………………………………… 118
欧莱雅的中国目标市场策略 ……………………………………… 124

第七部分　国际竞争策略 …………………………………………… 129
苹果公司的竞争战略 ……………………………………………… 131
华立集团收购飞利浦 CDMA 手机 ……………………………… 135
青岛啤酒的国际竞争环境分析 …………………………………… 140
FedEx 与 UPS 公司在中国竞争策略的对比 …………………… 147
凯迪拉克在中国市场的销售分析 ………………………………… 152
可口可乐和百事可乐学会如何在印度饮料战场进行竞争 ……… 157

第八部分　国际产品策略 …………………………………………… 169
自主创新使中国成为港机最大出口国 …………………………… 171
三星电子的国际产品开发战略 …………………………………… 173
海尔成功进入美国市场 …………………………………………… 184
华为的新产品开发战略 …………………………………………… 189
可口可乐公司的产品差异化与标准化策略 ……………………… 196
麦当劳该不该当地化 ……………………………………………… 203
宝洁公司多品牌战略 ……………………………………………… 206
雅芳公司的墨西哥分公司 ………………………………………… 214
吉列公司的新产品开发 …………………………………………… 218
哈根达斯 …………………………………………………………… 222

第九部分　国际分销策略 …………………………………………… 231
KW 公司拓展海外市场 …………………………………………… 233
宝洁的权重分销 …………………………………………………… 235
道达尔公司进驻中国模式 ………………………………………… 239

第十部分　国际定价策略 ······················· 241

3DO 的定价合适吗？ ······················· 243
意大利椅乡面临中国的挑战 ······················· 246

第十一部分　国际促销策略 ······················· 249

开展国际促销，树立"美的品牌" ······················· 251
宜家的体验营销 ······················· 253
日用品公司如何选择广告代理商 ······················· 263
国际广告：标准化、本土化还是全球化 ······················· 267

第十二部分　国际营销的组织与控制 ······················· 269

联合利华公司的组织变革 ······················· 271
OEC – 海尔的推动力 ······················· 273

第一部分 国际营销导论

没有"中国制造"的一年

> **摘要：** 在全球化的今天,"中国制造"产品凭借其低廉的价格已经渗透到全球的各个角落,各国政府和居民出于本国的利益采取各种措施去抵制"中国制造",然而他们发现缺少了"中国制造"他们的生活会变得"一团糟",各国政府需要思考如何正确对待"中国制造"?如何正确处理与中国的贸易关系?
>
> **关键词：** 全球化；中国制造；贸易战

圣诞节过后两天,我们把"中国"从家里踢了出去。当然,我们并非把这个国家剔出去,而是不再使用一些标明"中国制造"的塑料、金属和木制产品。我们保留已经拥有的"中国制造"的产品,而不再购进任何新产品。

这种驱逐行动不是中国的错。我们生活中充斥着来自中国的各种东西——玩具、小玩意儿和10美元一双的童鞋。有时,我也担心流失到海外的就业机会或者有关侵犯人权的报道,但价格最终总是战胜我们的价值观。我们根本无法拒绝中国出售的产品。

但是,在那个黑色的星期一,当我坐在沙发上,环顾节日过后的满地狼藉时,一种不安慢慢涌上心头。直到那一刻,我才注意到一个不容辩驳的事实——中国正在占领这个地方。

桌子上的电视机、门边的一堆网球鞋、圣诞树上的彩灯、地板上的洋娃娃,屋里随处可见中国制造的产品。我起身离开沙发,迅速进行了一次盘点,把所有的礼物分成了两大类——中国制造的和非中国制造的。最后的统计结果是：中国产品25件,非中国产品14件。我意识到圣诞节已经成了中国人制造的节日。突然,我觉得够了。我想把"中国"关在门外。经过略施小计和一番苦口婆心的劝说,我把丈夫也争取过来。于是,1月1日,我家开始了为期一年的抵制中国产品的活动。这个想法并非为了惩罚中国,它根本不会感觉到我们的抗议带来的这点微乎其微的影响。而且,我们也不会欺骗自己,认为我们把一个就业机会还给了俄亥俄州或者佐治亚州的某家公司。我们把"中国"拒之门外是因为想衡量一下,中国到底在多大程度上渗入了我们的生活。我们想知道放弃使用中国产品到底需要花费多少时间和金钱，以及会带来多少不便。

我们碰到的第一个问题就是儿子的网球鞋已经小得无法再穿了。给他买一双新鞋搞得我疲惫不堪。经过两周的奔波后，我终于受不了了，花60美元给他买了一双从意大利进口的运动鞋。这笔钱花得让我有点心疼，因为这个价钱对于一双童鞋来说似乎有点奢侈。但我很快就习惯了这种感觉。几周后，我又花了60美元给我们蹒跚学步的小儿子买了一双得克萨斯州制造的鞋子。

随后，我们在许多小事上遇到了麻烦。为了给丈夫的生日蛋糕买蜡烛，我开车去了6家杂货店都没有买到，最终在厨房里找到一盒落满灰尘的蜡烛将就使用。我家的一个旧抽屉从1月起拉不开了。我丈夫在"家得宝"发现了修抽屉用的工具，但当他发现这个工具也贴着"中国制造"的标签后，就又把它放回了货架上。

家里的搅拌器和电视机坏了，这也带来了小小的危机。我们还不得不用起了旧式的捕鼠器，因为新式的也是中国制造的。避开中国制造的玩具更是一件令人难以应付的事。春天，我们4岁的儿子发起了一次反抵制行动，坚决支持"中国的东西"。儿子一直是一个重友情的人，但是最终他厌倦了总把丹麦生产的"乐高玩具"送给朋友作为生日礼物。10月的一天早晨，我们去百货公司购物的时候，他突然喜欢上了一个电动的紫色南瓜玩具。儿子哭着说："我们都多久不用中国的东西了。"他为此纠缠了我一天。第二天早晨，我又开车带他去百货公司，让他用自己生日时得到的钱去买那个南瓜玩具。

我不知道12月31日我家的抵制行动正式结束的时候，我们会怎么做。没有中国产品的生活一团糟。我发现，中国并没有控制我们日常生活中的每个地方，但如果你看看百货公司玩具部的盒子下面，我保证你还是会大吃一惊。

经过一年没有"中国"的日子后，我可以告诉你：没有中国你也可以活下去，但是生活会越来越麻烦，而且代价会越来越大。以后10年我可能都没有勇气再尝试这种日子。

【思考题】

1. 试问在经济全球化的背景下，如何理解"没有中国产品的美国人的生活一团糟"这个结论的含义。

2. 美国与中国打贸易战，是明智的选择吗？

【资料来源】 该文是美国资深女记者萨拉·邦焦尔尼写的，由美国《基督教科学箴言报》于2006年12月20日刊出，《参考消息》于2006年12月21日第1版转载。

拉夫星球：保罗·拉夫·劳伦的全球营销战略

> **摘要**：PRL 是一家拥有 50 年发展历史且被公认为全球最成功的休闲品牌公司之一，近年来，致力于开拓全球市场，并采用了相关的营销手段在欧洲、亚洲等地区取得了惊人的成绩，未来 PRL 能否实现其"全球梦"？其品牌战略和营销手段能否成功？值得我们期待和思考。
>
> **关键词**：PRL；全球战略；全球思想

保罗·拉夫·劳伦（PRL）被认为是全球最成功的休闲品牌公司之一，2006 年销售额超过 53 亿美元。公司在 40 周年庆之际迎来了世界各地的褒奖之词。《时代》杂志 2006 年 5 月 8 日刊的"100 位最具影响力人物"中就包括拉夫·劳伦，并将其描述为"织梦人"。《时尚芭莎》杂志 2006 年 3 月刊评论他为"时尚界第一人"，并宣布他是全球最畅销的设计师，并描述了他从布朗克斯小孩 Ralph Lifschitz 成为全球著名的拉夫·劳伦的过程。

1. 保罗·拉夫·劳伦概念

PRL 是一家家族控制公司，其总裁兼 CEO 是设计师兼创建者拉夫·劳伦。该公司在纽约证券交易所上市，公司业务来自 3 个来源：零售、批发和特许经营。

零售部分经营超过 279 个全价和折扣店。包括在曼哈顿、伦敦、巴黎、米兰、东京及莫斯科的旗舰店。还拥有一个增长迅速的经营范围广泛的网站 polo.COB，目前在全球已拥有 80 万顾客。网站能展示各种产品，并向零售店外的消费者传递奢华生活方式的信息。根据美国奢侈品协会 2006 年奢侈品网站有效性索引（LWEI）时尚设计师排名，保罗·拉夫·劳伦拥有顶级的网站。LWEl 要求奢侈品网站具有 4 个有效要素：内容实用性、导航方便性、总体外观和感觉以及个人信息的信任程度。目前零售部分占总收入的 42%。

批发部分由两个单元组成：Polo 品牌和 Collection 品牌，每个单元都将自己的分散品牌销售给部门和专营店，以及 PRL 所有的特许店铺。

特许部分占总销售额的 10% 左右，通过从特许加盟方收取版税产生利润，被许可人获得使用权，可以在特定地域的特定产品的加工和销售过程中使用公司的商标。作为全球化战略的一部分，PRL 收购了其日本被许可授权企业的男士、女士和牛仔服装与配饰。保罗·拉夫·劳伦总裁罗格·法拉赫在一次新闻发布会上说，"我们着眼于强化品牌形象，并增加在日本的销售，从而更好地与我们的全球经营战略相适应。"他还补充道，"日本是一个重要的奢侈品市场。"

2007 年年初，保罗·拉夫·劳伦创立了一个新的集团，名叫全球品牌概念（GBC），该企业为专营店和百货商店开发新休闲品牌。首次尝试是美国彭尼公司（NYSE：JCP），该公司宣布将推出"美国生活"，由保罗·拉夫·劳伦公司（NYSE：RL）的全球品牌概念专门为彭尼公司客户开发的新时尚品牌。此次销售将是彭尼公司历史上规模最大的，包括针对男性、女性和儿童的全系列商品，以及内衣、配饰和家庭服饰。"美国生活"将于 2008 年春季开始在彭尼店面、产品目录以及行业领先的网站 jcp. COB 上提供。

包括"Polo by Ralph Lauren"、"Ralph Lauren Purple Label"、"Ralph Lauren"、"Black Label"、"Blue Label"、"Lauren by Ralph Lauren"、"Polo Jeans C0"、"RRL"、"RLX"、"RUG—BY"、"RL Children's Wear"、"Chaps"和"Club Monaco"等品牌在内的公司品牌名称构成了全球最广泛被认可的消费品牌家族之一。

2. 保罗·拉夫·劳伦战略

PRL 计划通过品牌扩张和全球化实现成长。在品牌扩张过程中，公司的目标是通过"创造出鼓励人们在梦想中生活的奢华休闲品牌"来实现扩张。拉夫星球（Planet Ralph）是一个让所有女人变漂亮、男人变帅气、儿童变可爱甚至是小狗都会变优良的地方。这里也具有旧世界的优雅，充满着家族的纹饰和古董。当然，也有机会出售男性、女性和儿童的服装和配件等一切产品，各种香水、家用品甚至是涂料等。

生活方式营销和品牌扩张战略需要大量的广告预算以及能够体现品牌质量的高度可控制的形象和信息。公司采用了多页杂志广告与在重要报纸和部分商业电视媒体上登出整页广告相组合的方式。

现在 PRL 是温布尔登的官方运动用品的提供商，鲍里斯·贝克担任品牌形象大使。鲍里斯在公开赛期间将一直身着拉夫·劳伦担任温布尔登公开赛球评和品牌大使。与最著名网球公开赛以及国际著名选手之间的这种关系将进一步扩大拉夫·劳伦的声望，尤其是在英国市场的名声。

3. PRL 全球战略

2006 年，PRL 收入的 70% 来自美国，14% 来自欧洲和 9% 来自日本。基于美国之外存在巨大发展机遇的考虑，公司在伦敦、巴黎、米兰、东京及最近在莫斯科均开设了豪华旗舰店。欧洲和亚洲被认为是国际发展的关键市场。零售百货店是最有销售利益的购物中心，以最精致的模式提供最优秀的商品。

2006 年 3 月，劳伦在东京表参道高消费街开设了品牌有史以来最大的一家专营店——劳伦认为该地区有成为新的全球时尚中心的潜力。东京店的特点是独一无二的古董和佳酿，以及诸多更独家的限量版拉夫·劳伦设计着重强调了美国精神与日本技巧的独特结合。在频繁拜访后，客户将被介绍进入不断变化的拉夫·劳伦世界。

最近在莫斯科又新增了的两处豪华店，两家店铺都是与俄罗斯的水星销售集团保持有合作关系。在那里，莫斯科人将会发现一个拉夫·劳伦的世界——模制天花板、锻铁吊灯、典雅的玻璃、桃木电梯和地板旧世界，专门针对男装（包括定制）以及针对女性的魔力和华丽。主厅提供了新的超豪华配饰，从半透明龟壳框架太阳镜到名为劳伦妻子瑞奇的鳄鱼皮包。

4. 奢侈品牌的全球市场

奢侈品的主要顾客为 20~50 岁的高收入女性，其家庭年收入超过 10 万美元。但是，在所谓的"奢侈品民主化"中，所有收入等级的人都希望参与到奢侈品市场，即便这意味着在星巴克花 4 美元买一杯拿铁，或是一个 60 美元的 Coach 头巾。拉夫·劳伦也认可这种现象，他将对奢华的愿望描述为渴望。

约 35 家公司分享了近 6 成奢侈品市场。前 6 家竞争者，其中包括 PRL，拥有年收入超过 10 亿美元。奢侈品牌前三位为酩悦·轩尼诗—路易·威登集团（LVMH）、历峰集团和古驰。

2006 年，全球奢侈品销售超过 1 500 亿美元，其中仅 30% 来自美国。最大的奢侈品市场是日本，占全球总销售额约 40%。在日本有一种描述恰当地表达了该国人对于购买奢侈品牌的态度："外套就是你的家"。日本消费者通常通过包、鞋子、表、珠宝、衣服和他看得到的豪华品牌商品体现身份。有一种现象被称为"寄生单身族"。是指受过良好教育的年轻女性，她们从事秘书或行政助理工作，与父母同住，将她们所挣来的钱花在奢侈品方面。此类女性是日本奢侈品牌最大的消费群体。如果 PRL 能够成功的吸引这一市场，必将有利可图。

【思考题】

如果劳伦考虑企业的未来,将需要思考以下问题:

1. 构建于"美国梦"之上的美国品牌能否在全球取得成功?
2. PRL 的生活方式营销能否在全球取得成功?
3. 哪种品牌战略能够给 PRL 在全球带来最佳机遇?
4. 哪些国家的市场可能会给更多的零售扩张提供最佳机遇?印度是不是一个可行的选择?

【资料来源】［美］萨克·翁克维斯特,约翰·J. 萧. 国际营销学［M］. 邵建红,王凯译,清华大学出版社,2013.

惠尔浦和全球器具工业

> **摘要**：惠尔浦作为一家全球家喻户晓的器具公司，目前其产品遍布世界，销量同业领先，他的成功并非偶然，一定程度上可以说是必然，惠尔浦公司的营销理念和营销方式值得我们去借鉴和思考，未来惠尔浦是否能继续扩大市场份额？在中国的市场又会是怎样？又会遇到哪些难题？惠尔浦需要思考，我们更应该思考。
>
> **关键词**：惠尔浦；成功要素；市场区分

1987年，大卫·惠特曼成为惠尔浦公司的首席执行官。上任几个月，他就和高层管理者一起策划公司的成长战略。那时，惠尔浦是美国器具制造业市场的领先者，但其在北美以外的销售量却很少。和其他主要竞争对手（如通用电气和Maytag）一样，在成熟市场运作只能获得较低的利润。在成熟市场中，除了价格战外，行业开始整合，而客户也要求更好的环保产品。

1. 惠尔浦及其战略选择

惠特曼先生和他的管理团队提出了几种成长方案，包括使多样化产品快速增长，如家具或园艺产品，调整公司财务结构，横向和纵向扩张。管理层将重点放在如何扩大北美以外市场的器具业务。毕竟器具业务及其技术基础在欧洲、北美、亚洲和拉美都是相似的。正如惠特曼先生所说："我们做得非常好。我们所需要的是进入世界其他地区的器具市场和了解如何满足不同的客户。"

惠尔浦根据工业数据预测，器具制造业将变成全球工业。正如惠特曼先生看到的，其公司有3种选择："我们可以不做决策，这将使惠尔浦逐渐衰退，我们也可以等待全球化的到来，然后开始行动；或者我们可以控制自己的目标并积极推进我们行业的全球化进程，即我们可以迫使竞争对手跟着我们的步伐走。"

惠特曼先生和他的团队选择了第3种方案并开始实施使惠尔浦成为"一家全球公司"的使命。10年来，惠尔浦公司已经将一些器具销往国外有购买力的市场。惠特曼先生有一个远大的目标，即"用最好的技术和工艺制造和销售产品，并使成本尽可能地低。惠尔浦的目标是尽可能地整合各地的商务,这样我们在任何领域都拥有最先进的技术(不论是制冷技术或配送技术),并且使其应用不限于一个地区或一个分支机构。我们希望能最大限度地发挥我们的能力,并在世界范围内保持均衡发展"。

惠尔浦走向全球化经营的第一步是购买飞利浦公司,该公司是荷兰消费品制造业巨头,欧洲的大器具商。多年来,飞利浦的市场份额不断减少,其欧洲部门开始独立经营和向个人市场提供多种器具。惠特曼先生说:"当我们购买它时,它有两个自动洗衣机型号,一个在意大利生产,另一个在德国生产。如果你作为消费者来看它们,它们根本没区别。但它们是两种完全不同的机器甚至没有一个相同的螺钉。"

惠尔浦的战略要求通过改变产品设计和制造过程以及转向集中采购来扭转欧洲市场份额的下降,提高利润率。重组飞利浦原来的设计和研究人员,将他们并入欧洲产品组,并和惠尔浦的美国设计师保持工作上的联系。重新设计模型会花费大部分精力,当惠尔浦公司将仓库由 36 个并为 8 个时,存货成本大为降低。公司将飞利浦原来的 1 600 家供应商减少了 50%,并将国内经营交给当地公司。

惠特曼先生相信要成为一个世界知名公司需要使惠尔浦成为全球品牌,这是一项艰难的任务,因为它在欧洲还不大为人知晓。公司扩展飞利浦的产品线,在全欧洲投入 1.35 亿美元的广告费,最初同时使用飞利浦和惠尔浦的品名,最后就单独使用惠尔浦了。

惠尔浦全球战略的另一要素是产品创新,即开发以用户需求为基础的高端产品。惠特曼说:"我们必须提供令人信服的理由驱使用户购买惠尔浦的产品,这不包括价格因素。我们只有更了解用户和由此设计产品、创造产品特色和提供售后服务,才能赢得用户。我们的目标是使用户喜欢惠尔浦品牌,使他们感到惠尔浦产品比竞争对手的产品更有价值。"

惠尔浦公司一项成功的产品创新是微波炉。公司对欧洲消费者的广泛调查表明,消费者需要能烘烤食品的微波炉。作为回应,惠尔浦的工程师设计了 VIP 克利斯波微波炉,它可以用来油炸脆熏肉和烤比萨饼。新的微波炉在欧洲获得成功后,又被引入美国。

惠尔浦的全球战略包括在亚洲成为市场领先者。亚洲将是 21 世纪世界最大的器具市场。1998 年,公司开始在亚洲建立销售和配送系统,使公司更接近亚洲市场和潜在用户。公司在亚洲设立了 3 家办事处:一家在新加坡,服务于东南亚;一家在中国香港,负责中国市场;另一家在东京,服务于日本。通过仔细分析,惠尔浦的市场研究员找到了适合亚洲消费者的产品。他们研究现有的和正在出现的贸易渠道,并评估亚洲竞争对手的优势和劣势。他们和亚洲 5 家制造商合资公司生产最具潜力的 4 种产品:冰箱、洗衣机、空调和微波炉。惠尔浦在合资中拥有控股权，以确保在世界增长最快的市场上胜过他人。

自实行全球战略以来，惠尔浦公司已经走了很长一段路。到2000年，收入增长了2倍，达到100多亿美元。现在公司的市场范围扩大到170多个国家，在北美和拉美都处于领先地位。在西方器具制造商中，惠尔浦在欧洲排名第三，在亚洲排名第一。一位行业分析家说，在全球网络的完整性上，"惠尔浦获得相当高的分数，它的发展速度戏剧性地超过了行业的发展速度。"

2. 全球成功要素

从全球视角看，有两个成功的要素影响所有的地理区域。一个要素是成功的品牌。每一家大的全球制造商在发展品牌战略上都很成功。大多数制造商生产各自的品牌，都有自己的质量和价格目标。另外，大多数制造商进入新的市场和建立新的产品线，都要具备品牌声誉。例如，Maytag公司并没有洗碗机生产线，但在洗衣机和干衣机领域却有很高声誉。为了扩大品种，Maytag决定设立一条洗碗机生产线。通过成功的品牌运动，不到两年，Maytag洗碗机的市场份额就位居第二。Maytag依靠品牌形象迅速地从竞争对手那里抢走了市场份额。

另一个要素是灵敏的价格。大部分制造商能够通过降低产品的成本降低价格，以满足用户的需要。当价格弹性很小时，制造商就抬高高端产品的价格，但对于大多数产品来说，制造商只能用低价格和低利润进行品牌竞争。由于公司每种产品的利润都很低，制造商只有利用规模经济保持竞争力和较低的价格以满足客户的需要。这一价格的灵敏性和持续降价的要求，驱动着行业内的合并。许多小品牌竞争不过大品牌而被拍卖给一些大公司。

（1）中国和亚洲。除了全球成功要素，在中国和亚洲还有两个关键的因素。一个是器具制造商建立良好的配送渠道，这样才有将产品销往中国不同区域的能力。跨国公司在中国的配送渠道不是很畅通，而中国本土的公司如科龙和海尔在这方面就有很大的竞争优势。

另一个是大公司需要有大范围的产品。具体地说，一个公司如果在中国销售多种产品将会取得成功，而不是一种产品多种型号。科龙生产112种型号的空调，但它还不是向消费者提供种类齐全的供应商。相反，海尔是产品齐全的供应商，其每种产品有多种型号且以相同的品名提供给用户。

同中国和其他亚洲国家相比，日本市场有一套不同的成功评判标准。事实上，日本市场同欧洲和美国市场有某些非常相似之处。除了全球成功要素外，日本市场还有两个关键因素：

其一，由于日本的居住条件，改变产品的尺寸是非常重要的。日本消费者希望产品占据的空间较小而提供最大的效用。

其二，为了在日本取得成功，制造商销售的产品必须有很高的质量。日本消费者非常关注产品质量，他们希望购买的商品能使用10多年。因此，制造商销售高质量的产品将获得竞争优势。

（2）美国。在美国，除了全球成功要素外，还必须考虑两个因素：第一，公司必须进行产品创新，使产品具有新的特性并仍能有效率地使用。美国消费者意识到能源消费对其钱包有长期影响，因此会寻找效率更高的产品。另外，消费者愿意为创新的高端产品支付较高的费用。许多制造商对Maytag公司将其从前面放衣服的洗衣机价格提高两倍而不是一倍感到惊讶。消费者关心的是产品使用的便利而不是产品的价格。

美国市场的第二个关键要素是产品质量，尤其是耐用性。美国消费者愿意支付较高的价格，但他们希望产品能使用10多年而不需要维修。因此，一个器具制造商要在美国市场取得成功则必须提供高质量和创新的产品。

（3）欧洲。除了两个全球成功要素外，欧洲市场的成功也必须考虑两个不同的因素：第一，为了在欧洲取得成功，制造商要开发有创新的产品。这里创新产品指的是高效和环保产品。欧洲的"绿色"运动非常强大，因此，当别的制造商提供的同类产品具有"生态产品"特性而你提供的产品不具备这一特性时，你就不会取得成功。第二，质量也是在欧洲取得成功的关键要素。同其他市场一样，这里质量也是指耐用性。欧洲消费者寻找能使用很长时间的产品。在这一方面，欧洲市场同美国、日本和拉丁美洲市场非常相似。

（4）拉丁美洲。在拉丁美洲，除了全球成功要素外，制造商要考虑另外两个因素：第一，拉丁美洲的公司提供优秀的服务将获得竞争优势。在拉丁美洲，平均每个顾客需要的服务时间略长于其他地区的顾客，因而消费者寻求优质的服务。近年来，拉丁美洲的经济受到几次挑战，因此消费者宁愿对现有的产品进行修补也不愿买新产品。第二，质量是在拉丁美洲取得成功的另一因素，它与服务因素有直接的联系。最初，拉丁美洲的消费者寻找能使用10多年的耐用产品，后来通过售后服务，使产品的寿命能够再延长多年。

【思考题】

1. 惠尔浦公司的营销目标是跨越国界进行资源的配置。这是通过怎样的营销方式实现的？
2. 惠尔浦公司面临的挑战是迎合全球用户的需求，公司是如何应对挑战的？
3. 讨论惠尔浦在中国的营销策略。

【资料来源】 乔尼·约翰逊. 全球营销 [M]. 江林等译. 中国财政出版社, 2004.

第二部分 国际营销的经济环境

如何应对全球金融危机

摘要:众所周知,金融危机的破坏性是巨大的,它将导致一个国家乃至一个地区的经济陷入瘫痪,给国家和人民的生产和生活带来巨大的影响。在面对需求下降,同行竞争的形式下,我们的企业该如何面对?采用什么样的营销策略?将直接影响着他们能否脱颖而出?是否能成为金融危机的"幸运儿"?

关键词:金融危机;影响;营销策略

20世纪90年代,一系列金融危机震动了所有的新兴市场。1994年墨西哥比索的贬值、1997年亚洲的金融危机、1998年俄罗斯卢布的崩溃和1999年巴西房地产市场的跳水,都是新兴市场的失败记录,这有其自身复杂的原因,也有未知的原因。

1. 金融危机的原因

墨西哥和泰国的货币贬值造成区域性的影响,国际投资者把它们看成是第一块多米诺骨牌。过去一直稳定的韩元价格,居然在1个月内从900韩元:1美元跌至1 100韩元:1美元。危机的原因有三点是类似的:公司的"社会主义化"、公司的政府化和银行的管理问题。1997年,企业负债超过了政府委托的资产,终身雇佣制之类的制度难以坚持。远东地区的许多企业为家族和集团所控制,它们有政府和政党的背景。在任人唯亲的环境下,股东和债权人的利益是第二位的。随着许多银行冒险性投资的失败,银行不得不严格限制企业的融资能力。保证银行资金的流动性及其功能成了国际货币基金组织紧急财政援助的中心任务。

亚洲金融危机具有全球性的影响。从货币危机开始的金融危机迅速引起全区域的经济萧条,区域经济的下滑影响了世界市场的需求。由于需求下降,世界市场的石油、铜和农产品的价格严重下跌。其他新兴经济的增长也受到明显的影响,俄罗斯和巴西的衰退就是证明。

2. 金融危机的影响

俄罗斯进入国际资本市场后卢布的崩溃,引起对自由市场经济的效率的质疑。长期以来,自由市场经济被西方模式的鼓吹者所推崇。俄罗斯是一个人口居世界第六位的国家,它拥有核威慑力量,还是联合国安理会常任理事国,它还属于发展中国家。俄罗斯的中产阶级在增加(特别在大城市),一些企业已经显露出尊重股东、职工和消费者的迹象。国际企业在扩大,质量标准在提高,但危机阻碍了这些积极的变化。

在巴西,危机存在同样的影响。总数为3 000万的消费者不再是中产阶级。巴西设立关税壁垒的运动,正在危及许多在"南锥体组织"的自由贸易试验。许多主要的部门(如汽车工业)受到冲击,正在临时解雇工人和暂停生产。

3. 消费者和国际企业的反应

经济萧条直接影响消费。例如,巴西的房地产危机,使麦当劳等许多营销商失去3 000万名原中产阶级的消费者。他们开始更多地购买传统食品而不是汉堡包,他们的肉食品花费开始减少。一些消费者转向国产的进口替代品,甚至转向无品牌的廉价商品。他们对大金额商品(如汽车、家具和电器)的购买尤其如此,因为这类商品是能长期持有的。

国际营销企业对困难环境的反应各不相同,有的退出市场,有的采取改进经营绩效的对策。日本Daihatsu汽车退出泰国,而美国通用汽车决定留在泰国,改进车型和减少产量。因为,重返曾经退出的市场是很困难的,如分销渠道可能被竞争对手封阻。而当地合作伙伴也会怀疑重返者长期合作的可能性。营销策略的运用将更加困难。进口产品的定价将更加昂贵,有的数倍于当地改进成本的产品。进口产品需要强调品牌、原产地和其他价值,以便让消费者相信物有所值。如果定价太高,可以通过减少包装数量或缩小包装尺寸的办法降价。如Unilever减少冰淇淋包装的尺寸,使得它们看上去便宜,而且采取与香皂营销相似的促销手段,如"买3送1"。

当北美和欧洲的国际企业面临危机的挑战时,危机产生国企业在当地和在国际市场可能相对地获得某种优势。它们较低的价格创造了扩展本国市场和国外新市场的机会。另外,由于货币危机,危机产生国国内的采购成本降低了,因此危机产生国企业可以从中获利。

最值得注意的应对挑战的方式是努力扩大市场份额。不少美国公司(如宝洁)决定增加在墨西哥的投资,因为美国公司的竞争对手退出后,墨西哥市场的竞争减少了，对美国商品的购买力相对增加了。这项战略的依据是墨西哥市场在可预测的未来会反弹，因而可以较快地收回投资。

【思考题】
1. 收集相关的背景资料，分析当时全球发生金融危机的主要原因。
2. 试述国际金融环境的变化对国际企业和消费者的影响。
3. 举出实例说明2008年美国次贷危机引发的全球经济危机中，企业是如何应对的？

【资料来源】［美］津科特，郎凯恩. 国际市场营销（第6版）［M］. 陈祝平译. 北京：电子工业出版社，2004.

TCL 进入越南市场

> **摘要：** TCL 作为国内知名的家电公司，20 世纪 90 年代末开始进入越南市场，面对强大的竞争对手，TCL 巧妙地运用了一些营销策略，很快便在越南有了自己的立足之地，成为越南家电行业的"后起之星"。其成功值得我们去借鉴，向我们折射出一个企业要想成功，需要有一个适合自己的营销策略。
>
> **关键词：** TCL；目标市场；竞争力

1999 年 2 月，TCL 越南公司总经理易春雨和他的 14 名同事到越南开拓市场。从零销售到 10% 的市场占有率，到挤掉日本的索尼和韩国的大宇，登上越南彩电市场占有率前三名的位置，在开拓越南市场两年多的时间里，TCL 海外市场开拓者们迈出了坚实的步伐。

目前，TCL 越南公司已分别在河内市、岘港市、胡志明市设立了分公司，有 400 多个经销点分布在越南全国各地，有数千名越南籍员工在生产和销售 TCL 彩电、VCD、电工产品等。

1. 选择越南作为目标市场的理由

TCL 越南公头及其带来的巨大市场潜力，正是 TCL 选择越南作为海外直接投资第一站的主要因素。况且，中越文化背景类同，容易沟通，中越两国关系越来越密切和越南经济的快速增长，为中资企业在越发展提供了巨大商机。

更为重要的是，越南是东盟成员国之一，借助越南这个"桥头堡"，为 TCL 拓展东盟及东南亚这一人口达 5.12 亿人的高增长区域市场及进军欧洲市场打下了基础。

企业进入国际市场后，则要讲究战术；否则，"大胆"就会招致大失败。TCL 进入越南家电市场时，市场状况是严重供过于求，日本、韩国、荷兰及越南自己的彩电品牌已捷足先登。越南每年彩电的需求量约 70 万台，而生产量却达 300 多万台，TCL 作为"后来者"，要从中分得"一杯羹"，要打开市场，就如同

"虎口拔牙"。

2. 取得成功的关键
——权变国际营销

　　TCL 彩电刚开始在越南市场推销时，有的商家一看 TCL 品牌当即回绝，有的连看都不看就将其拒之门外。TCL 的营销人员不知吃了多少回"闭门羹"。为了打开销路，TCL 越南公司在研发适销对路的产品、完善服务体系等方面狠下功夫。与日韩企业走高档高价高收益营销策略截然不同，TCL 主要开发 14～21 英寸等越南普通消费群所需要的产品来占有市场。针对越南雷雨天气较多、全越没有 CATV 公用有线电视系统，因而收视信号较弱等特殊情况，TCL 越南公司紧紧依托 TCL 集团强大的综合实力，全面应用其在数字技术领域的最新研究成果，推出了防雷击彩电和超强接收彩电等新品种，大受市场欢迎。他们采用了 TCL 美国公司数字化研究所最新推出的 I2C 数码集成电路控制技术，提高了彩电的稳定性；率先在越南引进了红外线遥控测试系统、自动化平衡调试系统等多项国际专利技术，确保产品制造的精度；工厂严格按照 ISO 9000 国际质量体系标准进行产品品质管理与控制；改变一般厂家对出厂产品进行抽检的常规做法，对每一件出厂产品都进行检验。TCL 越南公司从长期发展着眼，从不多的盈利中拿出 20 万美元与越南共青团中央、中国共青团中央和中国驻越大使馆联合设立"TCL 青年奖励基金"，由越南政府有关方面利用基金组织越南优秀青年前来中国学习、考察和培训。TCL 越南公司还积极参与当地的公益事业活动，为遭受水灾等自然灾害的群众及残疾人捐款，并捐资助学，受到当地政府和民众的好评与尊重。

　　培植国际化品牌是需要成本的。在越南，与日本、韩国的企业相比，无论从技术还是从综合实力上看，TCL 都无法与之相比拼。而 TCL 并没有与竞争对手在资金投入上硬碰硬，而是另辟蹊径，运用 TCL 制胜法宝——自建与终端用户紧密接触的销售网络，与日韩企业在越南市场展开了一场争夺战。

　　TCL 根据越南地形及经济状况，编织了一张覆盖越南全国、渗透力和影响力很强的营销网络。正是凭着这张"王牌"网络，TCL 越南公司取得了"后发优势"，初步树立了 TCL 的国际品牌形象。

　　TCL 自建营销机构，减少中间环节，取得了价格上的相对优势；而在售后服务方面，TCL 越南公司在越南各地建立了 100 多个服务维修站，率先做出了免费保修的承诺，并根据越南消费者的偏好改进服务，TCL 经销维修站明确规定，凡接到用户电话，维修人员必须不分昼夜立即赶到现场，并带上一台备用电视机，若现场修不好，则将备用机暂时给用户使用。他们还在越南推出了"三年免费保修，终身维修"的服务措施，大大提高了 TCL 的声誉。总经理易春雨对投资越南市场有这样的认识：快速增长的经济发展势。

3. 产品竞争力来自本土化

TCL越南公司认为，实现人才、技术、生产、管理等的本土化，是公司发展的重要战略目标之一，也是形成TCL强大竞争力的主要因素。据易春雨总经理介绍，TCL越南公司除了严把招聘关外，更重视对员工进厂后的技能培训和岗位培养，为优秀越南籍员工的成长创造良好环境。

对于在工作中做出突出业绩、综合素质较高的越南籍员工，TCL越南公司不拘一格提被重用。不论是公司总部，还是河内市、岘港市、胡志明市分公司，中层干部基本上都是越南籍员。在TCL越南公司河内分公司，从销售、财务等部门经理到一般销售人员，清一色都是从河内大学、越南国民经济大学、越南外语大学等越南著名高校毕业的优秀大学生，她们已成为TCL海外事业的骨干力量。

有关资料显示，TCL越南公司为当地提供4 000多个就业岗位，当地政府为了表彰TCL的贡献，授予TCL越南公司总经理易春雨"优秀外商"称号。

【思考题】

1. TCL根据越南市场的经济环境特点，怎样实现了彩电的本土化经营与国际营销？
2. 任用越南籍员工对TCL拓展越南市场有何现实意义？

【资料来源】邢伟，胡德华. 国际市场营销［M］. 杭州：浙江大学出版社，2004.

日本黑白电视机进入中国市场

摘要： 20世纪70年代末，随着中国改革开放的不断深入，中国居民的生活水品也在稳步提升，日本黑白电视机企业敏锐地洞察出了中国人民对电视的需求，并实行了一系列营销手段，进一步扩大了中国居民对电视的需求，并成功地实现了自己的预期目标，有效占领了当时的中国电视机市场。

关键词： 电视机；营销组合；人口环境

20世纪70年代末，中国实行改革开放政策，开始放宽对家用电器的进口。日本电视机厂商根据"市场规模＝人口总量＋购买能力＋购买欲望"的公式，对中国市场进行了分析，认为中国当时有10亿人口，收入虽低，但有储蓄偏好，已形成一定的购买能力，且有普遍看电视的兴趣和需求。据此得出结论：中国是个很有潜力的黑白电视机市场。根据中国市场的特点，日本电视机厂商制定和实施了一套占领中国市场的营销组合策略。

在产品策略上，他们了解到中国电压系统与日本不同，将电视机的电压从110V改为220V；考虑到中国有些地区电力不足、电压不稳等情况，便在电视机上装配稳压装置；为适应中国人消费情况，使电视机耗电较少，而音量较大；根据中国居民住房较窄的情况，以12英寸黑白电视机为宜，电视频道也适当改动；提供质量保证和维修服务。在广州、上海、北京等主要城市设立维修中心，以解除中国人购买外国货的后顾之忧。

在定价策略上，根据日本生产的电视机质量较好，且在中国电视机市场上同类外国产品少的情况，估计把价格定得比国产电视机价格稍高不会影响销路，因而以每台400多元人民币的价格销售。

在分销渠道策略上，由于当时中国国有商贸公司未作为正式分销渠道，因而他们就通过港澳地区企业代理经销，让探亲访友的港澳同胞带机携入，以及由日本厂商用货柜车运到广州流花宾馆发货等。

在促销策略上，十分注重广告宣传，通过香港地区的媒体展开广告攻势，使香港地区居民对日本电视机家喻户晓，再借香港地区居民之口向其他中国内地居民进行宣传；在香港《文汇报》《大公报》等报刊上大登广告，并介绍日本电视机的一些基本知识，如怎样选购、使用、维修及保养等，使中国人看后感到日本电视机性能优良，图像清晰，便于使用，易于维护。

由于日本电视机厂商准确地分析了中国市场营销环境，并据此制定和实施了恰当的营销组合策略，因而成功地进入并迅速地占领了中国的黑白电视机市场。

【思考题】

1. 企业进军国际市场时，必须根据国际经济环境建立营销网络，日本电视机厂商是怎样做的？
2. 你认为国际营销中人口环境分析的要领是什么？

【资料来源】 彭星闾，万后芬. 市场营销学 [M]. 北京：中国财政经济出版社，2000.

玩具"反"斗城与全球化

> **摘要**：玩具"反"斗城是美国一家知名的儿童家具公司，在国内取得巨大成功的同时，该公司致力于开拓国际市场成为全球化的大公司，秉着对"价格""选择""存货"三方面的原则，该公司在英国、加拿大、新加坡及中国香港取得了成绩，但却在进军德国、日本、瑞典时屡次碰壁，这其中有相关国家政策性因素，也有来自该公司内部策略问题，该公司需要思考内部问题，从而更好地做强做大。
>
> **关键词**：玩具"反"斗城；全球化；原则

在其父亲经营的二手自行车店工作是 Charles Lazarus 事业的开端。随后他开始在店外销售儿童家具，不断有客人询问是否有玩具卖，于是他也开始顺带销售玩具。然而他很快发现自己没有回头客。"家具能用很长时间，"Lazarus 指出。"但是玩具，"他笑着继续说，"玩具则棒极了，因为它们一定是被不断淘汰的。孩子们总是弄坏它们。"

受到自助超市成功的启发，Lazarus 想出用同样的方式销售玩具。他于 1957 年开设了第一家将购物车、多种选择和低价融聚在一起玩具"反"斗城。由于玩具销售淡旺季很明显，他刊登广告保证全年都有需求。为寻求扩张凑集资金，他在 1966 年将公司以 750 万美元出售给一家连锁零售商——州际商铺（Interstate Stores）。Lazarus 依旧掌握经营权，州际商铺破产后，法院裁定 Lazarus 任总裁。Lazarus 卖掉州际商铺资产后，于 1978 年将公司更名为玩具"反"斗城并展开飞速扩张计划。当时玩具行业分析师估计在此后的 10 年内，全行业范围内专业零售商销售额将增加至 24 亿美元。在这段时间内，玩具"反"斗城的销售额也增长了 10 倍以上，在 1989 年到达 40 亿美元，其中也包括在儿童"反"斗城内的服装销售。利润为 2.68 亿美元。由于他的洞察力和公司的巨大成功，Lazarus 成为人们眼中的零售业天才。

玩具"反"斗城的市场战略建立在三个原则基础上：价格、选择和存货。最初的想法是以超级市场的服务形态和低价销售玩具，只雇用少量销售人员。但公司很快发现顾客喜欢一站式购物，大规模店铺、同种商品内可有多种选择和更多商品种类（如纸尿裤）。于是玩具"反"斗城平均库存量增加到 18 000 种。当然，就像 Lazarus 解释的那样，关键在于"在合适的时间选择恰当的玩具——销量好的玩具。我们和时尚产业很像。顾客喜好多变，当偏好变化时要迅速行动。否则就没生意做了。就是这样简单"。第三条原则是手头有商品，因此玩具"反"斗城采用了复杂的存货追踪和供应系统，就是为了避免缺货。公司在每个店铺都安装了购买点电子销售终端，每台终端均与位于总部的中央电脑相连。

作为上述原则的补充，玩具"反"斗城还依靠广告保证顾客全年都想购买玩具，这既增加了需求也降低了需求的季节波动性。在美国店铺选址很重要。玩具"反"斗城偏向将店铺设于拥有大量停车位的地段，这样顾客从店铺出来后就能直接进入车内。玩具"反"斗城还在法律允许的地方保证店铺全年无休。玩具"反"斗城掌握所有店铺的所有权，以保证标准化和有效控制。

1. 全球化

到 1984 年，玩具"反"斗城已经在 40 多个州开设了 169 家连锁店，年收入达 13 亿美元，获得 9 200 万美元利润。尽管只在美国境内经营，公司已经在全球范围建立了供应系统，从世界各地采购玩具。东亚是其最大的供应源。

起初公司的国际化动作很谨慎。第一家美国之外的店铺设在加拿大，接着在英国开店；Lazarus 解释说："加拿大人和我们有很多相似之处，（我们的做法）似乎很成功。于是我们接着到英国了。"玩具"反"斗城继续在加拿大和英国扩张。其他的国际扩张偶然性成分更多。新加坡麦德龙零售部门 Jopieng 主动找到玩具"反"斗城，希望获得在新加坡开店的特许经营权。玩具"反"斗城的政策反对特许经营，因此拒绝了此请求。但在 Jopieng 的一再坚持下公司终于同意建立合资公司，玩具"反"斗城—麦德龙于 1984 年在新加坡开设了第一家店铺。

进入中国香港也纯属机缘巧合。玩具"反"斗城国际部总经理 Joseph Baczko 与 Victor Fung 曾经在哈佛有一面之缘。在 Victor Fung 成为一家香港贸易公司——利丰有限责任公司的董事会主席后，两家公司自然而然建立了合作关系，成立了玩具"反"斗城—利丰合资公司并于 1985 年在香港开设了第一家店铺。新加坡和香港分店的成功使得玩具"反"斗城开始国际化战略。Lazarus 解释说公司是"内部国际化"。"我们在香港注册的公司接受 8 种货币。你给什么货币他们收什么。这是相当国际化的做法。你必须亲眼见到才会相信。"公司喜欢聘请当地人担任店铺和区域经理。

玩具"反"斗城认为一国商业机会在于大量人口和高收入。这些因素"与在欧洲和亚洲没有强势玩具零售竞争对手公司这一现状相结合，为玩具'反'斗城实施激进的国际化扩张战略创造了有利条件。"就像 Lazarus 说的："只要有超级市场和小孩儿的地方我们都能去做生意，因为说到底我们就是为小孩儿开的超级市场。"但每个国家的障碍都不同。有些来自市场因素有些来自非市场因素。来自德国、日本和瑞典的挑战最具代表性。

2. 德　国

德国是世界上生活水平最高的几个国家之一，因此潜力巨大。尽管德国相对开放，但一些法律法规和传统关系还是为外国进入者制造了困难。特别地，进入零售业的难度比预期大。玩具"反"斗城德国股份有限公司成立于1986年，但在进入德国市场的过程中遇到了不少困难。和美国相反，欧洲国家法律更倾向于保护雇员而非消费者。德国法律为了保护雇员，严格规定了除加油站或机场、火车站内零售店外其他所有零售商铺的营业时间。由来自零售业、银行和保险公司的50万名工人组成的工会持续强烈支持这类法律。工会工人每周工作37.5个小时。许多小型零售业者也支持该法律，他们认为延长营业时间多赚取的利润不足以弥补成本。除了星期四可以将营业时间延长至晚上8：30外，商铺在晚上6：30之前必须关门。此外，周六下午2：00之前商铺就必须结束营业，周日全天不得营业。不仅如此，许多小城镇的店铺还会在午饭时间暂定营业。

其他联邦法律也带来困扰。欧洲的利润税本来已高达50%，德国又是监管力度最强的欧洲国家之一，特别对于零售业。例如，德国法律禁止降价幅度超过一段规定时间内该商品价格的3%。德国反垄断法还限制使用亏本抛售价格，德国联邦法竞争管理局（Cartel Office）甚至有权要求提价。德国法律还禁止终身保修。

依照德国劳动法，裁员是很困难的，法律还授予雇员在某些政策问题上的权利。例如，雇员在任何修改店铺营业时间法律的立法问题上都有发言权。此外，德国的员工对公司事务的参与度是美国公司前所未见的，也限制了公司的灵活性。工资和福利标准很高——普通德国工人每年有6个月假期，年终奖相当于一个月工资。尽管如此，德国雇员普遍接受了良好教育，工作效率很高。

大部分德国玩具零售店都是小规模的家庭作坊，许多位于市中心。这些零售业者都是地方组织的热心参与者。玩具"反"斗城德国股份有限公司总经理Arnt Kloser曾经供职于一家德国领先连锁百货商店，他说，"当你申请建设许可时，市政府首先咨询的是地方商会与零售业者联盟。他们的答复总是一样：玩具店铺就应该开在市中心，而不是城镇边缘的草地上。"为了获得开店许可，Kloser的战略是说服地方玩具零售业者，玩具"反"斗城能扩大市场范围，对他们是有利的。

德国玩具制造商反对玩具"反"斗城进入的理由是怕影响到目前的零售商客户。为了支持地方零售商，制造业者辩称玩具"反"斗城这种自选式商场会给儿童带来危险。他们认为消费者需要专家提供专业意见。德国玩具制造商协会指责玩具"反"斗城除了销售玩具还销售纸尿裤、婴儿食品、儿童服装和运动品的这种做法。有些制造业者举动更激烈。玩具车制造商的领头羊 Gebruder Marklin 宣布不会给玩具"反"斗城提供商品，因为他们认为这样做会损害公司声誉。玩具"反"斗城愿意尽其所能进入德国市场，但也需要一套策略处理这些障碍。

3. 日 本

到 1989 年，玩具"反"斗城销售额已达 40 亿美元，净收入为 2.38 亿美元。公司旗下拥有将近 500 家玩具"反"斗城店铺和超过 100 家儿童"反"斗城店铺。玩具"反"斗城在美国以外其他国家已开设了 70 多家店铺。然而，公司还未能进入日本市场。

日本商业机会众多。日本玩具市场价值超过 55 亿美元，个人收入增长迅速。但 50 亿美元玩具市场中只有不到 5% 属于进口玩具。日本国内玩具生产商控制着日本分销体系，为上千家小型玩具商铺提供产品，占据了整个国家几乎所有玩具销售份额。

一项估计显示日本零售销售额超过 50% 来自只有 1~2 名雇员的小商铺。这些"夫妻店"大部分是退休人员在经营。店主年龄不断增长，子女不愿意接手店铺，因此店铺数量从 1982 年到 1985 年下降了 9.3%，从 1985 年到 1988 年又下降了 7 个百分点。尽管数量有所下降，日本国内仍有 140 多万家小商铺。这些商铺是自由民主党（LDP）和官僚机构客户关系和互惠交换关系的重要组成部分。地方商人也在众多议员的后援会里面担任重要角色。

这些小商店是日本社会组织的重要组成部分，但也是效率低下分销系统的源头。日本分销系统的层级远远多于大部分国家，人均商铺数量也是多数国家的两倍到三倍。成本和价格也因此增加。高价格水平为玩具"反"斗城这种高效率大规模零售业者赚取利润提供了重要机会。

Charles Lazarus 认为在日本有潜力开设 100 家店铺，希望将第一家玩具"反"斗城商铺开设在东京以北 160 公里的新潟（Niigata）。玩具"反"斗城计划越过日本分销系统直接给店铺供货。日本商铺内销售商品中 80% 与其他玩具"反"斗城店铺相同。玩具"反"斗城能否利用此次市场机会受政府监管政策的影响。正如副总裁 Michael oldstein 解释的："许多问题都取决于日本政府是否愿意放宽法规。我们希望开拓那里的玩具市场。这对我们、对供应商、对日本都有好处，因为我们会给日本儿童带去更多消费产品选择。"

进入日本市场牵扯因素很多，相当复杂。日本零售业结构长期保持不变的部分原因在于令开设大型商铺很困难的大型零售店铺法（LSRSL）。开设任何面积超过 1 500 平方米的店铺必须知会日本通产省（MITI）的中小企业社（SMEA）。中小企业社还要向地方大型零售协会征询意见，所以通常会建议暂缓开设店铺。建设超过 500 平方米的商铺还需知会和 MITI 权限相似的县知事。1977 年生效的两项法律《活动领域协调法》和《中小型商业与合作法》授予小企业在地方大型零售协会内更多发言权以扶持小企业。这些协会听取由地方商会组建的"商业活动安排委员会"的意见。各部长决策通常都会反映委员会意见。地方协会的重要作用不仅体现在决定店铺规模，还包括店铺营业时间。地方商人可借助这些法律和地方咨询程序反对进入者。正如麦当劳（日本）的久保树所解释的那样："这是日本人传统。如果大公司想进入地方，大家就反对。"

这些法律和复杂的申请程序并没有彻底堵死开设大店铺的可能性，但常常导致长期甚至是否决性的拖延。法律对意见征询时间没有限制，历史上曾经拖延长达 10 年之久。遇到巨大阻力时有些大型零售商选择放弃，其他则和地方店铺所有者"协商"争取他们的认可。

尽管有重重限制，日本也出现了一些超级市场和百货商场。中内功于 1957 年创建了大荣连锁超市；到 1988 年大荣旗下已经拥有 181 家连锁店，出售商品包括服装、其他商品以及食品杂货。中内抱怨说开设新店铺申请周期长达 5 年至 7 年，需要根据 12 条法律提交 73 种申请并获得 26 项批准。

由于对店铺规模的限制，麦当劳和 7–Eleven 连锁店这样的公司受 LSRSI 影响很大。诚然，麦当劳在藤田总裁的领导下发展迅速，到 1989 年已经在日本开设了 675 家店铺。麦当劳（日本）擅长和有关官员及地方政府打交道，要开店营业必须获得它们的批准。麦当劳（日本）聘请空降官员帮助建立政府联系，并获得这些官员曾经工作过的政府机构特点信息。

近年来，申请批准流程变得顺畅了，有时延迟期只有两年左右。对营业时间和规模的限制也有所放宽。但关于玩具"反"斗城进军日本的传言还是在零售行业引起波澜。一位玩具批发商评论说："这不只是一地的问题。玩具'反'斗城对整个玩具行业都有巨大影响。我们反对他们的计划。"他表示会和其他业者商讨反对玩具"反"斗城的策略。拥有 8 家玩具零售店的樱井雅夫预测说："如果玩具'反'斗城来了，日本商铺都会被赶出市场。"1989 年 MITI 发布了一项报告"日本分销行业 20 世纪 90 年代愿景"，报告批评了日本分销系统的低效率并提出了改进建议。日本地方政府经常出台有利于地方零售业者的法规，一种改进建议就是限制政府这么做的权力。MITI 也通过发布"行政指导"方式进行了一些改革，尽管要实现它们必须得到地方自治部门的同意。

玩具"反"斗城的市场战略是越过日本分销系统，自行开设店铺并自主供货。要执行此战略，公司不仅要解决 LSRSL 带来的问题，还要应对一系列限制零售业的地方法规。玩具"反"斗城可以采取的战略之一是将对零售业限制问题纳入日本和美国正在进行的贸易谈判议题中。普遍认为美国贸易代表 Carlas Hills 愿意这么做，可能希望借助玩具"反"斗城吸引注意力。在选址上玩具"反"斗城也面临不少困难，因为日本的地价已升到天文数字。

4. 瑞　典

负责瑞典玩具"反"斗城业务的是英国公司，从 1994 年 9 月开始陆续在哥德堡、马尔默和斯德哥尔摩近郊的凯尔岛开设店铺。和在其他国家内的政策一致，公司要求 110 名员工签署公司手册，手册中明确规定了公司经营的工作规范。

瑞典的工会特别强大，超过 90% 以上的瑞典工人有工会代表。瑞典的劳工关系模式是行业内少有纷争的重要因素之一。一些玩具"反"斗城员工也加入了零售业工会 Tandelsanstalldas Forbund，工会要求公司签署全国统一集体劳工协议。集体协议的目的是增加工会工人向雇主施压的能力，以此平衡公司内部力量。"所有在商店工作的成员都希望签署集体协议，"HandelsanstaIldas Forhund 的 Bjoril Sjoblom 先生说，"这在瑞典是再平常不过的事。之前从来没有和其他公司在这方面产生分歧。"

玩具"反"斗城拒绝签订集体协议但愿意和工会商讨出一套协议。"玩具'反'斗城愿意与工会达成协议，但认为自己有权利参与协商和制定一个符合企业特征的协议，"商业法律师事务所 Lagerlof & Leman 的律师 Sten Yetraeus 解释说，"（接受集体协议）就意味着我们要遵循一系列详细规定，而这些规定是零售商雇主和工人多年磋商的结果，这些谈判过程我们都没有参与。"Yetraeus 补充说。公司斯堪的纳维亚地区主管 Frank Heskjer 说："我们在其他国家没有签署过这种协议也经营得很好，在瑞典也是这样。"零售工人工会主席 KenthPet.tersson 说："多年来都没有遇到过这种冲突。现在签署集体协议几乎已经成为惯例了。"瑞典的零售工人工会和主席更好斗些。

政府委员会没能成功调解纠纷，于是发生了 20 年来工会举行的第一次罢工。玩具"反"斗城表示："（工会）单单因为我们不愿意无条件签署集体协议就强迫我们的工人罢工。"英国和斯堪的纳维亚地区总经理 David Rurka 说："问题在这里的文化。大部分工人并不想罢工，但他们的父亲或其他在工会内的家庭成员说他们必须支持工会。工会用恐惧激励工人，他们只用恐惧。"

工会给参与罢工者发放全额工资，并在全国范围内刊登广告号召公众支持罢工，抵制玩具"反"斗城。工会不仅在每个店铺前拉起了警戒线，还试图阻碍店铺和供应商的联系。它请运输工人工会协助，货车司机拒绝跨过警戒线。渔民工会迫使悬挂瑞典国旗的货轮航运（Tor Line）拒绝承运从英国分拨中心到瑞典的货物。渔民工会还宣布将采取行动反对 Stena 航运（Stena Line）、Lion 渡轮（Lion Ferry）和 Swe Ferry 公司。渔民工会发言人说："这种斗争方式在我们工会中间是众所周知的。"有消费者越过警戒线购买低价纸尿裤，部分源于这些荷兰进口的纸尿裤，罢工活动进一步升级。其他工会宣布同情且支持零售工人工会。例如，金融部门工会拒绝处理玩具"反"斗城的日结收据。

玩具"反"斗城的工资标准略高于同行业标准并提供同等保险。但工人最看重的还是工作保障。员工守则明确说明了哪些工作表现会被解雇。参与罢工者之一解释说："在那里没有安全感，不觉得能一直待在那里。"在试用期内被凯尔岛店铺解雇的 Therese Karlsson 说："就在被解雇之前，管理者还说裁员已经结束了。我们这些留下的觉得安全了，还承诺终身雇用几名员工。然后到周六晚上他们又把我叫到办公室然后跟我说你得离开。"Therese 是在警戒线上的罢工者之一。

玩具"反"斗城和工会之间的冲突还包含其他工作守则内容。例如，公司手册规定"工人在未经总经理特许的情况下禁止接受媒体采访或对媒体发表意见。"哥德堡店管理者 Gunnar Jonsson 解释说："我们关于着装统一的规定、关于每班结束时例行检查的规定、关于不得接受媒体采访等规定在字面上看是稍显苛刻。但所有零售店都要求员工注重仪表，检查钱包和手袋等。我们的员工当然可以与媒体接触——只要不谈论公司内部事务就可以。"从开店之初就在玩具"反"斗城工作的 Larsson 评论说："就我个人看，公司的规定并没有给我带来困扰。我不认为统一着装有什么不合理，离开公司前检查是否夹带物品也没有侮辱人的成分，这就是我的看法。毕竟做这些事情的都是我老板。我们都认识，他们这样做的目的也是向他的上级汇报自己履行了职责。"

面对罢工，玩具"反"斗城停止了在瑞典扩张的计划，并向媒体透露可能关闭店铺离开瑞典市场。公司本来计划在瑞典开设 15 家店铺，雇用 500 名永久雇员和 1 000 名临时工。

随着罢工的持续，评论家称玩具"反"斗城与工会之间的冲突是检测瑞典集体协商形式在作为欧盟成员国的新环境下还是否有效的试金石。管理位于马尔摩店铺的 Peter Skogh 说："我们是一家进入新市场的国际公司。我们当然希望融入当地。但瑞典要生存下去，也必须适应欧洲和国际商业气候。"

【思考题】
1. 玩具"反"斗城的市场战略是什么？
2. 有哪些特点的国家市场最有吸引力？哪些公司是天然竞争者？它们是跨国公司吗？
3. 哪些非市场力量最有可能阻碍市场战略的成功？
4. 玩具"反"斗城应该建立什么样的总体市场和非市场战略，如何整合这两部分?
5. 为了进入日本市场它必须采取什么特殊战略?
6. 为了成功进入德国市场,应该采取什么战略?
7. 应该如何应对瑞典的情况?

【资料来源】 [美]戴维·巴伦. 商务学:市场与非市场环境(第6版)[M]. 耿莹译. 北京:清华大学出版社,2014.

乐购在印度

> **摘要**：任何一家企业在本国市场接近饱和的情况下，都想着向其他国家进行扩张，"乐购"作为英国最大的零售商企业，在取得英国零售业龙头地位之后，致力于开拓国际市场，印度作为一个拥有11亿人口、消费潜力巨大的国家成为乐购的首选目标。但一直以来印度政府对零售行业都有严格的政策限制旨在保障本国利益。近年来，有迹象表明，印度政府有放宽对零售业FOI限制的可能，乐购在印度政府放宽政策之前该何去何从？
>
> **关键词**：乐购；FDI；印度

1. 公司简介

乐购是英国最大的零售商，食品消费中每7磅就有1磅是在乐购消费的。乐购也已经开始销售非食品类商品，网络销售亦表现不俗。1992年，乐购为有效利用市场机会开始在国际范围内进行多元化。2005年，乐购占地面积50%以上和销售额的20%以上来自英国之外。董事会主席Terry Leahy爵士说："我们的国际业务是最大的商机，对业务增长和投资回报都是如此。"2006年年末，乐购收入高达39.5亿英镑，税后利润为15.76亿英镑。乐购的核心目标是"为顾客创造价值，从而赢得他们终身的信任"，其战略建立在6个重要元素基础上：灵活、本地运作、专注、形式多样、开发能力和建立品牌。

2. 印度的市场环境

印度的零售业市场潜力巨大。拥有11亿人口，其中超过一半年龄在25周岁以下，国内缺少大型零售连锁经营商，这对全球零售商来说是再好不过的市场机会。2005年零售市场销售额达2 000亿美元，并且会继续快速增长，预计到2010年有潜力达到3 000亿美元。10名及10名以上员工组成的有组织部门销售额仅占总量的3%，但预计此比例到2010年将上升至10%。非组织性部门由将近11

万家零售商店组成,包括 Kirana 商店和其他小型店铺,其中只有4%占地面积超过500平方英尺。从事零售业的员工数量约有2 100万人。

印度经济迅猛增长,同时缺少主要零售连锁店,这对国内外企业来说都蕴藏巨大商机。但外国零售业者进入印度受零售业的外商直接投资(FDI)限制制约。印度逐渐取消许多领域内的外商直接投资限制,但为了照顾小零售业者一直未放宽零售业。最近,单一品牌零售商等限制已经放宽,取消外商直接投资限额势在必行。但何时实施还不清楚。

印度多数大型行业集团公司都计划赶在 FDI 限制取消、国际零售业者进入市场前涌入零售部门。2006 年,印度最大的商业集团瑞来斯实业公司(Reliance Industries)宣布将在未来的 5 年内开设 1 500 家便利店和 1 000 家超级市场。董事会主席 Mukeshi Ambani 表示,集团战略是要建立"一个遍布泛印度地区的全方位零售商店",通过大型农村枢纽从农民手里直接购买农产品和乳制品,这也是他们"农超对接"(field-to-fork)供应链控制流程的一部分。这对国际零售业者是个难题。他们可以现在进入市场,承担对投资额度的限制以及随之而来的对组织形式的限制,也可以等到对 FDI 限制放宽后再进行投资。

3. 在印度进行外商直接投资

随着印度政府逐渐放宽限制,FDI 从 2003 年的82.8亿美元上升至2006 年的256.6亿美元。超过51%的 FDI 投向了 35 个高优先级行业,近年来房地产行业也可以接受 FDI。但仍对零售业的限制反映了外商给小商店和路边摊带来的潜在威胁。举例说明,与印度相反,在允许国际零售商在国内经营的泰国境内,全球顶尖 10 家零售业者有 7 家都有业务。中国也允许国际零售业者投资,包括家乐福、沃尔玛和 7 - Eleven 便利店。

"在小规模行业中,FDI 最高不得超过单位生产项目股权资本的24%。"对小规模行业的限制也反映了印度小商业竞争问题的敏感性,以及大力扶持这些业务的政策。

禁止外商通过 FDI 直接向个人销售商品,最早要到 2009 年,多品牌零售商才有可能拥有和自主经营商铺,到那时 FDI 限制还需有所变化。

为了绕过 FDI,外国零售商利用特许协议。包括玛莎百货(Marks and Spencer)、Shoprite Checkers、锐步(Reebok)、耐克、卡地亚(Cartier)、澳大利亚的伍尔沃斯(Woolworths)、Debenhams 和麦当劳在内的众多外国零售商都通过特许经营在印度开展业务。

对向注册零售商提供货源的批发经营业务没有 FDI 限制,但也只有麦德龙进入了印度市场,它是目标客户为商业团体的麦德龙现货自运股份有限公司批发店铺的经营者。麦德龙最开始在班加罗尔经营，并于 2006 年宣布将投资 3 亿欧元将业务扩张至 33 个城市。

从 2006 年开始，单一零售商使用 FDI 的投资比例可达 51%。例如，西班牙的雅致陶瓷（Lladro）布和 SPA Agencies 合作成立雅致陶瓷印度商铺销售瓷器产品。路易威登轩尼诗集团（LVMH）旗下的法国精品店芬迪宣布将与印度 Fun Fashion 合资成立单一品牌零售连锁店，前者占 51% 股份。政府同意了 FDI，但基于单一品牌零售附加限制要求股权平分。LVMH 申请销售物品包括圆珠笔、雨伞和袖扣，这些都属于小规模行业产品，因此属于小规模行业部管辖范围内。小规模行业部在 FDI 核准书添加了一份附文，要求 LVMH 在印度生产的产品 50% 以上供出口。政府还规定如果合资公司要增加其他销售商品品牌，必须获得外国投资促进委员会（FIPB）的批准。

负责 FDI 企业审核工作的是 FIPB。属于优先发展行业，且控股比例在 51% 以下的投资在向印度储备银行提交申请后自动批准。

除了对 FDI 的限制，有组织零售部门还受多种监管政策约束。有组织部门不得使用小时工或兼职员工。有组织部门通常采用终身雇佣制，提供养老津贴，并设有工会代表。

国家内不同地域的监管措施不同，因为管理零售业的《商店和机构法》由各邦分别制定：例如有些邦对某类促销活动有限制，如禁止有奖销售。有些邦要求零售商每周歇业一天。每个邦的最低工资标准也不同。

全球第二大零售商家乐福已经准备进入印度市场，但在 2004 年宣布："我们已经推迟了进入印度的计划。这是一个重要的市场我们希望晚些时候开发此市场。此外无可奉告。"家乐福曾经考察过进行特许经营，但否决了这项提议。据猜测公司还是希望保留对营业网点的直接控制权。

4. 非市场力量

地方商人害怕被大型零售业者抢走生意，于是他们向国会执政党施加压力。印度失业人口数量超过 4 100 万，小零售业者称如果放松 FDI 限制，让外国零售业者进入国内市场，许多零售从业者将失业。例如，"西孟加拉邦管理商业和行业的部长 Nirupam Sen 先生赞扬了市级（加尔各答市）零售店主商会（MCC）直截了当地表达自己对零售行业取消对外投资限制的保留意见。"MCC 主席认为各邦不应当允许影响就业的 FDI。一家名为 Tecknopak 的零售咨询公司董事会主席 Arvind Singhal 说："店主们在询问会使我们走投无路吗？"经营一家蔬菜店和路边摊的 Jageshwar Prasad 说："这对我们的影响极大，因为（Reliance）会用低价将有钱和没钱的客户都夺走。"政府计划委员会副主席 Montek SinghAhluwali 表示说:"我确实相信将现代零售业引入国内是十分迫切并且早就该做的事……(然而)我想强调一件事,就我看零售业内的 FDI 在未来的几年内不太可能实现 8.5%的增长率。"

政策选择中心主任 Mohan Guruswamy 在德里说:"你无法永久阻碍中国人,你也无法永远阻止沃尔玛,但你可以制定发展阶段。"提到沃尔玛引入中国的价值 280 亿美元商品时,他说:"这条管道的建立就是朝着印度来的,会将小规模行业赶出市场。"

提出修改 FDI 政策的是工商部。在提到零售部门的 FDI 政策时,工商部部长 Kamal Nath 表示:"我们需要找到一种不会影响现存零售商的模式。"印度工商业联合会(Assocham)反对取消监管,但支持将 FDI 比重提高到 51%。

地方零售商还用非市场战略应对外国零售业者。由马哈拉施特拉邦联合(FAM)领导的零售商抱怨麦德龙在向企业消费者销售商品时违反了许可条件。FAM 的支持者"在邦级别有卡纳塔克邦和泰米尔商会,在全国范围内有印度工商联合会"。2003 年,麦德龙为提高会员数量开始发放购物卡,FAM 再次提出批评,指责购物卡售给了没有获得许可的企业集团。一家共产党报纸《人民民主》声称购物卡发放给了企业员工,而麦德龙"一直在进行零售贸易"。在中央政府的支持下,卡纳塔克邦政府在班加罗尔法庭提交了令状申请书。印度人民党内的民族主义团体 Swadeshi Jagaran Manch 的全国召集人 Muralidha Rao 在对卡纳塔克邦工商协会的演讲中批评麦德龙。他说:"我们的市场是资产,不应当卖给跨国公司。"

地方店主也采取直接行动。印度最高法庭要求新德里市执行长期形同虚设的分区法,关闭 4 万家非法占道的商铺。估计约有 5 000 名店主越过警戒线到市议会大楼前抗议。

麦肯锡和印度行业联盟的一项研究显示包括乐购、翠丰集团(Kingfisher)、家乐福和阿霍德在内的数家主要国际零售商都有意图进入印度市场。报告预计如果 FDI 限制放宽,到 2010 年零售部门产值将高达 3 000 亿美元。科尼尔(AT Kearney)的研究认为印度是最吸引国际零售商的市场。它估计有组织部门销售额将从 2006 年的 70 亿美元上升至 2010 年的 210 亿美元。零售咨询公司 Technopak 估计有组织部门的份额到 2010 年将扩张至 16%~18%,此估计取决于大型国际零售商的战略。

现代零售业随着城区内购物商场的发展迅猛发展。包括塔塔集团(Tara)、PRG 集团、ITC 和 HLL 在内的大型国内公司已经抓住契机建立了连锁店和初级超级市场。例如,塔塔集团旗下有西区连锁店(West Side),Foodworld 的所有者是 RPG 集团。塔塔集团旗下的 Infiniti 零售宣布将与伍尔沃斯(Woolworths)合作成立销售耐用消费品的零售连锁店——Croma。伍尔沃斯在印度的批发公司负责向

Croma 店铺供货。Pantaloon 零售和玛莎百货也加快了经营扩张步伐。2006 年家乐福重新开始考虑进入印度市场的其他方式，并尝试和迪拜的蓝玛克集团（Landmark）接触。

沃尔玛获得政府批准在印度设立办公室进行市场调研。沃尔玛发言人 Amy Wyatt 发言称："印度是我们高度重视的新兴零售市场，我们持续关注印度政府对 FDI 的政策并继续进行市场调研。"有传言称沃尔玛正在和印度最大的房地产开发商 DLF Universal 商讨合作事项。沃尔玛宣布近期会将 85 家德国店铺出售给麦德龙，用获得的资金投资新兴市场。沃尔玛还以 8.82 亿美元出售了在韩国的 16 家店铺。

有些印度企业积极寻求和外国公司合作进入零售业。巴蒂集团（Bharti Enterprises）主动与乐购和沃尔玛接触希望建立合作关系。巴蒂集团董事会主席 Sunil Mittal 说："政府政策允许外商投资零售和物流终端，以及房地产业，所以我们在这些领域与外商成立合资公司，在零售业方面我们将 100% 自主经营，但如果政府允许该领域接受 FDI，我们也会与外商合作。"2006 年 11 月底巴蒂和沃尔玛宣布将建立合资公司负责物流、供应链管理、分销和批发业务，而直接向消费者出售商品的零售店铺归巴蒂所有。

2003 年乐购进入日本和土耳其市场，2004 年进入中国市场，到 2006 年已经开设了 39 家店铺。2006 年它决定以便利连锁店的形式进入美国市场，希望能复制其便利店的成功模式。印度是仅存的主要待开发市场，乐购需要考虑是否进入印度市场，怎么进入以及何时进入。

【思考题】
1. 考虑到目前对零售业的 FDI 限制，市场机会的吸引力大吗？
2. 是否应该等到 FDI 限制取消后再进入印度市场？
3. 为进入印度市场乐购应该采取何种措施？
4. 乐购应该用非市场战略影响印度放宽 FDI 监管的步伐吗？它应该直接在印度国内执行政策还是透过欧盟和世界贸易组织执行？

【资料来源】　［美］戴维·巴伦. 商务学：市场与非市场环境（第 6 版）[M]. 耿莹译. 北京：清华大学出版社，2014.

第三部分 国际营销的政治法律环境

"印度可乐门"事件如何收场

> **摘要：** 水作为基础资源，在人类生产和生活中扮演着极为重要的作用，而不干净水引发的疾病每年导致近 200 万人死亡。但全球饮料巨头——可口可乐、百事可乐却再一次在印度遭遇"水危机"，面对印度政府的有备而来和强势要求（公开其饮料化学成分和配料细节），印度可乐门事件又会如何在政府、公众、企业的"争执"中收场？
>
> **关键词：** 印度；水成分；可乐外交

根据联合国发布的 2006 年人类发展报告，水危机和恶劣的公共卫生设施水平每年会导致 180 万儿童死亡，并给发展中国家近 50% 的人口带来健康难题。讽刺的是生活在城市贫民区的人们与高收入地区的人口相比，一升水的价格要高出 5~10 倍。生活在阿克拉和马尼拉的最贫穷地区的人口与生活在伦敦、纽约和巴黎的人口相比，花费更高供水往往被发达经济体的人们认为是理所当然的服务。不幸的是，超过 12 亿人口无法饮用安全饮用水。全球人口中近 40%（26 亿人口）缺乏充分的公共卫生设施服务，不干净水引发的疾病每年导致近 200 万人死亡。

可口可乐公司和百事公司作为用水大户受到了严厉地谴责。毕竟，水是可口可乐公司 400 多种饮料品牌的最主要成分。可口可乐公司及其灌装企业每年耗费 730 多亿加仑的水。

2006 年 8 月，可口可乐、百事可乐两大饮料巨头再一次在印度遇到大麻烦：印度最高法院向可口可乐和百事可乐的印度公司发出通知，要求公开其饮料化学成分和配料细节。两家公司必须在 4 周内作出答复，否则印度法院有权禁止这两大饮料巨头在印度销售饮料。

两巨头这次的麻烦主要是因为印度科学和环境中心这家非政府组织。该中心 8 月初公布的一份调查报告称，两家公司在印度 12 个邦生产的 11 种软饮料的样本中，林丹等 3 种杀虫剂的平均含量比印度官方标准高出 20 多倍。

这份报告引发印度全社会的高度关注，印度政府也迅速介入，可口可乐、百事可乐再一次在印度面临危机。

历史是何等的相似。早在3年之前的2003年8月，印度科学和环境中心就已经挑战过可口可乐和百事可乐，其报告证明两家巨头在印度生产的饮料中农药含量比欧盟的产品标准高出30倍以上，可口可乐和百事可乐破天荒地被迫召开联合新闻发布会坚决予以还击，那一次两巨头最终有惊无险地渡过了危机。

也许是借鉴了上一次挑战未成功的经验，这一次印度高等法院使出了釜底抽薪的一招：要求可口可乐和百事可乐公布其配方。要知道，配方可是可乐们在全世界赚钱的根本。以可口可乐为例，其配料的关键秘方保存在亚特兰大一家银行的保险库里，只有2名高级职员掌握，而且两人不能乘坐同一架飞机出行，以防止发生事故导致秘方失传，全世界知道这一秘方的人不超过10个。可口可乐公司只向全球合作伙伴提供半成品，却得不到原浆的配方及技术。

对于可口可乐或百事可乐而言，配方是绝对不能公布的，无论以什么代价。

为什么两大饮料巨头屡屡遭到印度国内民众质疑？印度国民究竟对可口可乐和百事可乐怀有何种复杂情绪？20世纪80年代以来，印度国内的软饮料市场一直被两大巨头所瓜分，两大饮料商的市场份额高达75%以上，而一些原先印度国内的知名品牌在逐渐消失。印度一些民众对美国产品有天然的抵触与抗拒，两大软饮料巨头在印度经营多年，其所代表的美国形象已经对印度本国文化形成了较大冲击，印度国内一些人士一直对此耿耿于怀，上下疾呼，使得印度和"两乐"之间的冲突麻烦不断。

在2003年的危机中，可口可乐与百事可乐认为自己一直使用印度当地地下水源生产，如果饮料中杀虫剂含量过高，应该说与印度水源本身有很大关系，而印度政府一直没有制定软饮料质量标准。正是凭借这两条理由，两家公司才最终平息了那场危机。但是，印度某些地方政府已经开始禁止两公司的软饮料在学校等教育机构销售，而印度高院要求公布配方，也就是说，这一次印度方面动了真格，怎么办？

毫无疑问，可口可乐和百事可乐将会因为这次危机而再度联合起来，去开展一场前途未卜的危机公关，他们最多只有四周时间，但他们要做的事情却太多了。首先，两家公司需要向印度公众证明其产品的安全性，需要向公众解释印度科学和环境中心的检测结果的原因；其次，两家公司需要尽快与印度政府高层沟通，求得印度政府方面的支持；最后，对于两家公司而言，最重要的要在印度树立一个正面、积极的本土化形象，而不是负面的美国产品形象。

对于当前最迫切的公布饮料配方的问题，两公司也许会采取一些拖延政策，以争取更多的时间。两家公司都已经意识到，目前的危机已经无法通过单纯的商业途径，一定要借助政治方式才能最终解决。针对印度政府方面的压力，两家公司也许会邀请美国政府官员前往印度游说，美印之间或许还会引发一次"可乐外交"。目前，美国政府方面尚未就此事件做出正面反应，"印度可乐门"事件的真正高潮还没有来临。

【思考题】
1. 可乐在印度遭遇抵制的原因是什么？
2. 可乐公司为改变不利境遇做了哪些努力？
3. 可乐会被印度驱出市场吗？对前景进行预测。

【资料来源】时卫干. 新京报. 2006年8月16日.

中海油并购优尼科

> **摘要**：政治风险是企业跨国并购必须考虑和面临的一种风险。扣着"国家安全"的高帽，中海油并购优尼科最终以撤回要约的失败告终，究竟是经济效益的追求还是政治安全的衡量既是企业也是国家在并购案中需要权衡的因素。
>
> **关键词**：中海油；并购；政治风险

1. 中海油并购优尼科过程

2005年3月，中国三大石油和天然气生产企业之一中海油开始了与年初挂牌出售的美国优尼科公司的高层接触。

优尼科，英文名称为 Unocal Corporation，是一家有100余年历史的老牌石油企业，在美国石油天然气巨头中排位第九，近两年其市值低于同类公司20%左右。

市值低的一个重要原因是它的主产品天然气市场开拓不够，大量的已探明储量无力开发。

在中海油向优尼科提交了"无约束力报价"后，美国雪佛龙公司提出了180亿美元的报价（包括承担债务）。由于没有竞争对手，雪佛龙很快与优尼科达成了约束性收购协议。6月10日，美国联邦贸易委员会批准了这个协议。

6月23日，中海油宣布以要约价185亿美元收购优尼科石油公司。这是迄今为止，涉及金额最大的一笔中国企业海外并购。

中海油收购优尼科的理由是，优尼科所拥有的已探明石油天然气资源约70%在亚洲和里海地区。"优尼科的资源与中海油占有的市场相结合，将会产生巨大的经济效益。"

根据国际资本市场的游戏规则，在完成正式交割前任何竞争方都可以再报价。雪佛龙公司的收购在完成交割前，还需经过反垄断法的审查和美国证券交易委员会的审查。只有在美国证交会批准之后，优尼科董事会才能向其股东正式发函，30天后再由全体股东表决。在发函前如果收到新的条件更为优厚的收购方案，仍可重议。

7月2日，中海油向美国外国投资委员会（CFIUS）提交通知书，以便于其展开对中海油并购优尼科公司提议的审查。

7月20日，优尼科董事会决定接受雪佛龙公司加价之后的报价，并推荐给股东大会。中海油对此深表遗憾。据悉，由于雪佛龙提高了报价，优尼科决定维持原来推荐不变。

同日，中海油认为185亿美元的全现金报价仍然具有竞争力，优于雪佛龙现金加股票的出价，对优尼科股东而言，中海油的出价价值确定，溢价明显。中海油表示：为了维护股东利益，公司无意提高原报价。

2005年8月2日，中海油撤回并购优尼科报价。

2. 撤回并购优尼科报价并非经济因素

中国海洋石油有限公司表示，中海油撤回其对优尼科公司的收购要约。其主要原因并非经济因素。

中海油的宣布介绍，中海油曾经积极考虑进一步提高收购要约中的条件。如果不是由于美国的政治环境，应已付诸实施。中海油竞购交易宣布后，在美国出现了前所未有的政治上的反对声音，甚至要取消或更改美国外国投资委员会多年来行之有效的程序，这实在令人遗憾，也有失公道。中海油为完成此项商业目的的竞购，曾作出多项承诺，以消除美国监管当局可能的担心，在这种情况下，美国的政治反对声就显得更加可叹，更为不合时宜了。这种非常遗憾的政治环境使中海油很难准确评估成功的概率，对中海油完成交易形成了很高的不确定性和无法接受的风险。尽管中海油不情愿，但不得不撤回其报价，这对优尼科的股东及员工来说无疑是非常不利的。

3. 来自美国国会的阻力

美国众议院6月30日深夜以333对92票通过一项修正案，阻止布什政府批准中海油收购优尼克公司，并附加在财政部、运输部及其他政府机构新会计年度的开支法案内。众院并以398对15票通过一项无约束力的决议案，要求布什政府立即对这项可能的收购案进行审查。决议案称中海油收购优尼克公司可能威胁美国的国家安全。在众院成功推动阻止收购修正案的众议员Carolyn Kilpatrick（民主党、密歇根州）说："现在不是把美国第九大炼油公司售与一家中国公司的时候。"根据她的提案，政府应禁止财政部花费任何经费，用来建议批准中海油收购优尼克公司。众议员James Moran（民主党，弗吉尼亚州）则呼吁众院同僚反对该反中国修正案。他说:"分散他们的财力才是上策。假如他们不买美国的石油公司或者西方石油公司……他们到哪里去?他们将去伊朗或者不符合我们利益的其他国家,到时候我们岂不再度造成一个两极世界。"

【思考题】
1. 中海油竞购优尼克的失利说明了什么问题,对此进行评价。
2. 企业国际化过程中如何规避此类政治风险?

【资料来源】根据新华网相关文章整理。

墨西哥水泥公司与反倾销

> **摘要**：国际贸易作为当今世界的潮流已经逐渐模糊了国家的界限，但在经济全球化的推进过程中，仍存在相当程度的阻碍，倾销与反倾销案件也时有发生。墨西哥水泥行业巨头公司在出口上占有极大优势的情势下被控倾销，该公司在反倾销诉讼中如何应对，是否能及时扭转颓势？
>
> **关键词**：墨西哥；美国；反倾销

Lorenzo Zambrano 习惯了做艰难的决定。在其担任墨西哥水泥公司首席执行官的 6 年中，他把墨西哥水泥公司从一个小型墨西哥水泥生产商转变成为一个行业巨头。然而，1990 年秋，Zambrano 面临着可能是其最为困难的挑战。8 月，美国国家贸易委员会判定墨西哥水泥公司通过倾销水泥和水泥熟料在美国南部和东南部不正当地抑制水泥价格。结果，向随后所有从墨西哥到该地区的墨西哥水泥公司出口征收了 58% 的关税。这一裁决威胁到了墨西哥水泥公司的扩张及其准入有利可图的美国市场。墨西哥水泥公司需要一种化解该威胁的战略。

1989 年年初，美国南部的水泥生产商担心由于墨西哥进口日益增长而导致其国内市场份额流失。两种主要水泥产品，灰色硅酸盐水泥和水泥熟料进口在前 5 年中稳步增长。与此同时，该地区不尽如人意的经济表现，特别是新建工程的萧条水平，正在减少对水泥的需求。

历史上来说，水泥行业是一个非常区域化的业务，高额的陆路运输成本阻碍该商品在区域市场之间自由流动。这种隔离状态帮助水泥生产商在这个高度周期性的行业中撑过难关。但是，20 世纪 80 年代自始至终，墨西哥生产商能够将其水泥运输过边境而仍在价格上保留竞争力，有时以低于国内生产商的价格出售。出口到美国的墨西哥水泥大部分来自一个生产商，墨西哥水泥公司。

美国南部和西南部的水泥公司意识到，来自墨西哥水泥公司和其他墨西哥公司的进口威胁到其盈利性，也可能威胁到其生存。它们认为，由于高额的运输成本，墨西哥的生产商一定以低于公允价值的价格销售其水泥，而这就构成了美国贸易法 731 条款下的倾销。亚利桑那州、新墨西哥州、得克萨斯州和佛罗里达州的水泥生产商提起了反倾销申请，声称墨西哥水泥公司和墨西哥水泥行业在其市场内倾销水泥和熟料。墨西哥水泥行业硅酸盐水泥在混凝土生产中居多使用，而水泥熟料是硅酸盐水泥生产中的主要成分。对水泥的需求是周期性的，跟随经济气候、人口统计趋势和基建费用变化。在墨西哥，大约 60% 水泥用在住宅建设，20% 用在公共工程，20% 在商业建筑。

水泥生产的一种主要投入是石油，而能源成本占了水泥生产费用的 40% 到 50%。墨西哥的水泥公司受益于政府政策。墨西哥丰富的石油资源允许它能实施定向国内行业政策，1986 年，政府以低至每桶 4 美元的价格向其国内生产商提供石油，相比而言，加权平均的世界价格范围从每桶 14 美元到每桶 16 美元。但是，1990 年，墨西哥石油价格被提高到世界水平。

墨西哥水泥行业由墨西哥水泥公司占主导地位，到 20 世纪 90 年代早期为止，墨西哥水泥公司是北美最大的水泥公司，也是世界排名第 4 的水泥公司。到 1991 年年末，它的生产能力增长到了 2 400 万吨，这是墨西哥生产能力的 63%。墨西哥水泥公司主要的墨西哥的竞争者是 Apasco 公司，这家公司由 Holderbank 公司持股 60%，Holderbank 公司是一家瑞士公司，是世界上最大的水泥公司。1991 年，Apasc 拥有 17% 的墨西哥市场。第二大竞争者是 Cruz Azul 公司，占市场的 13%。

墨西哥水泥公司一部分快速增长是通过并购获得的。墨西哥水泥公司斥资近 10 亿美元进行并购，1987 年收购了 Cementos Anahuac 公司，而后是墨西哥第三大水泥生产商。1987 年收购了 Empresas Tolteca 公司，墨西哥第二大生产商，也是墨西哥水泥公司的首要竞争对手，后来 Holderbank 更名为 Holeim。把工厂选址在靠近主要市场的地方外，地理多样化也使生产合理化了。墨西哥水泥公司也在新工厂和环境控制设备上花费了 9.5 亿美元。这使工厂更加节能、提高了劳动生产率并增加了 480 万吨新的生产能力。另外 3 亿美元花费用以发展国际运营，包括在亚利桑那州、得克萨斯州和加利福尼亚州内的美国分销设施。随后，墨西哥水泥公司以 18 亿美元收购两家最大的西班牙水泥生产商，这让它在欧盟亮了个相。

1991 年，墨西哥水泥公司的销售额约为 17 亿美元，其中出口占了该总量的 15%。墨西哥水泥公司的工厂现代化及资本支出计划与它的管理及工程学知识这一组合使它的成本非常低。墨西哥水泥公司拥有出色的工厂管理实践，并能够显著减少工厂故障时间，这就增加了其有效生产能力并降低了成本。

墨西哥水泥公司在墨西哥拥有高度的品牌忠诚度。在多数国家，水泥是一种主要由工商业买家购买的商品。然而，在墨西哥，78% 的水泥是装在贴着品牌名称的包装袋里经由零售商销售的。1991 年，墨西哥水泥公司的袋装水泥通过 4 500 个独家零售分销商销售。墨西哥水泥公司向其经销商提供了技术性支持与营销支持，并与它们维持着长期关系。

墨西哥水泥公司有几个工厂位于接近美国边境的地方。墨西哥水泥公司在蒙特雷的总部距离得克萨斯州仅有 130 英里，而墨西哥快速的经济增长为新的水泥工厂提供了沿美国边境线的有吸引力的选址。由于水泥生产涉及规模经济，大规模工厂是合意的，这就剩下了一些出口到美国的生产能力。

1. 美国水泥行业

如同在墨西哥一样，美国该行业也是高度周期性的，依赖于经济的总体态势，特别是建筑行业。由于高额的陆路运输成本，所有灰色硅酸盐水泥的 95% 用来供给生产地点方圆 300 英里的顾客。

美国该行业并不像墨西哥该行业那么集中化。1990 年领先的美国水泥生产商是 Holnam 公司，由 Holderbank 公司所有，并占有国内市场的 11.8%。跟着 Holman 的是拉法基公司（Lafarge）（6.7%）、Southdown 公司（6.1%）、Lone Star Industries 公司（5.5%）、AshGrove Cement 公司（4.9%）和数不尽的其他公司，其中至少有 5 家公司拥有超过 3% 的国内市场份额。在 20 世纪 80 年代期间，欧洲公司开始收购美国水泥公司，到 1989 年为止，美国该行业的 60% 由国外公司所有。例如，拉法基公司由法国科佩公司所有，科佩公司是世界第二大水泥生产商。每年约 9 000 万吨美国水泥消费中，水泥进口占了 22%，而进口在南部各州拥有稍高的份额。波特兰水泥协会（Portland Cement Association）估计 1986 年美国生产商购买并重新销售了该国所进口水泥的 2/3 左右。美国生产商提供的原理是进口价格具有吸引力，而由于水泥是一种商品，它们被迫从最低成本来源处服务其顾客。

20 世纪 80 年代末，美国建筑行业疲软。1989 年美国水泥市场的增长是 1.3%，而 1990 年是 2.9%，但墨西哥水泥市场同期增长率分别为 3.7% 和 7.3%。特别是在美国南部和西南部，墨西哥水泥进口商的成功与当地水泥公司的衰退形成了鲜明对比。1988 年，墨西哥进口占了亚利桑那州—新墨西哥州—得克萨斯州市场的 14% 以及佛罗里达州市场的 22%。另外，自 1983 年以来，在亚利桑那州—新墨西哥州—得克萨斯州区域内 7 家国内水泥工厂倒闭，佛罗里达州两家倒闭。Holnam 是通过 Dundee Cement 公司和 Ideal Basic 公司合并形成，并于 2001 年更名为 Holeim。

国内公司认为墨西哥的公司通过以低于公允价值（LTFV）的价格销售其出口产品而在美国倾销水泥。反倾销申请方包括两个工会和 8 家公司，它们组成了灰色硅酸盐水泥 AZ – NM – TX – FL 生产商特设委员会。该委员会由 Southdown 公司领导，它是最大的美国所有的生产商。"迄今为止我们的调查使我们相信，墨西哥人在美国市场的成功是由于倾销，而不是其他因素。"休斯敦的 Southdown

公司执行官及该委员会的主席 Clarence Comer 说道。

申请者声称他们已经受到了墨西哥水泥生产商造成的实质性损害。申请宣称水泥倾销抑制了美国的价格、导致投资者放弃该行业并且威胁到了他们的市场、生产和工作。Comer 总结该指控："美国水泥生产商不应该非得接受回报下降、就业下降和资本投资下降。我们不应该非得把美国市场和美国工作岗位割让给不正当定价的墨西哥进口产品，所以就这样吧。"Comer 推测对美国南部和西南部水泥行业造成的额外损害迫在眉睫。"墨西哥的生产商持续建设针对美国市场的出口生产导向的生产能力"。

美国水泥生产商容易受到墨西哥进口的伤害，申请者对此确认了两个主要原因。第一，因为水泥是一种商品，微小的价格变动会导致市场份额的巨大转变。因此，如果国内生产商没有满足较低的价格，那么即使是很小的价格差异也会导致国内生产商产量的巨大损失。其次，水泥进口一吨换一吨地替代了国内生产，这是因为水泥的总需求源于建筑需求，而水泥占了建筑成本的一小部分。因此，水泥需求并不随着价格显著变化，所以较低的价格就不会创造额外的需求。

1986 年，美国所有水泥生产商曾对墨西哥、哥伦比亚、委内瑞拉、法国、希腊、日本、韩国和西班牙提起了类似的反倾销申请，但不成功。在那个案件中，国际贸易委员会（International Trade Commission，ITC）判定，由于美国水泥行业已经从衰退中恢复过来，所以并不存在对美国水泥行业造成的实质性损害。然而，1989 年的案件在以下三个方面有所不同：该申请聚焦更为严谨；亚利桑那州、新墨西哥州和得克萨斯州的水泥需求被抑制；美国水泥价格下降时，墨西哥进口在上升。

美国反倾销法编写在 731 条款中的反倾销法允许私人一方或者国际贸易管理局提起赔偿申请，国际贸易管理局是美国商务部的一个分支。就反倾销案件中贸易法管理要控诉的行政分支机构是 ITC 和 ITA。ITC 进行初步调查从而确定是否对该行业存在实质性损害的"合理化迹象"，或者实质性损害"威胁"。一般而言，该调查覆盖到活动之前三年。如果没有发现损害的迹象，申请就被驳回。

经过 ITC 确凿的初步裁定之后，ITA 调查是否存在进口以 LTFV 的价格销售的"合理可能性"，并计算倾销利润的初步估计。如有确实发现合理可能性存在，进口商就必须准备现金存款或者交纳保证金或者其他安全措施以保障潜在的倾销责任。总结其调查的基础上，相比于陆路运输，海路运输成本低。宣布是否发现倾销的最终裁定。一项赞成的判决包括倾销利润的最终估算。一项反对的判决导致申请被驳回。随着 ITA 做出赞成的判决，ITC 开始行业分析阶段。在此，ITC 调查考虑中的进口是否导致或会引起对国内行业造成损害的威胁。除非 ITC 发现实质性损害，否则案件被驳回。如果 ITC 发现实质性损害，那么该案件返回到 ITA 进行和解协商或征收关税。

2. ITC 和 ITA 裁决

为了发现实质性损害或者实质性损害的威胁，ITC 首先必须确定"同类产品"和"国内行业"。申请者和被告商定灰色硅酸盐水泥和水泥熟料折中成一个单一同类产品。1989 年 11 月 8 日，ITC 发布一致同意通过的赞成的初步裁决，裁决支持了申请者。然后，DOC 正式通知墨西哥的水泥生产商，如果他们想要继续出口到美国，那么他们就必须服从并完全配合行政审查。发给墨西哥水泥公司的调查问卷需要墨西哥水泥公司战略、生产能力和工厂数量这些方面的基本资料。问卷也需要墨西哥市场和美国市场方面的具体信息，包括墨西哥水泥公司的成本、价格、定价策略、市场份额和不同市场的消费者信息。

ITA 总结道，Ⅱ型灰色硅酸盐水泥是"同类产品"，并且散装水泥市场是用于比较的相关市场。为了检验倾销或者以 LTFV 价格的产品销售，ITA 考虑由国外公司销售给进口国家中第一个无关一方的产品的加权平均价格（对生产美国销售产品的所有不同工厂而言）。然后，这一价格与母国销售的相同或类似产品的价格进行比较。由于价格比较的数据有限，ITA 使用其程序中减去交通和其他成本的行政条款"构造"工厂大门的价格。因此，价格比较是工厂净价之间的，由销售价格减去除了工厂中发生的成本以外的所有成本确定。如果工厂剩下的每吨水泥对美国消费者的价格低于工厂剩下的每吨水泥对墨西哥消费者的价格，那么就发现了倾销现象。而倾销利润是那些发现倾销的比较销售的所有利润的平均值。下表显示了一个计算示例。

反倾销利润举例

	匹配销售	
	墨西哥	美国
价格	85	80
运输到终端	10	30
关税	0	2
终端与分销	11	7
其他费用	12	10
工厂净价	52	31

倾销利润 $= \frac{52-31}{31} \times 100\% = 68\%$

ITA 为墨西哥水泥公司设定的倾销利润是 58.38%，为 Apasco 公司、Cementos Hidalgo 公司和其他所有公司设定的倾销利润分别是 53.26%、3.69% 和

58.05%。因此，如果 ITC 要判定损害，墨西哥水泥公司将被征收关税，比例为工厂留给美国市场的每吨水泥的美元价值的 58%。

为了确定是否存在墨西哥水泥造成的"实质性损害"或者"实质性损害的威胁"，ITC 评估了墨西哥水泥进口对美国价格、生产、生产能力、生产能力效用、装运、存货、就业、工资、财务绩效、资本投资和研发支出的影响。数据表明，从 1986 年到 1989 年，美国生产商转运的水泥总量增加了 4.7%，但价格下降导致总价值降低了 3.7%。水泥和熟料的生产能力几乎没变化，而生产能力效用略有下降。另外，就业、工资和生产工人的工作时长分别下降了 13.8% 和 14%，生产率上升了 23%。随着毛利润下降了 18.1% 而运营收入下降了 36.7%，南部一带生产商的财务绩效恶化。一些公司缩减了计划中的投资。数据还显示墨西哥进口量增加了 24%。

1990 年 8 月，ITC 发布了赞成的最终裁决，支持了申请者。为了继续出口水泥和熟料，墨西哥进口商必须向美国海关总署提供保证金，数额等于估算的倾销利润。对于墨西哥水泥公司和 Apasco 公司而言，这些利润分别是其工厂净价的 58% 和 53%。反倾销命令有一个无限期的期限，因此关税会一直生效到倾销停止。但是，关税每年会基于更新的数据计算。关税带来的结果之一是，除了墨西哥水泥公司以外的所有墨西哥生产商离开了美国市场。

3. 墨西哥水泥公司的战略

从流程的开始起，墨西哥水泥公司完全遵从数据要求。墨西哥水泥公司也尽可能地向 DOC 公开其运作，以加快行政流程并证明该公司有信心它会获胜占优势。

墨西哥水泥公司把倾销问题定为当务之急，并创建了一个新部门来监督用以解决该问题的多元战略的实施。第一，雇用了一家专攻倾销案件的美国法律公司来提供意见。第二，墨西哥水泥公司试图利用墨西哥的媒体来赢得支持并引起墨西哥人民对所谓"不公平"待遇的关注。墨西哥水泥公司也寻求覆盖美国媒体，包括《华尔街日报》，以便让美国人民了解墨西哥水泥公司及其总体战略和在墨西哥及美国的绩效。第三，向墨西哥商务部（Mexican Commerce Department）做出陈述以说明该申请的重要性以及它对墨西哥水泥公司和墨西哥的影响。目标是获取墨西哥政府反对美国行动的支持。但是，墨西哥政府担心可能会危及正在进行的北美自由贸易协定（North American Free Trade Agreement，NAFTA）谈判，因而决定不向美国施压。因为该问题在监管的管辖权内，而不是立法机构的管辖权内，所以在华盛顿游说的机会是有限的。结果，尽管联系到了特定的政府领导人（包括参议员和墨西哥水泥公司运作所在州的州长）来解释反倾销申请和墨西哥水泥公司的立场，但基本上没进行游说。

墨西哥水泥公司认为，在美国机构达成其倾销发生在美国的结论时，他们忽略了墨西哥水泥公司的实际价格和装运成本。例如，墨西哥水泥公司在美国以市场价格销售其水泥，但价格的 1/3 是把水泥从其工厂运输到边境南部的成本。Zambrano 注意到 ITC 减去了运输成本，因而得出存在倾销的结论。

墨西哥水泥公司争辩道，反倾销申请无非是其竞争者试图阻止它在美国扩张。"我们的一些竞争者认为我们是一个相当软弱的邻居，"Zambrano 说道，"我们成长了，这件事就这么发生了，而他们并不喜欢这样。"ITC 判决破坏了墨西哥水泥公司扩张进入美国市场的支路，Zambrano 制定了整合战略，结合了市场部分和非市场部分。市场部分包括修订过的短期商业战略，以回应征收的关税。非市场部分聚焦于降低关税并修订判决。它旨在通过三个制度舞台寻求救济：行政性、司法性和国际性。

4. 墨西哥水泥公司的市场战略

第一，Zambrano 决定大量减少墨西哥水泥公司到美国的出口。这在某种程度上被墨西哥水泥公司母国市场的增长所弥补，由于墨西哥启动了许多公共工程项目，这使水泥需求上涨了大概 10%，所以母国市场变得更具吸引力。

第二，58% 的关税使在一些水泥价格低的州装运变得无利可图，所以 Zambrano 从美国一些州完全撤出，并仅仅聚焦在那些价格较高的州。在 ITC 判决之后，墨西哥水泥公司完全放弃了佛罗里达州，对价格较高市场中不赔不赚感到满意。仅在高价的地区销售在减小美国和墨西哥工厂之间净价差异方面具有优势，这使下一年年度审查中的倾销利润变低。

第三，墨西哥水泥公司在墨西哥保留了大量的 II 型（散装）水泥市场，这样 ITA 会把美国市场销售的产品与墨西哥 II 型（散装）水泥市场进行比较。墨西哥水泥公司想要避免 ITA 总结说同类产品是其在墨西哥的品牌袋装水泥，这样会显著增加倾销利润。

5. 墨西哥水泥公司的非市场战略

作为其非市场战略的一部分，墨西哥水泥公司要求关税的行政性审查，在第一次审查中，申请者宣称墨西哥水泥公司在其母国创造了子虚乌有的散装市场以减少关税。ITA 发现没有子虚乌有的市场创造出来，而作为墨西哥水泥公司限制到高价地区的出口这一新战略的结果，关税降低到 30.74%。

Zambrano 也尝试使 ITC 判决在司法领域内修订。墨西哥水泥公司将 ITC 实质性损害的裁决上诉到美国国际贸易法庭（Court of International Trade，CIT），辩称ITC没有遵循恰当的程序。CIT驳回了墨西哥水泥公司的论证，墨西哥水泥公司使用同样的论证上诉到美国上诉法院（Court of Appeals），但是也不成功。墨西哥水泥公司也把ITA征收的关税上诉到CIT，辩称在裁决倾销利润中ITA既没有遵循法定要求，也没有遵循判例。然而，CIT判例的总体权重支持墨西哥水泥公司案件中使用的方法。CIT支持了倾销税。

在美国司法领域失败之后，墨西哥政府向关税与贸易总协定（General Agreement Oil Tariffs and Trade，GATT）提出申请，要求成立专门小组审查反倾销纠纷。1992年7月，GATT专门小组判定，美国对墨西哥水泥行业征税不当，并建议已收的3 000万美元关税应当归还。GATT很少做出归还关税的命令，因此这种裁决被认为是严厉的。专门小组没有阐述墨西哥公司是否以低于公允价值的价格销售。相反，专门小组总结道，美国商务部没有核实提出行动的特设申请人委员会充分代表了该行业。委员会仅代表了该地区内所有美国水泥生产商的61.7%，但根据GATT反倾销规则，一起区域纠纷中的申请者必须代表该地区内所有或几乎所有的生产。

由于所有GATT成员国必须采纳专门小组的建议以使其生效，任何一个成员都能有效阻止行动。断定GATT专门小组的裁决基础与美国法律相悖，美国撤销了其许可和关税，而依据美国贸易法施加的判决依然有效。

受挫于美国否决GATT专门小组裁决，墨西哥水泥公司面临4个迫切的问题。第一，对墨西哥水泥公司到美国的剩余出口的反倾销税依然有效，而美国生产商肯定会在每个年度行政性审查中辩称墨西哥的散装水泥市场子虚乌有并且袋装而不是散装水泥才是相关的同类产品。这形成了一种甚至更高的关税威胁。第二，墨西哥水泥公司在美国终端和物流设施中有一些搁浅的资产。第三，到美国出口的减少使墨西哥水泥公司在墨西哥生产能力过剩。幸运的是，国内水泥需求略有增长。第四，墨西哥水泥公司必须决定如何处理美国市场。

美国需求持续超过国内生产能力，创造了进口需求。墨西哥水泥公司可以从西班牙进口水泥，但这留下了另一起反倾销申请的风险。墨西哥水泥公司也可以通过建造新工厂直接在美国投资。这会满足了国内供给的一些不足，但会减少进口需求，而墨西哥水泥公司仍想继续出口到美国。墨西哥水泥公司也尝试从美国生产商购买现存的生产能力。如果墨西哥水泥公司有信心它会比卖家更有效地运营该工厂，那么这么做就是有优势的。购买生产能力不会减少进口需求，如果反倾销问题以某种方式得以解决，那就留下了进口机遇。

说明：本案例由Justin Adams在David. P Baron教授指导下编写。它基于两个以前的案例研究，Darryl E—Walsh的"墨西哥水泥公司与墨西哥水泥进口"和Juan Prestarno的"墨西哥水泥公司 vs. 美国阳光地带的竞争者"。

【思考题】
1. 为什么墨西哥的水泥价格要比美国的水泥价格高?
2. 水泥倾销是否有可能会伤害到美国经济?
3. 美国生产商在提起反倾销申请中的动机是什么?这是保护主义吗?
4. 评价墨西哥水泥公司应对反倾销判决的战略。它的市场部分和非市场部分整合的如何?
5. 在美国拒绝了对 GATT 裁决之后,墨西哥水泥公司应当如何应对这 4 个问题?

【资料来源】 [美] 戴维·巴伦. 商务学:市场与非市场环境(第 6 版)[M]. 耿莹译. 北京:清华大学出版社,2014.

发展中的纳米技术监管：
三星银离子系列洗衣机

> **摘要**：纳米技术是现代科学和现代技术的产物，由于其具备的特定功能，已被广泛使用。虽然"种种利好"，但纳米技术对人体、环境、生态等也存在诸多不利，两难之间监管如何实施？三星、Sharper Image 发挥了纳米技术的有利面，但却陷政府于尴尬境地，政策、法律、监管又该何去何从？
>
> **关键词**：纳米技术；监管

古埃及人为保持健康用银杯喝水，往水桶里投入银币以净化水。近年来，开始往绷带中加纳米银帮助伤口愈合。三星开发了一套用低温水的环保洗衣机系列。三星称："比热水消毒型洗衣机能耗少 92%。"管道外层裹银，"清洗和漂洗过程中金属银原子电解产生的电子，释放超过 100 的 5 次方枚银离子进入衣物纤维内部，就可以在没有热水和漂白剂的情况下清洗衣物，银离子就是这里的超级清洁剂……著名科学家已经证明（用凉水或热水）清洗后的湿衣物还是有大量微生物污染。三星银离子洗衣机要解决的就是传统美国洗衣方法中的微生物污染问题。""三星一直努力依靠先进技术改善人们的生活水平，基于银离子技术的新型洗衣机就是完美的例子。"高级副总裁 Peter Weedfald 说。

银离子技术在两方面对环境有益。首先，用冷水或温水清洗，与热水相比能降低能源消耗量。其次，不用清洁剂就可以降低微生物带来的健康危险。美利肯（Milliken）是一家纺织、纱和化学产品公司，公司生产的所有地毯、纺织品和家居装饰用品都用银离子消毒和防变色处理。用银离子消毒的原因是能减少异味。位于加利福尼亚州埃尔卡洪市（El Cajon）一家纯生物科学公司生产的微生物产品 Axenhol 是一种柠檬酸银活性成分。纯生物科学称其产品对"人类和环境毒副作用比三氯生低，三氯生是汽巴公司（Ciba）生产的一种广泛用于抗菌产品的添加剂"。

克莱恩公司（Kline&）化学品和材料业务行业经理 Gillian Morris 在评论对纳米技术和用银离子杀菌的不同态度时说："日本人在技术、预防类产品的需求和应用方法上都高度发达。另外，在欧洲，人们越来越关心过度使用抗微生物产品问题。担心过分消毒将降低人类对普通细菌的自然免疫力，提高细菌抗药性。"欧盟的微生物产品指导机构管理这种产品。

威尔逊国际学者中心（Woodrow Wilson International Center for Scholars）定期修订一份使用纳米技术的产品清单，2006年年末清单上有350种产品。最常用的纳米颗粒就是纳米银。

1. 监管政策逐渐出台

据称纳米技术对消费者、生产商和环境都有益，如可用于清理有毒废物泄漏和有毒废物垃圾场。但环保主义者却提醒大家注意环境和健康风险。自然环境保护委员会的Jennifer Sass博士提醒说："纳米材料特性还不确定，可能伤害人类、野生动植物和环境，"Sass批评环保机构："添加未经测试也未标示出纳米材料的日常用品数量呈跳跃式增长，环保机构行动太慢无法保证消费者安全。"

美国洁净水机构协会（NACWA）在2006年2月14日给EPA写信要求管理在洗衣机中添加银的做法，因为银对海洋生物来说是剧毒物质，即便在剂量很小的情况下。代表废水处理机构的NACWA依照《清洁空气法》要求废物排放符合严格毒性标准。信中称："允许无限制地使用有意向环境中排放银物质的产品是不负责任也不符合环保可持续性发展原则的，应该大力影响这些决定。"

作为对NACWA的回应，EPA宣布将管理三星银离子洗衣机中的银离子排放量，依据是《联邦杀虫剂、杀真菌剂和灭鼠剂法》（FIFRA）中的杀虫剂规定。EPA依据FIFRA实施监管的理据明显在于三星宣称银离子技术具有清理微生物作用。EPA在《联邦公报》上刊登了通知。

这本身并不是管理纳米技术的决定，因为三星并没有提出杀虫剂登记申请。EPA表示："近期媒体文章称三星洗衣机为纳米技术产品。然而，我们还没有收到三星注册申请，所以对于释放银离子的洗衣机或其他任何类似产品是否含有纳米材料，机构无法得出任何结论。"

为回应此决定，NRDC给EPA去信称："我们相信一旦EPA依照恰当FIERA风险评估条款仔细检查纳米银，就会发现这种材料对环境（特别是水生生物）带来的重大危害，有理由禁止或大幅度限制使用该物质。"

EPA杀虫剂项目办公室负责人Jim Jones提到EPA计划出台监管措施："我们会评估它们，保证这些产品不会伤害水生环境。"EPA要求制造商提供科学证据证明产品没有环境风险。但Jones明确表示监管只会针对那些宣传有杀菌功能的产品。他解释说："除非你承诺能杀菌，否则就不算杀虫剂。"NRDC一名律师Maewu评论说："这似乎是重大法律漏洞，很可能要在法庭上解决。"

NRDC给Jones写信赞扬了机构行动，并强调纳米银是杀虫剂，希望加大行动力度。NRDC 提醒大家注意 Sharper Image 销售的产品和三星银离子技术产品。NRDC 说:"动物实验证明纳米颗粒可以造成发炎、损害脑细胞、引起癌变前病灶。"

Tri-TAC 是服务于加利福尼亚州环境卫生管理局协会、加利福尼亚州水环境协会和加利福尼亚州城市联合会的一个咨询小组。更早之前,Tri-TAC 已给 Jones 和加利福尼亚州杀虫剂管理部门写信要求管理三星"银离子"洗衣机。

虽然纳米技术行业担心依照 FIFRA 的监管政策,但更大的威胁在于可能依照 TSCA 禁止生产任何有潜在"不合理风险"的产品。包含纳米材料的产品可被化作新化学品,要求生产商注册,在这种情况下证明材料有害是政府的责任。但政府可以要求制造者提供风险评估所需数据。此外,食品药品监督管理局也在准备出台含纳米材料药品和化妆品的监管措施。除了现存监管权限,国会也可以制定新规定,如产品含纳米材料必须标示出或要求上市前申请。2005 年众议院科学委员会就纳米技术召开了听证会,但没有提附全体议员讨论。

加利福尼亚州伯克利市政府基于纳米材料潜在危害,起草了一份管理条例。市有害材料管理者 Nabil At-Hadithy 解释说:"已有很多管理尝试,但都因为害怕惹恼行业而没有实质性结果,让工人和社区承担未知的风险。我们担心的就是这些未知数。"

2. 三星和 Sharper Image

在亚洲销售洗衣机的三星要决定如何处理 EPA 即将出台规定。高档专业零售商 Sharper Image 出售的消费者产品范围很广,包括含银离子的拖鞋和袜子。称这些产品能"除菌、防霉、除真菌"。在 EPA 决定管理纳米技术后,Sharper Image 低调地去掉了产品说明中有关"防微生物"的好处陈述。

【思考题】

1. 假设你是 Shaper Image 管理者,除了去掉关于防微生物物质的叙述还能做些什么?

2. 三星应该如何处理银离子技术和洗衣机?它应该进行科学测试证明技术没有环境风险吗?

3. 纳米商业联盟代表制造或使用纳米材料的公司。它的使命是"代表这个在逐渐发展中小型技术行业的集体声音,开展一系列活动支持和强化纳米技术社区……"为行业应对可能出现的纳米材料监管制定非市场战略。

【资料来源】 [美]戴维·巴伦.商务学:市场与非市场环境(第6版)[M].耿莹译.北京:清华大学出版社,2014.

微软反垄断案

> **摘要：** 市场是"看不见的手",自动调节着经济。微观经济中的市场结构理论表明完全竞争市场是最优的,垄断终归不利,诸如《谢尔曼法》类的反垄断法律正是对竞争的保证。作为全球 PC 龙头,微软成为"众矢之的",作为不当竞争的对象,官司缠身。一方面要保持市场的竞争活力,另一方面又要维护创新动力,这场旷日诉讼最终在协商下散场。
>
> **关键词：** 竞争；垄断；微软；司法部

在 1995 年与英特尔的一次会议上,据英特尔管理层回忆,微软董事会主席兼 CEO Bill Gates 说："反垄断问题会过去的。我们的商业行为没有丝毫变化。"

1998 年 5 月 18 日,美国司法部（DOJ）和 19 个州的州检察长依照《谢尔曼法》第一条和第二条向微软提出反垄断诉讼。微软是全球最大的个人电脑（PC）软件供应商,DOJ 的起诉目的是限制微软的反竞争行为,并弥补之前受控违法行为带来的损害。

1. 司法部指控四项违法行为

1.1 微软存在"非法排他性交易和其他排他性协议"（《谢尔曼法》第一条）

司法部指称微软协议要求其他公司不要注册使用、分销或推销非微软产品,或者这样做的时候将非微软产品置于不利地位,微软和 PC 制造商签订的合同严格限制修改或个性化 PC 启动顺序和开机屏幕,这些做法是"不合理地限制竞争"。司法部称这些协定的目的和效果是限制网页浏览器和 PC 操作系统市场中的交易和竞争。

1.2 微软实施"非法捆绑销售"(《谢尔曼法》第一条)

司法部认为视窗操作系统和微软网页浏览器是两个不同的产品——它们在不同市场上销售,功能不同,需求不同,微软和其他行业参与者也认为这是两个不同产品。DOJ称"微软不将两个产品捆绑销售,或允许(PC制造商)销售不附带微软网页浏览器的Windows 95和Windows 98操作系统更符合社会效益。"司法部表示:"微软已经将两者捆绑销售,而且计划再次将微软网页浏览器和不同Windows操作系统捆绑销售,而Windows操作系统有垄断力量。""捆绑销售的目的和效果是阻止消费者依据产品优势选择其他网页浏览器,阻碍其他网页浏览器进入重要分销渠道。"

1.3 微软非法垄断PC操作系统市场(《谢尔曼法》第二条)

司法部断定微软"在PC操作系统市场上占垄断地位",还指控微软采取反竞争手段维持市场垄断地位。

1.4 微软试图垄断互联网市场(《谢尔曼法》第二条)

司法部称微软以网页浏览器为目标的原因是它们有潜力成为与微软操作系统竞争产品的开发平台,从而"侵蚀微软操作系统垄断地位"。司法部指控微软采取"一系列行动,包括捆绑销售和不合理排他性协议"。目的是占据"网页浏览器市场垄断地位"。

司法部还试图证明微软对长期反垄断调查不屑一顾,即便在1995年签署服罪协议书之后。DOJ以"非法垄断PC操作系统"为由,依据《谢尔曼法》第二条向微软提起诉讼。除了其他方面,对微软指控还包括反竞争协议和针对PC生产商的营销行为,而服罪协议书禁止这些行为。

1997年,司法部指控微软违反服罪协议规定。作为回应,1998年曾经审理这项反垄断案的法官Thomas Penfield Jackson发出初步禁令,要求微软将操作系统和网页浏览器分开销售。1998年7月,联邦上诉法庭推翻了Jackson法官指令,表示法院不应该"在特定产品设计收益问题上做事后诸葛"。这项判决成为微软在1998年的抗辩支持。他们可以辩称消费者能从网页浏览器和Windows操作系统整合方面受益。

2. 微软立场

微软坚称由于行业特征,尽管市场份额很高,但自己在PC操作系统市场上并没有垄断地位,也不会成为网页浏览器市场的垄断者。据微软称,技术和市场环境的飞速变化不允许某个公司建立和维持垄断地位。微软还表示软件市场和传统市场有很大差别，像根据市场份额定义垄断等反垄断问题定义在这里不适用。由于不是垄断者，微软坚称司法部指责的那些商业行为都是合法的。微软还否认了司法部很多关于微软实际行为和意图的事实性陈述。例如，微软称 Windows 操作系统和网页浏览器组合给消费者提供的是优质产品。

微软还辩称竞争者也采用类似战略。不仅如此，市场份额小的企业也采用同样竞争战略就表明这些行为是有效率的。尽管和市场份额较小企业采用与市场主导地位企业类似的竞争战略时危害较小，但由市场力量庞大的企业使用时，这种战略带来的效益远远比不上反竞争负面效果。

3. 审 判

行业经济效率是任何反垄断案的关键，在微软案中尤其如此。司法部至少证明了某些指称的"一系列行为"事实性陈述是可信的，所以法院判决的重点基础是经济问题而不是对事实的争论。庭审由两部分组成。第一部分是 Jackson 法官基于案件事实和司法部指控的判决决定。如果 Jackson 法官支持司法部，第二部分的重点就在弥补违法行为带来的伤害。

司法部的申诉基础是事实性陈述，总体上要证明微软"一系列违法行为"。法院要确定的第一项是相关市场。法院认定以英特尔为基础的桌面操作系统是相关市场。

4. 司法部要证明的内容

4.1 微软垄断 PC 操作系统（OS）市场

80% 以英特尔为基础的 PC 中都使用 Windows 操作系统，这种电脑是美国市场的主要型号。超过 90% 英特尔 PC 都预装了 Windows 操作系统，没有商业上能合理替代微软 Windows 操作系统的产品供 PC 生产商选择。

4.2 电脑操作系统市场进入壁垒很高

最重要的壁垒之一来自网络效应，即操作系统中能使用的软件必须达到一定数量才能吸引终端用户。终端用户希望能使用尽可能多的软件，由于 windows 是主要操作系统，大部分应用软件都是基于 Windows 系统开发的。开发一个替代系统运行 Windows 系统能用的程序是相当昂贵的。

因此，对微软操作系统垄断势力威胁大多不是来自现存或新操作系统，而是支持这些系统的新软件，或者本身能成为开发支持多系统软件的"平台"软件。对 Windows 操作系统的确切威胁来自互联网浏览器和 Java 编程语言。

4.3　来自网页浏览器和 Java 的威胁

司法部引用微软 CEO Bill Gates 在 1995 年 5 月发表的关于互联网是微软操作系统的潜在威胁的讲话。Gates 先生提醒管理层：在互联网上"诞生"的新竞争对手是网景。他们的浏览器占领了 70% 的使用份额，有能力决定哪些网络应用会流行。他们正采用多平台战略，将关键 API（应用程序界面）安装在客户端上（浏览器），使潜在操作系统商品化。

司法部宣称网页浏览器在两个方面给微软的操作系统垄断带来威胁。

（1）如果编写能在多重操作系统上运行的应用程序很容易的话，操作系统市场内的竞争将恢复生机。浏览器技术和太阳微系统公司开发的 Java 程序语言相组合使编写在任何操作系统都能使用的软件成为现实，这给保护微软操作系统垄断的关键壁垒带来极大威胁。浏览器是将 Java 技术传递到终端用户的最重要渠道。微软意识到浏览器普及将增加 Java 使用范围，给微软操作系统垄断造成威胁。

（2）浏览器自身也是撰写很多应用程序的"平台"。不再局限于撰写 Windows 操作系统中运行的程序，软件开发商可以在浏览器平台上写软件。由于浏览器可以在任何操作系统内使用，软件应用不再依赖操作系统。因此 PC 公司可以在电脑上安装其他操作系统。

司法部提供文件和电子邮件信息证明微软将 Java 看作重要威胁。一份微软文件说通过扩张"污染版 Java（polluted Java）市场""阻止跨平台 Java 发展"是微软的"战略目标"，前者是微软改写后的 Java 版本。一名微软高级管理者在电子邮件中表示 Java 是"我们的主要竞争对手"，还表示网景网页浏览器是 Java 的"主要传播渠道"。

5. 指控微软对威胁所作的反应

微软开展声势浩大的活动推销自身网页浏览器——互联网浏览器（IE）。微软管理层将活动称作为了赢得"浏览器战争"的"护教战争"。司法部知道网景浏览器和微软浏览器相互竞争将带来更多创新，更多优质低价产品。但司法部断言微软不愿意竞争。司法部引用了微软 Christian Whildfeuer 在 1997 年 2 月写过的：微软认为"单纯依靠 IE4 很难增加浏览器使用份额。利用操作系统资产使人们使用 IE 而不是网景浏览器这一点很重要"。

司法部指称微软平息威胁的手段是反竞争行为。

一种方式是开发一种只能在 Windows 操作系统上使用的污染版 Java。这将促使软件再次和 Windows 系统挂钩。然后是将 IE 和 Windows 操作系统捆绑销售，并免费提供 IE。为了达到捆绑销售目的，微软在添加和删除程序菜单内不设 IE 选项，这样无论是 PC 制造商还是用户都无法删除它。司法部称为预装 Windows 操作系统的 PC 制造商或购买 Windows 的消费者免费提供 IE 属于掠夺性定价。司法部控告微软的动机是将向预装该浏览器的 PC 制造商收取 10~15 美元的网景逐出市场。网景也被迫免费提供浏览器，损失大部分利润。司法部还指控免费提供 IE 属非法利用操作系统垄断力量，以攫取浏览器市场垄断。司法部指控微软给承诺不预装网景浏览器的 PC 制造商折扣。据称"如果承诺在机器表面贴上 Windows 商标并接受微软实验室认证，每份操作系统将获得 7.5 美元折扣优惠"。微软辩解称给 PC 制造商的折扣不是承诺不使用竞争对手产品的奖赏，而是数量折扣。

指控微软和 PC 制造商的合同是排他性的。虽并没有禁止 PC 制造商预装网景浏览器，但合同的目的是削弱使用竞争对手产品的动机。合同限制 PC 制造商修改开机顺序和桌面。还指称微软要求 PC 制造商优先使用自己产品并以终止 Windows 操作系统认证相威胁。司法部提供康柏公司文件和管理者（庭外）证词证明康柏将网景商标从笔记本电脑机器表面去掉并使用 IE 的原因就在于害怕微软报复。微软指出康柏管理者证词中提到微软从来没有反对网景商标出现在笔记本电脑上。微软只是在康柏计划拿掉 IE 商标时提出反对。指控微软非法捆绑销售 IE 和 Windows，具体做法是不给原始设备制造商（OEM）和消费者提供单独产品。捆绑销售是指企业规定在购买（或注册）某种商品时必须购买（或注册）其他产品。捆绑对竞争有利的因素包括降低成本和质量控制（捆绑销售时确定质量问题源头比单独销售容易）。但是当在互联网市场中阻碍竞争时它就是利用市场力量的反竞争行为。指控微软停止向威胁自身产品的软件开发商提供 API 微软刻意使产品不兼容。例如，如果安装了微软的 Real 媒体播放器，RealNetwork 媒体播放器就无法正常运行。

6. 微软辩护

微软挑战政府证人并说明了自身观点基础。微软认为自己没有垄断力量，任何明显的垄断力量在剧烈变化的市场中都可能随时消失，他们的行为不是滥用而是行业中的标准做法，消费者也没有受到伤害反而获益。作为被告微软不用证明自己的论点，只用对司法部指控提出合理疑点。微软证人称相关市场不是操作系统，应该更广，包括互联网和掌上电脑，在这两个领域微软都没有统治地位。微软还举例说由于面临来自太阳微系统的 Java 程序语言和网页浏览器竞争，自己并不是垄断者。微软称如果在操作系统中有垄断力量，将给 Windows 操作系统定更高的价格。政府证人反击说 Windows 的价格只能说明"微软没有极大化短期利润"。

很多经济学家认为将 IE 定价为零是符合经济效率的，因为生产一个 IE 副本的边际成本本身就是零。不仅如此，由于浏览器竞争带来的质量提升，消费者还能因此获益。但政府证人作证表示虽然很难制定确切标准证明微软 IE 定价是掠夺性定价，然而事实是微软"分文不取"但从 1995 年开始每年投入在 IE 上的研发经费为 1 亿美元。微软管理者否认指控的胁迫行为，辩称消费者因革新获益。集团高级副总裁 Paul 作证说："讽刺的是，Windows 给从电脑生产商、软件发布者和消费者带来的价值……证实在诉讼中受到攻击的。Windows 的流行完全来自微软不断创新，并以低价出售产品希望广泛传播，而这些却被他人笑称为垄断。"

大部分微软的辩护都在于推翻政府证人的证词。证词的大部分是根据微软和苹果、英特尔及网景等公司的私人会议记录整理而来。微软证人对会议记录的解释与政府证人不同。如 Paul Maritz 作证说微软反对英特尔开发软件的原因是产品是二流的，微软拒绝给英特尔 MXX 微处理器提供软件支持的原因是英特尔对知识产权声明过于热心。Mairitz 还否认他曾经向任何一个英特尔管理者说过微软会"切断网景生计"。他还说微软不再给苹果麦金塔（Macintosh）电脑提供软件的原因是担心苹果破产。

微软还否认通过与 PC 制造商和互联网服务提供商签订附带财政激励的排他性协议来打击网景。微软律师称："无论这些协议怎样规定，无论在某段特定时期内产生了什么样的排他性做法，网景还是获得大量新用户。没有限制消费者的选择。"

微软管理层作证说从未尝试破坏 Java。但司法部提交了一份 Bill Gates 的备忘录，表明他"坚决不支持" Java。当管理者试图解释 Gates 这句话的意思时，法官打断了证人，并表示 Gates 想表达的意思很明显。

微软直接证词受到司法部首席律师 David Boies 的猛烈抨击。《华尔街 El 报》写道："微软的辩护杂乱不堪，在法官询问华盛顿州雷德蒙德市的软件巨人案例关键点时，微软管理者和经济学家在证人席上被打击得落花流水。"《纽约时报》的形容是微软引以为耻的法庭经历。微软反击称司法部的攻击是在作秀，而案件判决要以法律和事实为依据。

微软在高级副总裁 James Allchin 作证时闹了个大笑话。Allchin 要播放一则由微软制作的录像带，以支持不包含 IE 的 Windows 98 操作系统会有"效能退化"。录像带的目的是挑战政府证人关于移除 IE 不会带来明显效能退化现象的证词。政府顾问发现即便微软解说称 IE 已被删除但录像显示还是有 Internet Explore 字样的标题栏。Allchin 坚称所显示电脑已经卸载 IE。两天后微软承认录像带是在摄影棚内摄制的，为了显示"效能退化"使用了多种不同电脑。之后微软提供了一卷新录像带，目击者称没有 IE 时系统运行不存在任何问题，当然需要网页浏览器的应用软件无法使用。

7. 法庭外进展

审理过程中发生的两件事证明微软所说的"行业在不断发展,所谓垄断至多只是阶段性现象"。1998年11月,美国在线宣布将以42亿美元收购网景,并与太阳微系统建立联盟。微软断言这项交易从根本上改变了行业格局,因此司法部应撤销控诉。司法部证人,如 Inuit 公司董事会主席兼 CEO William Harris 则表示他不认为新联盟会改变微软的行业霸主地位。

微软还宣称免费 UNIX 操作系统版本——Linux 是微软的潜在重大威胁,因为好几家微软主要竞争对手都以此为基础开发软件 1999 年 3 月 1 日,甲骨文、英特尔、戴尔和惠普都宣布将在 Linux 上投入大笔资金,IBM 还宣布将大量生产使用 Linux 操作系统的电脑。虽然 Linux 在全世界仅有数百万拥趸者,它还是占据了操作系统市场可观份额。司法部专家证人坚决反对 Linux 是微软威胁这种论调:"无论 Lunix 有多大作用,它都不会限制微软的垄断力量……如果你真的相信这种产品将限制微软的市场份额,不要走着去,跑着告诉你的经纪人赶紧做空微软股票。"

如果法院判决对微软不利,接下来的问题就是如何补偿了。很多行业内公司,也包括微软竞争对手都害怕治疗方案比疾病本身还糟。主要畏惧在于政府对行业的某些监督或管理形式将阻碍创新与技术变革。

补偿大体可分为行为性或结构性。行为性补偿目的是在不改变微软对 Windows 操作系统控制的情况下消除滥用做法和排他性行为。结构补偿重点在改变微软 Windows 操作系统的垄断现状,可以通过拆分公司或创建相同公司产生新的市场力量。那些担心拆分微软将使行业陷入多重标准,阻碍应用软件开发的人士喜欢行为性补救。但很多评论家和行业成员怀疑行为性补救是否足以消除微软受控的垄断力量和滥用行为。对行为性补救的反对意见不仅来自对效果的怀疑,还在于行为性补救需要政府对行业监督管理。很多行业成员和经济学家害怕政府监管充满活力、新产品诞生和淘汰都很迅速的行业。

大部分讨论中的行为性补救方案都包括解除微软通过 Windows 特许转让协议对 PC 生产商的限制。很多 PC 生产商希望签订灵活性高的特许转让协议,在反垄断审查下微软已经有些松动。

行为性补偿有微软停止使用排他性合同禁止 PC 制造商提供其他网页浏览器。其他行为补救还有要求微软公布"最惠待遇消费者"价格,并让所有 OEM 都可以享受销售此价格。此举将降低微软通过选择性给 OEM 提供折扣进行惩罚的可能性。更普遍的做法是,法院要求定价"透明"政策,即微软产品价格固定不变。

第三种行为补偿是要求微软公布在 Windows 操作系统上开发软件所需的 API 或软件挂钩。此举将解决以分阶或选择性提供 API 方式区别对待软件开发商的问题。

1999 年 2 月，拥有包括微软在内的 1 400 名成员的信息产业协会（IIA）向司法部提交报告，要求"认真考虑"结构性补偿方案。IIA 建议的结构性补偿方案是将微软拆分成三家独立公司。第一家掌握 Windows 操作系统，包括 CE 和 NT 系统；第二家掌握微软软件业务；第三家经营互联网和电子商务。另一个结构性补偿方案是将微软拆分成 3~5 个完全相同的实体，称为"微 Bills"，每个实体都掌握微软 Windows 源代码和产品。相关提议是将 Windows 代码和商标名拍卖给几家公司。这些补偿措施将引入竞争，打破所控的微软垄断力量。但 IIA 报告的结论是这些补救措施如果导致多重技术标准，将是有害的。报告初稿建议采用结构性补偿，但微软说客将措辞改为"认真考虑"。

7.1　庭审：法律和基于事实裁断的结论

2000 年 4 月 3 日，Jackson 法官认定微软违反了《谢尔曼法》，判定微软行为违反《谢尔曼法》的原因不在于行为本身，这些行为大多是行业内标准做法，而在于一个垄断者利用这些行为维护自己的垄断地位。就法律得出的结论，他认为相关市场是"以英特尔为基础的 PC 操作系统"，且微软是垄断者。法官还认为微软行为有"明显排他性影响"。他还表示"中间设备（网景浏览器和 Java）威胁到微软梦寐以求的垄断力量"，微软的做法"是对创业家努力的蓄意破坏……"。他引述了微软在 OEM 渠道扼杀创新的做法，包括要求预装 IE 和捆绑销售专利软件。前者构成非法将某产品和另一垄断产品捆绑销售，这在事实上就违反了《谢尔曼法》。后者构成"IAP（互联网接入服务提供者）渠道中排他性行为"，也违反了《谢尔曼法》第一条。

法官还认为微软行为总体是"掠夺性的"，引用的例子是 IE 零元售价和将 IE 与其他商品捆绑销售增加购买动因。此外，他还认为微软利用对技术信息的控制（API）诱使互联网服务提供商传播"污染"的 Java 版本。Jackson 法官还裁定虽然微软使用了排他性合同，如迫使康柏不销售网景浏览器，但这些合同"没有完全剥夺网景接触全世界每一台 PC 并安装网景浏览器的机会"。所以排他性合同本身并不足以认定违反《谢尔曼法》第一条。

7.2　Jackson 法官补偿方案

法庭判决结果出来后，Jackson 法官敦促司法部和微软就案件达成协议。他采用了一项十分罕见的做法，指定一名杰出上诉法庭法官 Richard Posner 召集各方商讨协议，但最终未达成协议。

2000 年 6 月 7 日，Jackson 法官基于判决微软违反了《谢尔曼法》第一条做出结构性和行为性补偿决定。补偿方案基本遵照司法部和19个州检察长的建议。Jackson判决引人注目,因为有人认为法官对公司抱有敌意。法官称微软"不愿意接受他们触犯法律这一观点",微软"被证明在过去是不可靠的"。

结构性补偿方案为将微软拆分成两个独立公司。其中一个(此处成为"系统")将掌握微软操作系统业务,包括Windows 2000、Windows ME和Windows CE。另一个(此处称作"软件")将拥有全部剩余业务,包括应用软件(如微软办公软件、微软交流群组软件、IE)和互联网服务(如MSN、Hotmail、艾派迪、Carpoint)。要求微软向法院提交一份拆分公司计划。两个公司在管理层面建立"防火墙"之后标志拆分完毕。

除了结构性补偿,Jackson法官的判决还包括一系列行为性补救方案,目的是恢复操作系统市场和应用软件市场中的合理竞争。行为性补救措施为期10年,从消费者和竞争对手角度规范微软活动。为回应微软非法将IE和Windows操作系统捆绑销售的指控,Jackson法官判定微软必须允许OEM卸载操作系统内任何应用程序。OEM还可以修改开机顺序和桌面,包括去掉微软标志,微软要终止Windows授权需提前30天通知。微软的操作系统授权都必须按照同一条款,数量折扣除外。禁止微软干涉任何非微软中间设备,歧视使用非微软产品的硬件或软件生产商,偏向微软产品,或将许可和微软产品联系在一起。还要求微软在引进新版产品时继续提供早期Windows版本。最后一项规定目的是限制微软强制用户升级。为保证软件和硬件的"互通性",Jackson法官要求微软给硬件、软件和电脑生产者提供技术性信息,给开发者提供"相关必须部分"代码。这包括所有API和部分操作系统代码。API和代码只在"保证信息安全的设施"内提供。

8. 上诉法院判决

微软提出上诉,并在上诉中攻击Jackson法官在法庭外发表言论的行为。微软要求Jackson法官退出此案。2001年6月28日,美国上诉法院发布一项匿名判决结果,肯定了某些判决结果,推翻了一些命令,还有一些交给其他地方法院重新审理决定。

在最重要的判决结果上,上诉法庭废除了拆分微软的决定。这样做的理由是法院认为传统上拆分判决都是针对那些通过收购兼并成长起来的公司,但法院也没有完全堵死拆分这条路。要求地方法院重新考虑拆分的合理性,以及维持垄断和非法行为之间的关系是否足以支持与拆分相关的整个结构性补偿方案。上诉法院还要求地方法院全权负责决定适当补偿的证据听证会。

上诉法院认同Jackson法官关于垄断力量的结论:"我们完全支持地方法院对垄断力量的判决结果。"这项决定不仅对当前案件至关重要,还因为它表明在私人反垄断诉讼中，原告没有义务再证明微软有垄断力量。

上诉法庭认同微软行为违反了《谢尔曼法》。首先，它对 OEM 的许可限制是反竞争行为。其次，添加和卸载菜单中不包含 IE，使用户无法卸载 IE 的行为违反第二条。法院表示："微软没有证明它的行为除了维护垄断地位外还有其他作用。"法院还认为微软开发只能在 Windows 操作系统上运行的污染版 Java "行为属排他性，违反了《谢尔曼法》第二条"。

上诉法庭在不发还重申的情况下推翻了 Jackson 法官关于微软试图垄断浏览器市场的判决结果。法院称司法部没有恰当定义相关市场，也没有证明存在进入壁垒。

Jackson 法官还认为将 IE 和 Windows 捆绑销售属本身违反《谢尔曼法》第一条。但上诉法院认为本身违法分析结果并不合适，发还至地方法院依照合理性原则复审。

上诉法院严厉批评了 Jackson 法官的行为并取消了他审理此案的权力。法院认为"没有切实证据证明存在偏见"但承认"庭审法官签订了明令禁止的接受媒体成员秘密采访的单方面合同，在法庭外公开发表很多针对微软管理层的攻击性评论，这些行为都造成了有偏见的印象"。因此，法院推翻了 Jackson 法官的补偿决定，负责重审的法官按随机抽签决定。由新法官决定补偿方案。

第二天，上诉法院判决结果登上了《华尔街日报》头版头条，"使用老一套，微软充满活力地进入新网络市场：使用咄咄逼人的捆绑销售，Windows 操作系统彻底革新将给高科技世界带来轩然大波。"

9. 和解和下一阶段

获得胜利后，司法部没有上诉。但微软将判决结果和 Jackson 法官对事实的解释上诉至高院，最高法院拒绝受理。面对同时处理捆绑销售问题和补偿方案带来的复杂性和案件审理可能旷日持久的问题，地方法院 Colleen Kollar—Kotelly 法官指定了一名调解人，希望达成庭外和解。11 月司法部和微软达成协议。州检察长和微软进行了简短会面，对协议进行和一些重要修改。但事态发展出人意料，9 名州检察长拒绝接受协议。马萨诸塞州检察长 Thomas F. Reilly 说："这是奖赏，不是补偿。协议允许一个公开宣布的非法垄断者来决定并自行全权处理未来的操作系统将包含什么。"她指的是微软将自身媒体播放器整合在 Windows XP 系统中，实际上是免费提供这项产品，就和免费在 Windows 操作系统中提供 IE 一样。太阳微系统高级副主席和法律总顾问 Michael Morris 说："我想除了微软忠实的仆人，其他所有人都明白而且已经表达过，这是人类能想到的最滑稽、最无聊、最莫名其妙的反垄断和解协议。它甚至都无法通过尴尬测试（red face test）。"在一项更沮丧的声明中 David Yoffie 教授和研究同仁 Marry Kwak，也是《柔道策略》的合著者，将协议称作"微软伟大的胜利"。

微软主席 Bill Gates 说案件"对自己个人和公司都有巨大影响"，他会将更多的精力放在自身行为会如何影响其他公司上。他还补充说："协议比我们想象的还好，我们相信现在通过协议结束这起案件是正确的事，它能帮助行业和经济整体向前发展。"CEO Steve Ballmer 评论到在案件过程中"行业同仁并没有像我们设想的那样支持我们——这个行业的领导企业"。Bill Gates 说微软"致力于成为更好的行业领袖"。

作为司法部反垄断部门主任同时也是协议商讨人之一的美国助理检察长 Charles A. James 说："协议将促进变革，给消费者选择权，让电脑制造商和行业在推销产品时有更多确定的事物。这项服罪协议书将弥补因微软违法行为带来的问题，防止这些问题再次发生，恢复软件行业内的竞争。"观察家猜测 James 先生迫切希望达成和解的原因是在"9·11"恐怖袭击后，希望能尽可能消除经济中的不确定性。

和解协议条款如下：

微软可以在 Windows 操作系统内整合任何产品。PC 制造商可以隐藏任何微软特性，微软不得限制或报复安装非微软产品的 PC 制造商。微软需按照相同标准给所有 PC 制造商提供 Windows 许可，必须在网站上公布价格。微软必须和中间设备生产商分享特定技术信息，无论是桌面操作系统还是互联网服务软件，也包括软件开发商。微软保有所有知识产权，但是必须将部分产权授权给 PC 生产商和软件开发商，使他们能在协议规定内行使权利。微软不得报复任何软件开发商。微软必须指任内部合规官，保证管理者和董事会成员明晰协议条款。建立三方技术委员会，一名由微软指定，一名由 DOJ 指派，还有一名由双方共同任命。由委员会决定必须给竞争者提供哪部分软件代码，监控合规情况，听取意见。委员会没有执法权，但可以就严重指控知会微软和法庭，可能导致法院执法听证会。服罪协议书有效期 5 年，如果微软故意或经常违法条款，再延长两年 Kollar—Kotelly 法官为此案制定了两条处理程序。第一条，在《托尼法》（Tunney Act）规定下，法官有 90 天时间评估协定是否符合公众利益。此时公众和案件各参与方均可评论。在此时司法部和微软会站在同一立场上维护协议。第二条，为了解决剩余 9 个州的反对意见，法院决定在 2002 年 3 月 11 日就补偿方案召开听证会。

【思考题】
1. 司法部应该提出针对微软的反垄断诉讼吗？
2. 证据足以证明微软违反《谢尔曼法》吗？

3. 微软行为对消费者有益？
4. Jackson 法官的补偿方案合适吗？是否应进行结构性补偿？
5. 和解协议条款合适吗？有效吗？
6. 对微软操作系统垄断和在应用软件市场中的主导地位应该做些什么，如果能做些？

【资料来源】 ［美］戴维·巴伦．商务学：市场与非市场环境（第6版）[M]．耿莹译．北京：清华大学出版社，2014．

环境灾难的余波：
联合碳化物公司在布巴

> **摘要**：企业追求经济效益的同时也需要兼顾社会效益，环境、生命健康指标等是现代企业必须考虑的环节，经济利润与社会责任相辅相成。联合碳化物公司在布巴的污染事故不仅被指责为"谋杀"，同时也面临着高额的赔偿，严重束缚了发展步伐。悲剧在给联合碳化物以警示的同时，也敲响了国家立法部门关于环保的警钟。
>
> **关键词**：联合碳化物；布巴；环保

1984年12月3日，星期天，在印度离新德里不到400公里的城镇布巴，宁静突然被打破。联合碳化物公司的一家工厂向空中泄漏了有毒气体。在一个星期之内，造成2 000多人严重受伤或死亡，10余万人因有眩晕、失明和支气管炎的问题而接受治疗。这是历史上一次危害最严重的工业事故，甚至还继续影响着今天的生态环境。综观1998年，8 000多人在事故中丧生，50万人生病。根据在布巴的国际医疗委员会的说法，大约5万幸存者将永久性残疾，而且不少家庭居民依然生活在与被遗弃的联合碳化物公司的设备仅有一个铁丝网之隔地区，这些设备已经被拆除并等待出售。附近的水和土壤的污染已经被探测出来，因此仅在每天早晨供应30分钟的可饮用水。这个地区的地下水大部分被不停排放的有毒废弃物所污染，这些废弃物大部分是由工厂倾倒在废弃物处理区的。在事故发生的接下来的年限里，该地方的农田已经因明显的污染物渗入而被遗弃。

1984年，联合碳化物公司是美国第37家大工业公司，大约有10万多名员工，年销售额大约在90亿美元以上。公司积极投身于石油、化工、工业天然气、金属和煤炭产品、消费品和技术转让领域。

联合碳化物公司在印度经营14家工厂，但所有印度公司营销额大约不到公司总销售额的2%。尽管印度政府限制海外公司拥有大部分的所有权，联合碳化物公司依然拥有布巴工厂50%的权利，政府特别允许这个项目是因为该工厂是一个重要的技术转让项目。为了确保获得技术转让，工厂的管理部门大部分是由印度公民掌管。普通公司的安全条款依然适用于这个工厂，而且地方法规机构还拥有强迫公司执行印度环保法的权力。仅仅在事故发生的 3 个星期前，该工厂取得了在《印度国家环境污染报告》上刊载的环境优化证书。

这次事故引起了美国公众的广泛关注，随后的一项调查显示有 47% 的人将联合碳化物公司与布巴的灾难联系起来。这对联合碳化物公司的影响还很难估计。美国大部分消费者还不大知道联合碳化物公司也生产消费品，如 Energizer、Glad 和 Presto 等品牌，但工业品用户对联合碳化物公司太熟悉了。一个特别受影响的领域可能是技术转让，在 1983 年，此项收入约占联合碳化物公司的年收入的 24%。公司已经越来越重视技术转让，主要转让工程、生产和人员培训等方面的专有技术。

1. 公众的反响

这次事故引起了国际消费者的广泛的愤怒。在印度新德里出现了游行示威，抗议者要求印度政府确保实施引渡国外被告人的措施，其中包括前联合碳化物公司的主席，沃伦·安德森。在西德和澳大利亚，环境保护者在联合碳化物工厂门前进行了示威，有些设施被焚烧，大部分被涂了油漆。公司在苏格兰建厂的计划已经被迫中止，在法国的一家工厂被当地政府传唤和接受审查。

巨大的财务损失也发生了。在事故发生后的一周内，联合碳化物公司的股票骤然降低了 10 美元市值，将近损失 9 亿美元。一个 12 亿美元的信用额度被冻结。联合碳化公司印度有限公司的利润从 1984 年的 820 万卢比（约合 48 万美元）降至 1985 年的 130 万卢比（约合 7.8 万美元）。在 1985 年，随着灾难的毁灭性打击，联合碳化物公司成为被恶意收购的对象，被迫出售有价值的资产，包括消费品生产部门。公司举债 30 亿美元来购回其 55% 的股权以保持独立性。在随后的一年内，公司出售了电池、农业、农产品和汽车等产品部门。

对布巴灾难的反思，提出了 3 个课题：负责任的工业计划、足够的工业安全标准和公司责任。

第一个问题，在工业计划的责任方面，联合碳化物公司和印度政府都可以说是失败的。联合碳化物公司印度分公司很少提醒甲基氰酸盐工厂的对邻近地区的潜在的身体危害。当事故发生时，据说分公司管理层为了担心引起在企业和地区居民内部大范围的恐慌，而抵制母公司首先进行的对牺牲者进行救助的指示。另外，印度政府似乎过于重视技术转让，而忽视公众的安全。地方政府几乎没有进行医疗和科学方面的调查，不问工厂对环境和人们生理方面的影响就承认其机构的合法性。

第二个问题是印度的技术、工程和管理缺乏安全意识。项目一开始就没有一组有经验的保养和维修人员，他们会发现安全方面的需要和提出不同技术方案。

印度政府热衷于进口最先进的化工生产设备，但没有安排合格的人员处理材料和采取预防措施，这就埋下了灾难的种子。

第三个引起注意的问题是法人的责任。国际法中有 3 项通则涉及政府对外资公司的治理：

（1）国有和非国有实体都有责任对环境污染和事故发生的受害者提供补偿；

（2）公司有责任对生产和运输的技术和材料所涉及的危害加以通告和咨询；

（3）损害环境的肇事者或组织者有责任对受害者提供补偿。

这些和其他的国际法则使跨国公司对其经营行为负起更大的责任。

2. 对受害者的补偿："第二个战略"

事故发生 5 天后，第一桩损害诉讼在美国联邦区法院归案要求赔偿 150 亿美元。此后，150 多件诉已经在美国受理，2 700 多件在印度受理。联合碳化物公司在美国和印度的诉讼审理前提出在 30 年时间内赔偿 3 亿美元，印度政府拒绝了这一提议，声称这一数字远远低于其原先要求的 6.15 亿美元。到 1986 年，大部分在美国的诉讼已经在纽约联邦区法院统一受理。1986 年 5 月，主持布巴事故调查的法官裁决：所有关于事故的讼案应由印度的司法系统解决，并声称印度是事故的发生地，受害者、证人和证据文献都在印度。尽管这项裁决表面上看来有利于联合碳化物公司，因为在印度损害赔偿的数额较低，但这个法官明确指出：美国联合碳化物公司和其印度子公司必须听从印度司法系统法律的裁决；联合碳化物公司必须像它们在美国一样，向在印度的律师们提供所有相关的文献；联合碳化物公司必须执行在印度的任何判决。这项决定对联合碳化物公司有一个重要的影响，因为公司及其印度子公司现在必须听命于印度法庭，并且公司的全部资产都牵涉其中。

在印度，分级诉讼从布巴地区法院到 Madhya Pradesh 高级法院直至印度最高法院。尽管在联合碳化物公司和印度政府间达成了一个和解协议，但 2 000 多名受害者的子女对此并不满意。消费者组织和公益问题的律师认为：政府无权代表受害者，而且正是政府的疏忽才造成了事故的发生，政府应该与联合碳化物公司一样作为被法庭审查的对象，并希望印度最高法院支持这一个理论。如果这样的话，那么已经签订的协议也就无效。在印度内部争论的结果是冻结联合碳化物公司提供的 4.21 亿美元的赔偿金，作为替代的是印度政府向受气体泄漏影响的人每户每月发给大约 200 卢比（约合 10 美元）。

1991 年 10 月 3 日（事故发生的 7 年后），印度最高法院做出判决。联合碳化物公司 4.7 亿美元的赔偿被确认并结案，并且确定对联合碳化物公司提承刑事责任的指控成立。但法院承认由于缺少法律规定，不能在美国对此进行刑事处罚。

判决不可能重新再做出，但解除了冻结的基金可以分配布巴事故的受害者及其家属。许多受害者为此感到兴奋，但新德里的一位叫 UPrashant Bhushan 的律师却提出质疑，他认为联合碳化物公司应按照第一世界而不是第三世界的标准进行赔偿。他并非孤军作战，在 1996 年，25 家人权和环境组织（其中包括绿色和平组织）联合指控联合碳化物公司在印度的试制为谋杀，并要求纽约首席检察官提起诉讼。

联合碳化物公司采取了自己的援助受害者的措施。它在伦敦建立了一个独立的慈善信贷机构，与印度政府和 Bhdpal 市市民密切联系。用慈善信贷投资 1 亿美元建立了一家医院和一批诊所，以及资助联合碳化物公司的官员进行人道主义宣传。

3. 又一个布巴吗

从布巴事件中能汲取什么教训呢？联合碳化物公司经历了布巴事件后，减小了有毒物质储存罐的容积，或将储存量降至 50%。许多分支机构开始在当地公布信息，一些机构还投资进行有毒物质危险评估的研究。

最重要的是环境保护法案在印度的颁布和环境计划的强制执行。该法案授权环境和林业部直接下令关闭无视政府污染控制法案的企业。另一个结果是公共利益立法和法定知情权。印度政府做出对政府或国际代理机构支持的项目实行环境清查的强制性规定。

联合碳化物公司依然出现环境问题。环境组织在澳大利亚 2000 年奥运会所在地发现了 69 桶高毒性的二氧苴垃圾后指责联合碳化物公司。从 1999 年 3 月 13 日到 6 月 1 日，在布巴的废弃的联合碳化物工厂发生了三场火灾，这在布巴气体灾难的幸存者中引起了恐慌。

1998 年，联合碳化物公司和比利时国家石油公司合作在马来西亚的 Kereth Terengganu 建设一个联合石油化工公司。马来西亚有什么保护措施来防止布巴灾难不再重演呢？联合碳化物公司合资主管查尔斯·蔡德尔声称："联合碳化物公司将依靠严格的标准，绝没有双重的标准，我们也不允许另一个布巴产生。"这项建设耗资 16 亿美元，预计在 2001 年竣工。

至于联合碳化物公司在财政方面的处境，公司在 1998 年有 57 亿美元的销售额，其中盈利 4.03 亿美元。1999 年 11 月 1 日，公司重新成为道琼斯工业平均指数 30 种股票之一。1999 年 10 月，联合碳化物公司以 93 亿美元市值的股票收购了陶氏化学公司，创立了排名杜邦公司之后的世界第二大化工公司。

【思考题】

1. 联合碳化物公司为什么投资印度？

2. 联合碳化物公司怎样预防布巴之类的事件？
3. 这种预防如何改善公司在事件回应中的形象？
4. 联合碳化物公司被允许在马来西亚建一家新的工厂，这意味着什么？
5. 你认为联合碳化物公司已经从布巴事件中汲取了什么教训？

【资料来源】根据 http：//bbs.tiexue.net/post2_3973206_1.html "博帕尔事件"等资料整理。

第四部分 国际营销的社会文化环境

欧洲的迪士尼

摘要： 沃尔特·迪士尼公司的欧洲主题公园于1992年4月开张。但是由于巴黎房地产市场变得萧条，任何宾馆都卖不出去。而且乐园开业时，欧洲正步入经济衰退期，更糟糕的是，英国和意大利的货币贬值降低了这些国家客人的购买力。还有未预见到的文化差异问题，导致公园每天都在亏损。为了改变现状，主题公园的正式园名被改换为"巴黎迪士尼乐园"。通过解雇了部分员工，减少供应的纪念品，减少宾馆餐厅提供的食物品种，降低晚间门票等方式来减少成本，最终扭转了局面。

关键词： 经济问题；文化差异；成本

  沃尔特·迪士尼公司的欧洲主题公园于1992年4月开张。仅仅两年后，那里的经理们便意识到自己不得不为维持这个设在法国马纳谷城（Mame-la-Vallee）的欧洲迪士尼新乐园免于倒闭而努力地工作。尽管开业一年后欧洲迪士尼乐园就达到了110万人次的来访目标，但到1993年年底，欧洲迪士尼的累计亏损已超过10亿美元，而乐园每天都在亏损100万美元。价值44亿美元，占地5 000英亩的乐园是欧洲历史上第二大建筑项目，最大的项目是已建成的、连接英、法两国、穿越英吉利海峡底部的海峡隧道。不幸的是，在规划欧洲迪士尼乐园时所做的几个假设和预测后来证明都有误或者至少是造成了误导。

  例如，为追求欧洲风格的壮观和完美，欧洲迪士尼的经理们不惜血本建造乐园及其毗连的宾馆。该项目规划预计乐园开业后，通过售出宾馆而获得高额利润。迪士尼公司委任罗伯特·菲茨帕特里克（Robert Fitzpatrick）为欧洲迪士尼SCA的总裁。菲茨帕特里克是美国人，他曾游遍欧洲各地，会讲法语，他的夫人是法国人。迪士尼公司预见到法国人将成为乐园实际的核心游客。他经过一番努力，确保乐园里的所有角色演员都能和客人说法语。（迪士尼通常用"角色演员"和"客人"分别替代"雇员"和"来访人"两词）那里的餐馆普遍供应法国菜，乐园大力渲染诸如白雪公主、匹诺曹（Pinocchio）等欧洲童话人物，而不是小鹿斑比（Bambi）和呆宝小飞象（Dumbo）。

  可惜，迪士尼的规划者们没能预见到欧洲经济出现的重大变化。由于巴黎房地产市场变得萧条，任何宾馆都卖不出去。而且乐园开业时，欧洲正步入经济衰退期，相当于 43 美元的成人门票价格显得很不相宜。更糟糕的是，英国和意大利的货币贬值降低了这些国家客人的购买力。

与经济问题交织在一起的还有未预见到的文化差异问题。法国社会权力机构中的许多人纷纷发表言论，批评这个乐园。《费加罗报》的文学批评家写到："欧洲迪士尼正象征着人们的文化水准降低及金钱征服一切的过程。"当迪士尼公司董事长迈克尔·艾斯纳反驳这一批评时，他和管理班子的其他人被指责为傲慢无理。虽然当地报纸有种种批评，但乐园大多数客人确实来自法国。不过，实际数量低于预计数量；来自英国和德国的客人总数超过了法国客人总数。因此，像 BuffaloBill's 原始西部奇观等各景点的主持人尽管准备好用法语同客人交谈，可是几乎每天晚上到访的客人主要是来自德国或西班牙。

其他令人尴尬的跨文化的愚蠢错误还时有发生，并受到报纸广泛的、乃至是幸灾乐祸的报道。例如，在乐园开业前，迪士尼公司执意要求雇员遵守一套有关着装、首饰及其他个人外表方面的详细书面守则，他们期望女士们穿"合适的内衣"，不留长指甲。迪士尼为这种做法辩护，指出其他迪士尼乐园也使用相同的守则，目标是确保客人获得与迪士尼品牌相关联的某种感受。但无论迪士尼怎么说明，法国人认为这种守则是对法国文化、个人主义和个人隐私的侮辱。

在其他步骤上也出了错。迪士尼误认为欧洲的父母们会像美国人一样，愿意在学期中把他们的孩子从学校接到迪士尼主题公园和家人旅居几天。在设计宾馆餐厅时，迪士尼的管理者还以为欧洲人不吃早餐，于是将餐厅的经营规模缩小。而实际上，大多数客人想吃丰盛的早餐，而不仅是欧洲大陆常见的咖啡加糕点。结果，客人们就排起了长队，他们为此感到不满。同样的情况也发生在园内的午餐时段。美国是一个流行吃快餐的民族，欧洲迪士尼乐园的管理者们以为欧洲人会满足于"填饱肚子"并轮流吃饭。实际结果是每天下午 1 点，乐园的餐馆对众多饥饿的顾客应接不暇。更糟糕的是，迪士尼统一的"无酒精"政策延伸到此地，这意味着欧洲迪士尼不供应酒。这一点在以产酒和饮酒闻名遐迩的国家注定是不合适的。

为弥补上述一些问题以振兴欧洲迪士尼，迪士尼的管理者们作出了一些改变。法国人菲利普·勃艮第代替菲茨帕特里克成为新的欧洲迪士尼总裁。主题公园的正式园名被改换为"巴黎迪士尼乐园"。

一个被称做"挑战 1994"的新方案已经实施，其特征是效率和经济。为降低成本，公司解雇了近 2 000 名全职员工和兼职员工。原先园内商店供应的纪念品多达 30 000 种，此后被削减了一半。宾馆餐厅提供的食物品种也从 5 400 种减到 2 000 种。5 点以后入园的门票降价以鼓励人们在晚间游园。为欧洲迪士尼乐园的角色演员设置的培训项目使用玛丽·波屏斯人物以推广较好的服务态度。为了增加营业收入,新制定的灵活性岗位说明允许雇员改换工作,如上午负责售票,下午可以去卖纪念品。1995年9月30日是欧洲迪士尼会计年度结账日,那一天,公司终于发现自己已扭亏为盈了。

【思考题】
1. 欧洲迪士尼的中心问题是什么?为什么?
2. 迪士尼公司怎样才能避免这个新建的主题公园所遇到的一些问题?
3. 你是否预计巴黎迪士尼乐园将会继续盈利?解释盈利或亏损的原因。

【资料来源】[美]沃伦·J. 基坎,马克·C. 格林. 全球营销原理 [M]. 傅惠芬等译. 北京:中国人民大学出版社,2003.

宜家在美国

> **摘要**：宜家全球化战略下一直保持的销售理念是既要根据市场特殊条件，仔细调整自身战略又要保持自身特色，这一战略在美国市场尤为成功。宜家由于有一个遍及全球的供货系统，成本控制得非常低，在美国市场与竞争对手有较大的价格优势，同时提高服务质量，减少顾客排队等待的时间，尽可能地迎合当地口味；通过并购、合资或特许经营获得当地经验；并通过改变企业文化保持利润增长。
>
> **关键词**：变革管理；供货系统；企业文化

大多数成功的零售商发现，在保持本色的同时进入国际市场是件困难的事。但是瑞典的宜家（IKEA）通过审慎地调整战略以适应市场独特的要求在美国取得了成功。尽管宜家到 1994 年年底已经非常成功，但它在美国的经历为公司的未来发展提出了更广泛的问题。它能够在不改变作为其市场核心和品牌形象的瑞典特点下调整零售观念以适应地方特色吗？如果必须冲淡产品的一致性，它能够继续控制成本吗？在企业经营日益全球化的情况下，它能保持作为其成功的重要组成部分的企业文化吗？

1. 向全球进军

当连锁商店进军海外市场时，它们不得不经常改变一些原先保证成功的准则。这种情况在很多行业中都会发生，但零售商与顾客尤其接近。所以，零售商必须迅速行动以适应地方特色。在做出这种行动时，还要不破坏保障它们成功的首要因素。

作为世界上竞争最激烈的零售市场，美国有一个理所当然的名声：外国零售企业的坟墓，特别是对于欧洲非食品零售企业。即使英国的玛莎百货（Marks and Spencer），在并购布鲁克斯兄弟公司（Brooks Brothers）上也是很艰难才获得了成功。4 年前宜家看起来要遭受同样的命运。

但是这家瑞典公司在美国非常成功。它的秘诀似乎就是困境艺术之"变革管理"的经典例子：宜家通过改变而不是打破原有准则将自己融入了美国。同时，它在美国的经验促使其重新整合在其他国家市场的策略。

2. 宜家的海外冒险

不难发现宜家最初对美国市场如此有信心的原因。自从1973年在瑞士开了第一家非斯堪的纳维亚零售店后的10年间，这个家具连锁企业的巨型市外仓储式商店冲出瑞典，成功地挺进大半个欧洲。宜家的准则在于重构家具零售业。传统的销售家具的方法是分离式的，由百货公司和小型的家庭商店共同销售。贵重商品要在顾客订购后2个月内才能送货上门。宜家的销售方法是在继续提供服务的同时将成本削减到最小。这种销售方法始于全球信息网络，这个网络在1995年发展到67个国家的2 300个供应商。宜家的供应商可以得到长期的合约、技术建议和租用的设备。作为回报，宜家要求的是独家经营合约及低廉的销售价格。宜家的设计师与供应商紧密合作使产品从生产到销售环节都尽量节约成本。

宜家在其城镇外的价钱便宜的商店里拥有超过一万件商品，这显示了它巨大的规模。它售出的家具大部分是可拆解的组件，顾客可以带回家自己组装。由于分店的规模庞大，公司获得了巨大的规模经济效益。同时，它的大批量生产运作使同样的家具能销往世界各地。

这使公司能在与竞争者同等产品质量下，把价格降低30%。宜家的商店被认为是注重价值的有车的消费者的"完善的购物目的地"。它有免费照顾婴儿的服务，还有斯堪的纳维亚（Scandinavian）式的自助餐厅。宜家促使消费者和供应商以一种新的方法来思考价值。在这种情况下，消费者也是供应商（提供时间、劳动力、信息和运输），供应商也是消费者（消费宜家的业务和技术服务），而宜家并不是繁多的服务中的零售之星。

3. 进入美国

最初，宜家成功的、相当灵活的体系正中美国市场的要害。1985年，宜家在费城（philadelphia）城外开了一家占地15 700平方米的仓储式商店。在美元对克朗的比率约为1∶8.6时，赚钱很容易。在接下来的几年里，它有6家新店开业（5家在东海岸，1家在洛杉矶）。

但情况开始不妙。到1989年，美国的业务似乎陷入严重的困境中。在公司进入的每一个欧洲国家，只用2~3年时间，在第三或第四家店营业时公司就可以盈利了。但在美国，公司还在亏损，而且这不能完全归咎于经济的下滑和家具业的疲软。

很多人光顾了宜家的商店，但看看家具之后就空手离开。顾客抱怨要排长队，还经常没有存货。模仿者在将宜家的斯堪的纳维亚设计引入美国的营销努力中获利。

最糟糕的是，由于其很多产品仍然在瑞典制造，当到1991年美元对克朗的比值降到1∶5.8时，宜家珍视的声誉受到了威胁。

其他零售企业这时可能选择高贵地退出美国市场。但宜家声称，它从没有考虑过这种选择。"如果要成为全球最优秀的家具公司，你必须证明你能在美国市场成功，因为这里有太多的东西要学习。"戈兰·卡斯德特（Goran Carstedt）说道，他1990年接管北美业务。

宜家的坚持不懈得到了回报。它的美国业务终于有了起色。从1990年开始，销售额翻了3番，1994年达到4.8亿美元，从1995年起公司开始盈利。1991年12月，宜家收购了Stor，一家在洛杉矶有4家店的效仿者。10月，宜家在西雅图（Seattle）开放了第13家美国店，这是一家特许销售店。

4. 美国的营销战略

为了在美国取得成功，宜家需要修改它的一些核心原则。其中最基本的原则是它能在休斯敦和赫尔辛堡以同样的方式销售同样的产品。宜家使用这个原则到了如此的极端，其广告特意强调不仅是完全的斯堪的纳维亚设计，而且是瑞典式的。

宜家愉快地打破了国际零售业的数个规则：在进入一个市场之前先进行彻底的调查；尽量迎合当地人的喜好；以收购、合资、特许经营的方式获得当地的专业知识。"我们不在研究上花很多的金钱和时间。我们用眼睛四处观察，寻找有效的方法。然后我们会采用这个方法，但通常我们会坚持自己的想法。"宜家的总裁安德斯·莫博格（Anders Moberg）这样说。

这种反传统的方法在欧洲获得了回报，但在美国却使公司陷入困境。1989年和1990年，莫博格先生花了很多时间在美国的分店里亲自与顾客交谈。"我们曾表现得像所有的欧洲人一样，但作为出口商，这就意味着我们没有真正融入这个国家。"他说，"我们花了很多时间才了解这一点。"无可辩驳的是，欧洲的产品确实不符合美国人的口味，有时是不符合美国人的体形。瑞士的床精细到以厘米计量。宜家销售的卧室用家具美国人不喜欢，其厨房壁柜对于美国装比萨的大盘子来说太窄了。对于习惯把冰堆在杯子里的美国人来说，宜家的玻璃杯太小了；莫博格先生甚至注意到美国人购买商店里较矮的花瓶当作玻璃杯。

所以宜家的经理决定改变。公司开始销售国王型和皇后型的床。这些床以英寸计量并作为一套完整家具的组成部分销售。卡斯德特先生观察到消费者看了宜家的床柜后就走开了，并不购买。他了解到原因是美国人用床柜存放毛衣，所以他们希望床柜的抽屉再深 1~2 英寸。改进后的新床柜的销售额立即增加了 30%~40%。总之，宜家重新设计了约 1/5 的美国产品，下一个对象就是其厨房用具。

公司还在其他方面改变其在美国市场的运作方式。"当我们进入美国市场时，在如何以低成本供应美国市场方面我们没有计划好一个清晰的战略。"莫博格先生承认。例如，从欧洲运输沙发到美国，增加了成本和存货的问题。

现在公司在美国分店的 45% 的家具在当地生产，较 1990 年增长了 152。这有助于公司在 3 年内降低美国分店的商品价格。因为美国人不喜欢排队，公司安装了新的收款机，流速因此加快了 20%，公司还改变了商店的布局。公司还提供了比欧洲更慷慨的退款政策，并提供次日送货服务。

5. 通过改变企业文化来实现增长

继在美国市场遭遇困境后，由于东欧市场的增长速度比预期慢，而且宜家的最大的两个市场——瑞典和德国经济萧条，公司的整体销售额停滞不前。公司在这种困境下的反应是认真地自我反省。1992~1993 年，公司只开了 6 家新店，而前一年开了 16 家新店。

宜家面临的问题之一是成本核算不精密。《瑞典商务》（一种商务通信刊物）估计，扣除购买货物的花费，宜家的成本从 20 世纪 80 年代末期占销售额的 30% 攀升到 1991/1992 财政年度的 37.5%。莫博格先生仍试图将成本降低到 30%，而这需要减少开发新产品的总时间，并且 3 年内在瑞典产品开发和采购中心裁员 10%。另一个关系增长的问题是日益复杂的全球供应链的管理问题。这个问题导致宜家在产品质量控制和储备供应上出现问题。所以，公司已经开始在收到货物时进行随机检查。同时，在东欧的一些供应商中采用风险平摊的方法来提高产品质量。

宜家是凭借其公平的企业文化来做出这些调整的。宜家企业文化的创始人是英格瓦·堪普拉德（Ingvar Kamprad）（他是公司的监事会主席，尽管他最近承认与纳粹组织有染，并声称对此"非常后悔"）。快速决策归因于公司如可拆解组装家具一样的直接的管理系统，从莫博格先生到一个出纳或仓库管理工人之间只有 4 层人员，甚至高级经理都共用秘书，乘坐经济舱出差。

宜家把自己描述成学习型和解决问题型的组织，由值得信任的员工组成的机构。公司内部人员更关心的是这种问题解决型文化在超出瑞典根基时怎样才能兴旺发展。堪普拉德先生每年都召开年度会议，向经理们宣扬企业文化。为了维护公司反官僚的文化，全球化的经历促使经理们适应 3 个重要变革。

第一个变革是给卡斯德特先生更多的自主权，多于他的欧洲同事拥有的权力。"你不能用欧洲市场的方法指引美国市场。"莫博格先生指出。

第二个变革本质上是反传统的：1992年，宜家取消了内部预算。"我们意识到我们的业务计划体系太浪费时间了，我们可以用节省下来的时间把其他的事情做好。"莫博格先生说。现在，每个地区必须保持固定的成本与营业额的比例。

第三个变革是堪普拉德先生开创了内部竞争机制。这是为了鼓励宜家在没有股票市场压力的情形下保持节俭——公司仍然是私有的，由荷兰的一家慈善基金所有。1992年，他收购了Habitat's英国和法国分店（它们是独立经营的）；他把特许经营权分离出来并入宜家内部体系。尽管宜家第一次遭到新的市场拒绝，但关键是它必须能表明它比特许经营店做得更好。

6. 从美国经历中所学到的

宜家的曲折经历应该会让所有自诩为全球主义者的人感到惊骇。这些经历显示了即使是被莫博格先生称为"不断进化"的这样一种适应性强的体系，也不能避免在一个较大市场上遭遇暂时的困难的命运。但是不同于其他很多外国投机者，宜家一开始就有兼具反传统和资本雄厚的优势。Cooper's & Lybrand 的零售业咨询家瓦妮莎·科恩指出，宜家确实遵守了国际零售业的准则之一：它在欧洲的坚挺的资产负债表使它能承担最初在美国的损失。

到目前为止，宜家重组的结果是鼓舞人心的。到1997年8月，这一年的销售额增长了6%。宜家没有透露其利润，但外部人员估计，1993年宜家的净利润以6%~7%的速度增长，考虑到核心欧洲市场的衰退，这个数据是可信的。表1按国家或地区显示了公司的销售率。表2按国家或地区给出了采购率。公司声称，到1994年8月，11 600万消费者——世界人口的2%——光临了108家由宜家所有的商店。这些商店遍布全球18个国家（另外15家店是特许经营，主要在中东、中国香港和西班牙）。

表1　　　　1994年宜家不同地区的销售额比例（截至8月31日）

国际/地区	销售额比例（%）
德国	29.6
美国	14.2
比利时、英国、丹麦、荷兰和挪威	21.9
奥地利、法国、意大利和瑞士	20.5
瑞典	11.1
东欧	1.6
奥地利	1.1

资料来源：Company reports.

表2　　　　　1994年宜家不同地区的采购额比例（截至8月31日）

国际/地区	采购额比例（%）
北欧国家	33.0
欧洲	30.0
远东	19.5
东欧	13.0
美国/加拿大	4.5

资料来源：Company reports.

1994年11月4日，宜家宣布计划进军中国，将在"可预测的将来"在中国开设10家商店。如同其进军美国市场时一样，公司遵循传统的做法，即先涉足规模大的新市场。宜家的经理们强调，一旦实现了关键的销售量，进行变革将轻而易举。

但是，宜家在中国还是要吸取在美国的教训。它已经在中国建立供应链系统。最重要的是，公司倾向于更分散式的管理。在美国，这样做的后果是宜家的瑞典特征逐渐演化为"一种新的合成体"。据卡斯德特说："宜家仍然是瑞典式的，但现在加入了美国特色。"期待在宜家绚丽多彩的星河中也能加入中国的特色。

【思考题】
1. 宜家在美国是如何取得成功的？
2. 宜家在美国经营是如何处理"保持特色又融入当地文化"的关系的？
3. 查找相关资料看看宜家进入中国市场后是如何融入中国特色的？

【资料来源】［美］萨布哈什·C·杰恩. 国际营销案例［M］. 宋晓丹，张莉等译. 詹正茂等校. 中国人民大学出版社，2006.

凯洛格公司

> **摘要：** 凯洛格公司生产和销售各种方便食品，以即食谷类为首。由于国内市场的激烈竞争迫使凯洛格公司寻求新的市场。正因为这样，拉丁美洲就成了它的首选。在拉丁美洲地区，即食谷类的消费量是微乎其微的，问题在于，拉丁美洲人不吃传统美国式的早餐。为了改变巴西市场，公司通过广告试图拉动消费但效果甚微，然后公司又分析了巴西的人口结构，结合巴西社会的形成过程中最重要的一种制度"家庭礼拜"，改变了广告模式，凯洛格式早餐在巴西的销售量增加了。
>
> **关键词：** 市场；广告；传统文化

1990 年，凯洛格公司（Kellogg Company）的营销主管彼得·A·豪根斯先生面临在拉丁美洲地区开发即食谷类食品市场的问题。虽然凯洛格公司在该地区的即食谷类食品领域并没有竞争对手，但也没有市场。拉丁美洲地区的人们不像美国人那样爱吃早饭，这个问题在巴西尤其显著。为了在这些地区打造市场并销售产品，豪根斯先生只好在巴西人中建立吃营养早餐的习惯。

1. 公司背景

凯洛格公司总部设在密歇根州的贝得克里克，由 W. K. 凯洛格（W. K. Kellogg）先生于 1906 年创建，宗旨是"帮助他人，帮助自己"。这个宗旨在公司的整个历史中原封不动地传承下来。公司持续成功地运作，1990 年销售额达到 32.15 亿美元。

2. 业务范围

凯洛格公司生产和销售各种方便食品，以即食谷类为首。其他产品包括速冻食品、现烤馅饼、烤制的面粉糕饼、汤类、汤味底料、调味料、茶、速冻华夫饼干、混合甜点和快餐。公司产品的生产分布在 18 个国家，在 130 个国家分销。

凯洛格公司的子公司包括史密斯夫人冷冻食品公司、Salada 公司和福恩国际有限公司。史密斯夫人冷冻食品公司是冷冻食品的领先者。负责的生产线包括馅饼；餐后甜点、小吃和品牌为 Eggo 的速冻华夫饼干。Salada 公司卖袋茶和其他茶叶制品。福恩国际有限公司生产高质量食品，并以 LeGout 商标销售。该公司同时为学校和保健市场提供产品。另外，工作的重心集中在熟食店和连锁餐馆。凯洛格公司还参加各种支持活动，包括提供面粉和印刷纸盒。

产品的分销是通过经纪人和经销商进行的，同样也通过它们的销售团队进行销售。批发商——独立的和连锁的商店——使凯洛格公司的产品能投放到各个零售商店、餐馆和全世界的饲养场。即食谷类主要通过各个食品杂货店转售给顾客。凯洛格公司在每一个提供类似天然产品或者许多可供选择的产品的制造商所从事的消费食品领域都面临着竞争。

凯洛格公司研发的目的就是生产新产品和改进产品、改进产品的生产和包装，从而在竞争中保持领先地位。研发的预算在这种竞争的压力下没有改变，以便开发出新的更好的产品。现有产品和新产品的生存依赖于广告和研发的预算的增加。另外，还增加预算以实现生产工艺的现代化和添加新的设备，以满足增加的产品需求和降低成本。

凯洛格公司竭尽全力投入并且继续加大投入以便保持住它的市场位置，即食谷类食品市场的领先位置。但是，国内市场的激烈竞争迫使凯洛格公司寻求新的市场。正因为这样，拉丁美洲就成了它的首选。拉丁美洲的主要市场在巴西。

3. 国际市场

1990 年，凯洛格公司的国际销售额占公司总销售额的 42%，超过了 30 亿美元。国际业务主要分为 4 个部分：加拿大、英国和欧洲大陆、亚非和太平洋地区，还有拉丁美洲地区。在海外销售的产品包括即食谷类制品、冷冻比萨饼、饮料、主菜、快餐、餐后甜点和调味料。即食谷类制品的销售占海外业务的大部分。

在大部分海外市场中，凯洛格公司控制了半数以上的即食谷类食品市场。到目前，英国是最大的市场。虽然在过去的几年里贸易竞争不断增加，但是国际间的贸易市场也在持续扩大，可是在拉丁美洲地区，即食谷类的消费量是微乎其微的。

4. 拉丁美洲市场

拉丁美洲市场，尤其是墨西哥和巴西，在凯洛格公司的即食谷类市场中有着巨大的潜力。从人口统计的角度来说，它们很适合作为即食谷类市场。但是问题在于，拉丁美洲人不吃传统美国式的早餐。

拉丁美洲的市场包括：正在增加的有孩子的家庭；人口正趋于年轻化；经济的发展也让人们有能力将越来越多的收入消费在食品上。凯洛格公司希望增加拉丁美洲地区市场的销售额，尤其是巴西，但是消费者必须回到吃美国式早餐的习惯。凯洛格公司将如何在巴西人中培养吃营养早餐的习惯呢？

公司请求 J. 沃尔特·汤姆森——凯洛格公司的广告代理，帮助在巴西灌输营养早餐的习惯。依照豪根斯的意见，"总的来说，巴西人的生活就像 novelas 所描述的那样"。novelas 是巴西的一种肥皂剧。J. 沃尔特·汤姆森打算宣传凯洛格公司的即食谷类食品，并且慢慢以肥皂剧为广告给他们灌输早餐习惯。第一次以肥皂剧为广告的尝试没有成功（广告里描述了一个男孩在吃打开了包装的谷类食品）。

凯洛格公司想教会巴西人吃真正的营养早餐，而不单单是凯洛格公司的谷类食品。这个宣传没有奏效，因为它让凯洛格公司的即食谷类食品看起来更像快餐，而不是整个早餐的主要部分。因而，他们在吃谷类食品的时候要有一碗牛奶和其他食物，这样才能组成一顿完整的早餐。

公司相信该地区人口的增长会加强以谷类食物作为基本食物来源的重要性。1990 年巴西的人口是 1.65 亿，为全世界第六大人口大国，估计在 2000 年能增加到 2.10 亿。随着育龄期的女性数量的增长，凯洛格公司在谷类食品市场即将取得成功的可能性在增加。1990 年巴西的人口结构是这样的：

- 37% 的人口年龄在 15 岁以下；
- 48% 的人口年龄在 20 岁以下；
- 12% 的人口年龄超过 50 岁；
- 6% 的人口年龄超过 80 岁。

随着儿童和老年人这两类最大的消费谷类食物的人口数量的增多，这些数字显示巴西人口将更适合即食谷类食物。

"家庭礼拜"一直是巴西社会的形成过程中最重要的一种制度。这个文化理想在他们定义和评价个人与社会的关系的过程中被体现出来。这看起来就是凯洛格公司必须证明营养早餐的重要性的途径——投这些家庭所好并证明它的重要性。

通过使用 rlovelas，凯洛格公司第二次尝试教给巴西人早餐的重要性。大多数巴西家庭都看这种主要由家庭场景构成的肥皂剧。在凯洛格的商业广告中，它经常选择那些一个家庭一起共进早餐的镜头。一个家庭成员，通常是父亲，拿起谷类食品盒子倒出谷类食品，然后加上牛奶。这个镜头表现出了一个巴西人可以联想出的完全版的"凯洛格"式早餐。这个广告的焦点在营养，然后是风味，最后是准备过程中的安逸感。这个活动的结果是，凯洛格式早餐在巴西的销售量增加了。凯洛格公司控制了 99.5% 的巴西即食谷类食品市场。尽管如此，每人每年消耗的谷类食品数量还是小于一盎司或者几汤匙，即使是在看过广告之后。

尽管凯洛格公司控制着市场，但是实际上并没有多大的市场可以控制。巴西人开始吃早餐了，但是豪根斯无法确定销售是不是会继续增长。

【思考题】

1. 凯洛格为使巴西人喜欢上了"凯洛格"式早餐做了哪些努力？
2. 凯洛格公司如何才能说服巴西人相信它们所宣扬的吃早餐的重要性从而确立一个长期的市场呢？

【资料来源】［美］萨布哈什·C·杰恩．国际营销案例［M］．宋晓丹，张莉等译．詹正茂等校．中国人民大学出版社，2006．

在拉丁美洲营销工业品

摘要： 某拉丁美洲国家决定花费数百万美元更新其通信网络。因美国 Y 公司的产品质量声誉高，该国政府便与 Y 公司联络。Y 公司的管理层考虑到订单数额较大，决定绕过其在拉丁美洲国家的正规销售代表，派销售经理直接前往。由于对拉丁美洲的贸易流程、贸易习惯不了解，该销售经理照搬在美国的那一套做法，而且缺乏对拉丁美洲的文化背景的了解，导致最后丢失了这一大单生意。

关键词： 文化背景；贸易习惯

某拉丁美洲国家决定花费数百万美元更新其通信网络。因美国 Y 公司的产品质量声誉高，该国政府便与 Y 公司联络。

Y 公司的管理层考虑到订单数额较大，决定绕过其在拉丁美洲国家的正规销售代表，派销售经理直接前往。

Y 公司的这位销售经理到该国后下榻在某高级宾馆。不久，他就感到很难确定谁是与他接洽的业务负责人。几天后仍无结果，他拜访了美国驻该国使馆。在那里，他发现商务专员掌握着必要的最新信息。商务专员倾听了他讲述的情况，感到销售经理已经出了一些差错，但估计拉美人对美国人的莽撞已司空见惯，他推断出目前还没有造成损失。专员告诉销售经理，该国的通信部长是关键人物，得到他的首肯便是得到了合同。他也向销售经理简要地介绍了在拉美国家的商务惯例，并告知与通信部部长打交道的注意事项。

专员的建议大致如下：

（1）"在美国的做法在此地行不通；在这里必须花费多得多的时间。你必须认识对方，对方也必须认识你。"

（2）"在谈业务之前，你必须和他接触几次。我将告诉你什么时候可以说正事。注意我给的暗示。"（此刻，这位销售经理似乎明白了"泡在宴饮社交中的外交官"的含义，他心想，不知这位商务专员有过多少掌管企业的经历。）

（3）"把报价单放在口袋里，直到我叫你拿出来为止。在这里，价格只是成交前需要考虑的多个因素中的一个。在美国，以往的经验促使你按照一套原则去行事，但是许多原则在这里是行不通的。每当你急于要做什么或说什么时，看看我的眼色。压抑自己的冲动，注意我给的提示这很重要。"

（4）"这里的人们喜欢和那些头面人物做生意。'是个人物'意味着写过书，在大学作过演讲或在某些方面有才能。你将要见的是一个诗人。他曾发表过几本诗集。像其他许多拉美人一样，他对诗歌赞美有加。你会发现他要花费大段的业务时间向你吟诵他的诗句，并且津津乐道。"

（5）"你也会注意到这里的人们为自己的历史和西班牙血统倍感自豪，但他们同时也为从西班牙获得独立而特别自豪。他们是民主国家，他们享受自由，再也不是殖民地的事实对他们至关重要。如果他们喜欢你，他们会对你热情友好甚至带有激情。假如他们不喜欢你，他们会表现出冷漠，与你疏远。"

（6）"还有一件事，时间在这里的含义是不同的。时间以不同的方式起作用。你知道在美国，当有人不分场合脱口而出所思所想时会是什么情景。他会被看做是缺乏耐心的讨厌鬼或以自我为中心的人。但在这里，你得等待很久，长久得多，在你能开口解释拜访缘由之前，我的确是说你得等很久，等长得多的时间。"

（7）"还有一点我想提醒你小心为好。在国内，卖方总是主动的。而在这里，是他们告诉你什么时候他们准备好做生意了。但在多数情况下，要等他们询价后，你才能和他们讨论价格，不要主动推进。"

推销过程第二天，商务专员把销售经理介绍给该国的通信部长。首先，他们在办公室外间等待了许久，看着别人进进出出。销售经理看了看表，坐立不安，最后，他问部长是否真准备见他。得到的回答仍然让他感到不安心："哦，是的，他是在想着要见你，只是有几件事必须经他过问。再说，人们都习惯在这里等一会儿的。"销售经理不耐烦地答道："难道他不知道我大老远从美国飞到这里来见他，而且为了找到他，我已经花费了一个多星期的宝贵时间？""是的，我知道，可在这儿，事情就是办得慢。"等到近30分钟时，部长从办公室里走出来，伸出双臂热情拥抱商务专员以示问候，还拍拍他的背，似乎像是失散多年的亲兄弟。之后，部长转过身来又笑着向销售经理伸出手去，而后者却因在外间等待过久而感到恼怒。简单闲聊几句之后，部长就起身，提议次日晚上去一家有名的咖啡馆共进晚餐。此前，销售经理以为，这笔买卖的性质和订单额度非同小可，部长可能会邀请他去家里，没想到拉美人的家只容家人和密友。直到此时，销售经理此行的原因还未曾提及，这让他百思不解。整个安排似乎都有问题；况且他也不乐意再在城里浪费1天。离开美国前他曾对总部说，他将离开1周或10天。但心里打算争取3天内拿下这份订单，然后，去阿卡普尔科或墨西哥城玩几天。现在已经过去了1个星期，如果10天后能回家就很幸运了。

销售经理对商务专员表露出自己的疑虑，他很想知道部长是否真想做这笔生意。他说，如果他想做，为什么不在一起谈谈？至此，商务专员开始略显疲惫，因为他得不停地宽慰销售经理。即使如此，他还是试着说："你想不到的是，在我们等待的时候，部长正在重新安排他排满的时间表，这样他才能挤出时间来明晚和你吃饭。你想，在这里委派职责的方式不同于在美国。他们实施的控制比我们严得多。其结果是，这个人每天要在办公室里工作15个小时。可能你不相信，但我向你保证，这笔生意他是真的想做。他想把订单给你们公司；如果你的牌出得好，订单就归你了。"

第二天的情况依旧。主要话题是食品和音乐以及销售经理从未听说过的人物。他们去了一家夜总会，那个地方让销售经理高兴起来，他想或许自己和部长毕竟还有些共同的兴趣。但令他烦恼的是，他此行的主要原因还未被略微提及。可每当他开始谈起电子产品，部长就会用胳膊轻轻推他，并把话题岔开。

第三次会面安排在一家咖啡馆喝咖啡。至此，销售经理已经很难掩饰其不耐烦了。更糟糕的是，他很不喜欢部长的那种做派。讲话时，部长多半将自己的手搭在销售经理的身上；他总要抓住经理的胳膊，靠得那么近，几乎在往对方脸上喷唾沫星。结果，销售经理老在设法躲开，和部长拉大距离。

喝完咖啡，他们到附近的公园散步。部长又详细解说眼前的灌木丛、飞鸟以及大自然的美丽。他在某一处停下脚步，指着一尊雕像说："这是世界上最伟大的英雄的雕像，人类的解放者！"就在此刻，最糟糕的事情发生了。销售经理问是谁的雕像，在被告知这位拉美爱国英雄的名字后，他说："我从未听说过"，然后走开了。此次会面之后，这位美国经理再也见不到部长了。那份订单后来落到了某瑞典公司手中。

【思考题】

1. 你认为销售经理给部长留下了什么印象？
2. 你对此案例中各方之间的沟通质量有何评论。
3. 在此案例中起作用的是高背景文化还是低背景文化？解释你的回答。

【资料来源】［美］沃伦·J. 基坎，马克·C. 格林. 全球营销原理［M］. 傅惠芬等译. 北京：中国人民大学出版社，2003.

绍兴黄酒进军美国市场

> **摘要**：绍兴黄酒蕴含了中国 5000 多年的悠久历史文化沉积，传承千年历史，延续百年工艺，绍兴黄酒的酒味混合六种味道，内含多种氨基酸，适量常饮，可修身养性，强身健体，适合世界潮流的低度营养酒要求。美国人的饮酒习惯与中国不同，他们喜欢冰酒喝，并且喝酒讲究情调，而且绍兴黄酒的出口缺乏品牌意识，这都不利于绍兴黄酒进军美国市场。不过也有几点有利之处，比如海外侨胞众多，美国人对中国文化的热情有所增加。绍兴黄酒要想进军美国市场，第一要加强绍兴黄酒的质量把控，第二要注重文化的营销。
>
> **关键词**：文化差异；品牌意识；产品质量

1. 绍兴黄酒简介

绍兴黄酒蕴含了中国 5000 多年的悠久历史文化沉积，是我国名酒中最古老的品种。从春秋时起，历史文献中绍兴酒的芳名屡有出现，尤其是清代饮食名著《调鼎集》对绍兴酒的历史演变、品种和优良品质进行了较全面的阐述，并以"味甘、色清、气香、力醇之上品唯陈绍兴酒为第一"一语概括。绍兴黄酒拥有精湛纯熟的酿酒技艺和博大精深的酒文化，凝聚了数千年的日月精华、市场拥有着强大的市场潜力。

1.1 绍兴黄酒的酿制

绍兴黄酒传承千年历史，延续百年工艺，以精白糯米、麦曲、鉴湖水精心酿制。糯米选用当年产的米粒洁白、颗粒饱满、气味良好、不含杂质的上等优质糯米；鉴湖水由于独特的地形构造，重金属元素很少，并且含有有益的微量元素以及矿物质，优良水质形成了绍兴酒的独特品质；再加上传统操作工艺纯手工酿造造就了黄酒独特的口感。

1.2 绍兴黄酒的色、香、味

原料米和小麦本身的自然色素和加入了适量糖色使得黄酒酒色呈琥珀色，橙黄清亮；绍兴黄酒具有诱人的馥郁芳香，幽雅自然，不似某些特殊食料所散发的味道，而且往往随着时间的久远而更为浓烈，越陈越香；最独特的在于绍兴黄酒的酒味，其混合六种味道，即甜味、酸味、涩味、苦味、辛味和鲜味，却依然口味甘鲜醇厚，柔和爽口。

1.3 绍兴黄酒的营养价值

绍兴黄酒内含多种氨基酸，总含量每升高达677.9毫克，尤其酒内含人体必需的，而人体本身又不能合成，只能依靠从食物中摄取的8种氨基酸达2 550毫克，其中人体发育不可缺的赖氨酸含量达1.25毫克。适量常饮，可修身养性，强身健体，适合世界潮流的低度营养酒要求。

2. 阻碍绍兴黄酒进入美国市场因素

2.1 美国人的饮酒习惯

美国人喜欢喝冰酒，并且喝酒讲究情调，美国人最喜欢的环境是在酒吧里，灯光柔和、轻音缭绕，人们慢声细语中慢慢品酒。而黄酒是温的最好喝，且不合适在酒吧这样的场所饮用，美国人对于黄酒的需求量也不是很大，这个是阻碍绍兴黄酒进军美国市场的最大阻力。

2.2 绍兴黄酒品牌意识的缺乏

尽管在大陆地区，绍兴黄酒拥有大量的驰名商标、驰名品牌，但是绍兴黄酒在出口时却往往不会在出口国取得相应的品牌，只是一个劲地选择出口，而忘记打造品牌，出口的黄酒品质参差不齐，导致绍兴黄酒在美国的口碑下降，无法塑造一个良好的品牌形象。

3. 助推绍兴黄酒进入美国市场因素

3.1 海外侨胞众多

按2003年第七届世界华商大会文献资料，分布在全球各地区的华人共计4 106万人，而美国则是全球第二大华人聚居地，有近300万华人，随着中国近留学、旅美、移民等不断增加，美国华人市场拥有着强大的市场潜力。而中国周边的日本、韩国等国家也有大量人群迁移美国，这些人群也深受中国的酒文化影响，对黄酒进军美国市场也是大有裨益。

3.2 美国人对中国文化的热情增加

中国孔夫子学院在美国设立多处,由此可见美国人对中国文化还是相当认可并且喜欢的,而在中国古文化中,黄酒也是必不可少的一项代表中国文化的产物,不乏对绍兴黄酒产生兴趣的美国人。

4. 绍兴黄酒进军美国市场策略

4.1 加强绍兴黄酒的质量把控

绍兴黄酒早已成为绍兴的一张名片,在国际上有着一定良好的口碑,首先就应该在这个基础上继续保持绍兴黄酒的品质,把控好市场上销售的黄酒质量,尤其是把控好出口黄酒的品质质量问题。其次要做好打假工作,绍兴黄酒打假协作网的成立在一定意义上给了造假者重大的打击。

4.2 文化营销

绍兴黄酒有着悠久的历史,而且在中国古文化中占据重要的位置。要立足于美国人对中国文化的热爱以及追崇,在销售过程应该注意文化因素的合理应用,将酒文化、水文化、名仕文化有机地融为一体,吸引国内外消费者的视线。比如可以在黄酒的酒瓶上采用中国青花瓷艺术或者木雕艺术,在包装中加入精美小册子,宣传绍兴黄酒文化,增加黄酒的艺术感。

绍兴黄酒作为我国历史最悠久的酒种,经过历代炎黄子孙几千年的养育和呵护,已经与中华民族文化相融相随、密不可分,同时,绍兴黄酒又承载着中华民族文化中的一种礼仪、一种精神、一种艺术、一种习俗。将绍兴黄酒推广到美国,不仅是一种产品的推广,同时也是文化的推广。美国历来都有着强大的经济实力和文化实力,如果绍兴黄酒能在美国市场上打开一片天地,必然会为我国的黄酒产业推上更高的一层,也会为绍兴黄酒走向国际市场打下基础。

【思考题】
1. 绍兴老酒自身的优势有哪些?
2. 绍兴老酒进军美国市场的劣势有哪些?请具体分析。
3. 绍兴老酒用什么样的营销策略打开美国市场的,请具体分析。

【资料来源】叶雷鹏. 绍兴黄酒进军美国市场营销策略 [D]. 杭州师范大学,2012.

谁能最好地将"城市冒险者"介绍到沙特阿拉伯？

> **摘要**：2001年Rogart推出一款名叫"城市冒险者"的新型腕表。该表尽管属于高档手表，但其价格与其他Rogart型号相比要低30%。汉密尔顿预测欧洲和美国销量将会下滑，并且把中东作为这种销售滑坡的替代市场。汉密尔顿试图全面了解沙特阿拉伯。他还研究了有关沙特阿拉伯文化和商业操作相关的信息，他知道在与沙特阿拉伯人做交易时，信任非常重要。汉密尔顿所考虑的另一个问题是沙特阿拉伯的商业法，还考虑了物流和其他相关问题。
>
> **关键词**：文化习俗；商业习惯；商业法

美国人杰克·汉密尔顿是瑞士手表"Rogart"的海外销售经理。他很担心销售出现滑坡。前些年Rogart的海外销售经历了两位数的增长，后来其主要竞争对手欧米茄和IWC推出了新型手表，其价格比Rogart相应型号低了20%左右。

在手表行业，Rogart被视为能与欧米茄、IWC甚至劳力士相抗衡的昂贵手表。公司于1870年在瑞士日内瓦成立。早期产品是时钟，但最终在开发小型运动表方面的能力使其转为生产腕表。1970年，其百年纪念版"Bon Vivant"获得慕尼黑国际钟表贸易展第一名。Rogart被认可为世界著名腕表生产商。Rogart首席执行官乔治·施耐德对于R09-ert表作了以下表述：

Rogart腕表不仅是计时器，人们购买手表是因为想要购买优雅和美观的气氛。消费者要戴我们的手表是因为他们想要获得不同对待。因此，我们必须提供店面和服务中心来帮助顾客们感受到Rogart与其他手表制造商的不同。Rogart的分销商既是提供一流服务理念的人。也是完全认可Rogart大师之作的行家。

2001年，Rogart推出了一款名叫"城市冒险者"的新型腕表。这款手表的形象是让佩戴者尽管身处城市，仍充满冒险特质。其目标市场是喜欢根据品质来识别产品的30岁左右的顾客。这款手表配备了不锈钢腕带和金色表盘，盘面有阿拉伯数字和海蓝背景。

尽管"城市冒险者"属于高档手表，但其价格与其他Rogart型号相比要低

30%。由于"城市冒险者"与 Rogart 传统概念相同（如施耐德引言中所描述的），这种型号在欧洲和美国销量极好。汉密尔顿认为成功的销售源于两方面原因：一是由于这两个地区存在轻微的经济不景气，消费者被更低价的计时器所吸引。二是由于手表可以帮助在户外运动的消费者，因此倾向于购买这款手表。但是，他预测今年这些市场的销售也会减少。竞争对手的最新型号也具有生态特征，且价格更低。他猜测，必须找到能够弥补这种销售滑坡的替代市场。

中东是汉密尔顿所考虑的一个可能市场，尤其是沙特阿拉伯。Rogart 在中东拥有良好的声誉。由于"城市冒险者"尚未引入这个市场，那里的消费者仍认为 Rogart 属于昂贵的高端手表。为销售该款手表，汉密尔顿必须改变人们的认知。他必须说服消费者。尽管属于高端手表，但价格比其他 Rogart 要低。Rogart 与科威特、阿联酋、卡塔尔、巴林及阿曼的经销商都有独家经销合同。但是，在沙特阿拉伯却没有签订合同的独家经销商。汉密尔顿认为，在其他中东国家扩大销售前，将这款新型"城市冒险者"介绍到沙特阿拉伯是非常有利可图的。他注意到，沙特阿拉伯消费者一直是到邻近的巴林去购买 Rogart 手表。他相信沙特阿拉伯将成为非常具有吸引力的市场，因为邻国巴林的销售额几乎与埃及相同，巴林的人口不到 100 万人，而埃及人口超过 7 000 万人。

在确定沙特阿拉伯作为潜在市场的可行性过程中，汉密尔顿试图全面了解沙特阿拉伯。首先，他研究了地理、人口、政治和经济状况。了解到沙特阿拉伯是一个大国，面积约为美国的 1/5，沙特阿拉伯的人口约 2 200 万人，大城市包括利雅得（360 万人）、吉达（270 万人）、达曼（67.5 万人）、塔伊夫（63.4 万人）和阿可贺巴（18.5 万人）等。吉达是主要商业城市，占沙特阿拉伯商业近 60%。

沙特阿拉伯与其他 6 个阿拉伯国家交界（伊拉克、约旦、科威特、阿曼、卡塔尔和也门），并在波斯湾和红海拥有约 2 640 英里的海岸线。国家大部分地区气候炎热干燥，温度范围在 20℃ ~45℃。但是，一些地区却极为潮湿，例如，吉达的湿度经常达到 100%。

沙特阿拉伯为世袭君主制国家，按伊斯兰教法原教旨主义管理。时任国王法赫德·本·阿卜杜勒阿齐兹·阿勒沙特阿拉伯既是国家元首又是政府首脑（总理），王储担任第一副总理。沙特阿拉伯没有成文的宪法或选举法。阿勒沙特阿拉伯（Al Saud）家族对政府实施严格控制。尽管根据伊斯兰教法，引入了许多非宗教制度，并通过特别委员会处理商业争议。

沙特阿拉伯禁止政党、工会和专业团体。非正式的政治活动主要集中于皇家男性成员。国王会就主要政策事务方面在年长的王子中寻求意见一致。国王还会与高级宗教学者和主要部族领导进行磋商。通过与沙特阿拉伯王子的联合，接受西方教育的专业人员和技术精英影响的有限。

沙特阿拉伯是联合国、阿拉伯联盟、伊斯兰峰会组织以及海湾合作委员会（GCC）的成立成员国。其主要政策是安全、阿拉伯民族主义以及伊斯兰主义。它还是石油输出国组织（OPEC）的成员。历史上，尽管在以色列问题上存在分歧，沙特阿拉伯与美国关系密切。

众所周知，国家的主要财政来源是石油。通过在红海和海湾地区的漫长海岸线，还能对该地区的运输实施强大的控制。2000年，沙特阿拉伯的人均国民总收入（GNI）近7 000美元，美国为34 000美元。由于人口翻番和国内生产总值（GDP）下降的影响，在过去的20年里，沙特阿拉伯的人均收入急速下降。但是，仍有许多富裕的沙特阿拉伯人。

在沙特阿拉伯经济萧条之前，销往沙特阿拉伯的手表中70%被售给从事大型建筑项目的外国人。但是，自从经济萧条以及建筑项目减少，外国居民所占的销售有所降低，约60%的手表被沙特阿拉伯当地人所购买。由于"城市冒险者"的原生态形象，汉密尔顿认为，外国人仍会是主要顾客群体。为成功的推出"城市冒险者"，在英文报纸上刊登广告非常重要。但是，他认为Rogan应该继续使用阿拉伯语和英文报纸来向外国消费者宣传公司的形象。

汉密尔顿还研究了有关沙特阿拉伯文化和商业操作相关的信息。最近他阅读了一本书，荷兰社会学家葛锐特·霍夫斯泰德所写的《文化与组织，大脑的软件》（*Culture and Organizations, Software of the Mind*）。根据霍夫斯泰德观点，每种文化中都具有4个方面不同的特点：权力距离、不确定性规避、个人主义和男性化。根据他的研究，总的来说，沙特阿拉伯在权力距离方面较高，但在个人主义、男性化和不确定性规避等方面处于中等水平（既不是极高也不是极低）。另外，汉密尔顿来自美国，美国被描述为低权力距离和不确定性规避，高个人主义和男性化。另一本书阐述的理论认为，霍夫斯泰德的男性化必须与任务/成绩导向相结合。汉密尔顿倾向于这种说法，因为他认为男性化意味着某种男性问题，产生对这一视角真正意思的误解。

根据汉密尔顿的经验，阿拉伯零售商相互竞争非常严重，因此分销商总是小心地公正对待所有零售商。例如，如果向一位零售商提供了某一特定的价格，就需要提供给所有其他人。他还了解到，沙特阿拉伯商人倾向于与竞争对手保持紧密的联系并分享信息。因此他认为，不能与分销商或零售商分享公司机密是很重要。

对于沙特阿拉伯商人而言，关系很重要，这给汉密尔顿带来了难题。每次到沙特阿拉伯时，与每位商人接触都必须花费至少两个小时，喝茶并闲聊，然后才能开始谈生意。令他感到崩溃的是沙特阿拉伯的营业时间，从早上8点到中午，然后在5个小时的休息后，从下午5点左右开始到晚上9点。沙特阿拉伯人的"休息"日是周四和周五的半天，就像西方国家的周六和周日。他在沙特阿拉伯遇到的一些欧洲商人抱怨称，由于节假日的差别，经常会延误重要的商机。

汉密尔顿知道在与沙特阿拉伯人做交易时，信任非常重要。零售店必须体现出他们信任顾客，方能获得顾客的信任。因此，向沙特阿拉伯人提供高端手表的质保并不是有效的销售策略。

因为零售商希望能够获得免费维修此类昂贵商品的资格，向可能会离开沙特阿拉伯的外国购买者提供国际质保（1年）却是一个有效的策略。

与沙特阿拉伯文化相关的另一个问题是性别。购买豪华手表的沙特阿拉伯人中80%是男性，20%是女性。汉密尔顿怀疑，这是不是因为在公共场合时，沙特阿拉伯女性被要求佩戴面纱，由其丈夫或男性亲属陪伴所影响。女性外出购物时需由丈夫或男性亲属陪伴以及佩戴面纱的要求使其很难试戴诸如手表之类的商品。尽管针对女性顾客提供女性销售人员是个不错的选择，但沙特阿拉伯法律又禁止女性工作。因此，许多零售店在向女性顾客推销手表时出现困难。一些店铺提供房间，可以让女性摘下面纱，从而让女性和她的丈夫或亲属可以私下试戴商品。

汉密尔顿所考虑的另一个问题是沙特阿拉伯的商业法。当外国公司与沙特阿拉伯公司达成业务关系时，必须遵守严格的制度。其中之一就是终止与沙特阿拉伯公司业务关系的外国公司必须支付给该公司一大笔补偿。

汉密尔顿特别关注商业法问题。因为Rogart的竞争对手之一阿尔法手表公司曾出过一次意外。阿尔法想要进入沙特阿拉伯市场，包括达曼、阿可贺巴、利雅得、吉达和塔伊夫。为实现该目标，阿尔法雇用了两个拥有互补市民的分销商——阿若拜贸易（Arabian Trading）公司和艾哈迈德（Ahmed）公司。阿若拜公司专门从事一般商品和著名品牌，在两个最大城市利雅得和吉达拥有零售连锁。艾哈迈德公司专门从事手表业务，仅在阿可贺巴拥有零售店。原定的计划是每个分销商销售给不同市场的零售商。

但阿尔法的计划事与愿违。两个分销商打起了价格战，试图销售给相同的零售商。导致出现了阿尔法未预料的价格下降。价格降低的幅度之大，导致零售商开始将手表再出口给价格更高的其他国家（如巴林、约旦、科威特、阿曼）。阿尔法想要终止与艾哈迈德公司的关系以恢复零售价格，但不想支付根据沙特阿拉伯法律所规定的高额赔偿。因此，阿尔法决定将对沙特阿拉伯的出口最小化，但与两个分销商的合同都规定了5年的最短贸易期，这给阿尔法带来了困扰。

除考虑沙特阿拉伯的文化和商业习惯外，汉密尔顿还考虑了物流和其他相关问题。Rogart使用空运将商品运到沙特阿拉伯。Rogart在科威特拥有分销中心，且已经建立了一个网络来将商品分销至中东的其他分销商。但是，"城市冒险者"是一款新产品。尽管在欧洲非常流行，生产都无法满足当前需求，但Rogart仍不了解在中东能达到何种需求水平。因此，汉密尔顿认为，直接从瑞士将手表空运至沙特阿拉伯的分销商，而不是通过科威特分销中心显得更适宜。

有机场的主要阿拉伯城市包括吉达、利雅得和宰赫兰。城市之间的运输通过卡车。在冬季，利雅得和阿可贺巴或吉达之间的运输会因沙尘暴而中断。Rogart 使用欧洲保险公司和泛欧航空公司进行货运已有 20 多年。Rogart 与欧洲保险公司签订年度合同，范围覆盖所有从瑞士出口的产品，且 Rogart 还从泛欧航空公司获得特殊空运费率，价格比其他公司提供的价格要低 15%。无论 Rogart 何时从瑞士出口产品，Rogart 都使用这两家公司。汉密尔顿希望在与沙特阿拉伯分销商讨论产品价格时，将这点因素考虑进去。

将手表运至中东的要考虑另一个重要因素是产品的脆弱性，且储存手表的仓库必须在灰尘、温度和湿度方面加以控制。在吉达的仓库符合国际标准，但利雅得和阿可贺巴的仓库则不符合，不适于储存手表。而手表储存的地点是一个关键问题，因为灰尘是导致手表故障的主要原因。Rogart 在科威特、巴林和阿曼的手表维修经验显示，近 5% 的产品在质保期内送回维修，因为有灰尘进入了手表中。一些产品在售出后不久即已退回 Rogart，表明手表在仓储期间即已有灰尘进入。

最后，汉密尔顿意识到，如果零售店继续从巴林进口 Rogart 手表，也会给沙特阿拉伯分销商带来问题。解决方案之一是提高向巴林分销商的手表售价，从而使手表标价更高，而无法与沙特阿拉伯分销商的手表竞争。但是，这会提高巴林的零售价格，使其无法与其他竞争对手竞争。另一种可能性是利用服务来在沙特阿拉伯和巴林分销商之间体现差别。如果沙特阿拉伯分销商为手表提供每年免费清洁服务，则可能会防止巴林分销商的手表进入。

基于上述考虑，汉密尔顿对于与分销商签订合同非常谨慎，并决定认真研究每个潜在分销商的背景。他从有兴趣在沙特阿拉伯分销 Rogart 手表的三家公司获得了询问信。每个公司都提交了利用自己的渠道销售的预计年销售额。

由一位黎巴嫩商人拥有的 Ashraf 有限公司是昂贵品牌物品的批发零售商。它代理香奈儿、路易威登、Cross、佳能、索尼、CD、万宝龙（Mont Blanc）、松下和欧米茄等产品。他们的两个零售店装修很有品位，并拥有非常豪华的氛围。在分销方面，在戴门、阿可贺巴和利雅得等东部城市拥有强大的销售网络。尽管是欧米茄手表的独家分销商，但其维修和服务设施无法处理复杂或精密的维修。其在科威特分部拥有培训良好的技术人员。沙特阿拉伯维修和服务站通常需要将欧米茄手表发送到科威特维修。做出的 Rogart 品牌预计销售额低于其他分销商提供的预测。

由沙特阿拉伯一个亿万富翁拥有的 Detami 贸易公司是日本和欧洲汽车以及豪华手表的代理商。所有者与许多沙特阿拉伯富豪拥有密切的个人关系，他与这些人交换订单并从制造商方面获得佣金。Detami 贸易公司在吉达、利雅得和达曼都有提供良好维修服务的地点。作为代理商，他们没有库存的产品。客户通常需要等一两周方能获得产品。但是，他们在全国范围拥有强大的直接客户关系。

海豚公司是一家沙特阿拉伯人所有的海洋产品专营连锁店。其主要产品是摩托艇、潜水设备和潜水表，在戴门和吉达拥有专营店。戴门店在当地手表市场拥有较小的份额，而吉达店在当地手表市场占的份额较大。海豚公司的产品在冒险者中非常流行，不仅是沙特阿拉伯人，还包括外国工作者。他们还代理著名飞行员手表品牌百年灵（Breitening），并对这款手表提供优异的维修服务。专营店装修考究，并鼓励人们参与户外运动。

Ashraf 公司和海豚公司在沙特阿拉伯主要城市附近的办公室都有仓库。Detami 没有仓库，但计划通过航空货运（如 FEDEX）直接向客户运送手表。这与其他两家分销商相比，价格会增加 10% 左右，但存货和库存成本会降低。

Ashraf 公司与主要的报纸媒体关系不错，且在主要报纸上定期做广告，如 Itidal 和 Jazirah 等。Ahraf 公司总裁莫哈迈德·阿布告诉汉密尔顿说，没必要在当地的英文报纸上做广告，因为当地的国外工作者人数正不断减少。Detami 作为代理人指出，希望 Rogart 在沙特阿拉伯有售的国际报纸和杂志上做广告（如《航空杂志》）。海豚公司一直与本地的外国工作者保有良好关系，因此，大部分人员中英语不错。公司的售后服务在外国工作者群体中非常有名。海豚公司总经理艾哈迈德·阿拉告诉汉密尔顿说，向本地人宣传产品不会难，因为海豚是一家沙特阿拉伯公司。他希望从吉达地区开始进行广告宣传，以了解市场对 Rogart 手表的反应如何。

【思考题】

如果你是杰克·汉密尔顿的市场顾问，会给他什么建议？在回答下面的问题时，请给出你所提供建议的原因和根据。

1. 列出在沙特阿拉伯经销商品的主要考虑的因素。不要照搬原文，请用自己的话概括。

2. 汉密尔顿意识到，美国和沙特阿拉伯存在不同。请根据霍夫斯泰德的文化角度解释可能会出现的文化冲突。

3. 如果 Rograt 推出比其他型号价格低 30% 的"城市冒险者"，在将来可能会很难推出其他更贵的型号。给 Rogart 提供关于如何在将来向沙特阿拉伯市场引入其他昂贵手表的建议。

4. 你认为在诸多可考虑的分销商中，谁最适合在沙特阿拉伯市场销售"城市冒险者"并提供您的选择依据。

【资料来源】［美］萨克·翁克维斯特，约翰·J. 萧. 国际营销学［M］. 邵建红，王凯译. 北京：清华大学出版社，2013.

第五部分 国际营销调研

肯德基的跟进选址策略

> **摘要**：通常肯德基选址按照两大步骤进行，第一步，商圈的划分与选择。收集到足够的资料后，肯德基通过记分的方法把商圈分成好几大类。在商圈的选择上；一方面要考虑餐馆自身的市场定位；另一方面要考虑商圈的稳定度和成熟度；第二步，聚客点的测算与选择。肯德基的开店原则是努力争取在最聚客的地方和其附近开店。选址时一定要考虑主要的人流动线会不会被竞争对手截住。聚客点的选择也影响到商圈的选择。
>
> **关键词**：选址；商圈；聚客点

肯德基对快餐店选址是非常重视的，选址决策一般是两级审批制，通过两个委员会的同意，一个是地方公司，另一个是总部。其选址成功率几乎是百分之百，是肯德基的核心竞争力之一。

通常肯德基选址按以下几步骤进行。

1. 商圈的划分与选择

1.1 划分商圈

肯德基计划进入某城市，就先通过有关部门或专业调查公司收集这个地区的资料。有些资料是免费的，有些资料需要花钱去买。把资料买齐了，就开始规划商圈。

商圈规划采取的是记分的方法。例如，这个地区有一个大型商场，商场营业额在1 000万元算1分，5 000万元算5分，有一条公交线路加多少分，有一条地铁线路加多少分……这些分值标准是多年平均下来的一个较准确经验值。

通过打分把商圈分成好几大类，以北京为例，有市级商业型（西单、王府井等）、区级商业型、定点（目标）消费型，还有社区型、社区和商务两用型、旅游型等。

1.2 选择商圈

即确定目前重点在哪个商圈开店，主要目标是哪些。在商圈选择的标准上，一方面要考虑餐馆自身的市场定位；另一方面要考虑商圈的稳定度和成熟度。餐馆的市场定位不同，吸引的顾客群不一样，商圈的选择也就不同。

例如，马兰拉面和肯德基的市场定位不同，顾客群不一样，是两个"相交"的圆，有人吃肯德基也吃马兰拉面，有人可能从来不吃肯德基专吃马兰拉面，也有与之相反的。马兰拉面的选址也当然与肯德基不同。

而肯德基与麦当劳市场定位相似，顾客群基本上重合，所以在商圈选择方面也是一样的。可以看到，有些地方同一条街的两边，一边是麦当劳，另一边是肯德基。

商圈的成熟度和稳定度也非常重要。例如，规划局说某条路要开，在什么地方设立地址，将来这里有可能成为成熟商圈，但肯德基一定要等到商圈成熟稳定后才进入。又如，说这家店3年以后效益会多好，对现今没有帮助，这3年难道要亏损？肯德基投入一家店要花费好几百万元，当然不冒这种险，坚持稳健的原则，保证开一家成功一家。

2. 聚客点的测算与选择

（1）要确定这个商圈内，最主要的聚客点在哪。例如，北京西单是很成熟的商圈，但不可能西单任何位置都是聚客点，肯定有最主要的聚集客人的位置。肯德基开店的原则是：努力争取在最聚客的地方和其附近开店。

过去古语说"一步差三市"。开店地址差一步就有可能差三成的买卖。这跟人流动线（人流活动的线路）有关，可能有人走到这该拐弯，则这个地方就是客人到不了的地方，差不了一个小胡同，但生意差很多。这些在选址时都要考虑进去。

人流动线是怎么样的，在这个区域里，人从地铁出来后是往哪个方向走等。这些都派人去掐表，去测量，有一套完整的数据之后才能据此确定地址。

比如，对店门前人流量的测定，是在计划开店的地点掐表记录经过的人流，测算单位时间内多少人经过该位置。除了该位置所在人行道上的人流外，还要测马路中间的和马路对面的人流量。马路中间的只算骑自行车的，开车的不算。是否算马路对面的人流量要看马路宽度，路较窄就算；路宽超过一定标准，一般就是隔离带，顾客就不可能再过来消费，此时就不算对面的人流量。

肯德基选址人员将采集来的人流数据输入专用的计算机软件，就可以测算出，在此地投资额不能超过多少，超过多少这家店就不能开。

（2）选址时一定要考虑主要的人流动线会不会被竞争对手截住人流有一个主要的人流动线，如果竞争对手的聚客点比肯德基选址更好的情况下那就有不良影响；如果是两个一样，就无所谓。例如，北京北太平庄十字路口有一家肯德基店，如果往西100米，竞争者再开一家西式快餐店就不妥当了，因为主要客流是从东边过来的，再在那边开，大量客流就被肯德基截住了，开店效益就不会好。

（3）聚客点选择影响商圈选择。聚客点的选择也影响到商圈的选择。因为一个商圈有没有主要聚客点是这个商圈成熟度的重要标志。如北京某新兴的居民小区，居民非常多，人口素质也很高，但据调查显示，找不到该小区哪里是主要聚客点，这时就可能先不去开店，当什么时候这个社区成熟了或比较成熟了，知道其中某个地方确实是主要聚客点才开店。

为了规划好商圈，肯德基开发部门投入了巨大的努力。以北京肯德基公司而言，其开发部人员常年跑遍北京各个角落，对这个每年建筑和道路变化极大，当地人都易迷路的地方了如指掌。经常发生这种情况：北京肯德基公司接到某顾客电话，建议肯德基在他所在地方设点，开发人员一听地址就能随口说出当地的商业环境特征，是否适合开店。在北京，肯德基已经根据自己的调查划分出的商圈，成功开出了56家餐厅。

肯德基与麦当劳市场定位相似，顾客群基本上重合，所以我们经常看到一条街道一边是麦当劳，另一边是肯德基，这就是肯德基采取的跟进策略。因为麦当劳在选择店址前已做过大量细致的市场调查，挨着它开店不仅可省去考察场地的时间和精力，还可以节省许多选址成本。当然，肯德基除了跟进策略外，它自己对店址的选择也有独到之处，可以值得借鉴。

有了店址的评估标准和一些成功案例，就可以开发出一套店址的评估工具，它主要由下面几个表格组成：租赁条件表、商圈及竞争条件表、现场情况表、综合评估表。它们是进行连锁经营店址评估的标准化管理工具。

【思考题】
1. 肯德基在开店之前所做的市场调查对其选址有何作用？
2. 结合肯德基的选址经验，讨论中国零售业进军海外市场时在市场调研方面的主要注意事项。

【资料来源】 世界经理人. www.icxo.com. 2005. 12. 15.

调研帮助惠而浦在全球市场实现当地化

> **摘要：** 作为世界第二的家用电器公司的惠而浦较早就进入了国际市场，并取得了巨大成功。其成功的重要原因就是有效地运用市场细分战略，通过深入详细的市场调研，充分了解当地市场需求，开发出消费者满意的产品。
>
> **关键词：** 全球化；市场调研；市场细分

总部位于密歇根州本顿港的惠而浦公司是美国第一、世界第二的家用电器公司。每年其"白色家电"的销售额达 110 亿美元，这类产品包括冰箱、炉灶、洗衣机和微波炉。公司的成功部分是因为它向市场提供了 3 种不同价格档次的产品：高档厨房辅助电器；中档价格的惠而浦和西尔斯·肯莫尔产品系列；低档的罗珀（Roper）牌和埃斯泰特（Estate）牌产品。促使公司向海外扩张的部分原因是其国内市场已经成熟，每年仅有 2%～3% 的增长。但是，惠而浦对外国市场并不生疏；公司从 1957 年起就进入了拉丁美洲市场，如今它是该地区市场份额的领先者。

1993 年年初，惠而浦公司董事长兼首席执行官戴维·惠特万姆告诉一位采访者："5 年前，我们基本上是一家国内公司，如今，我们约 40% 的收入来自海外，到 20 世纪末，大部分销售收入都会来自海外。"这位首席执行官曾在 3 年前打赌说，家电行业正在全球化。惠而浦以 10 亿美元收购飞利浦电子公司的欧洲家电业务之后，取得了排名第三位的市场地位。惠特万姆发誓仅在欧洲一地还将再投入 20 亿美元，不过直至 20 世纪末，惠特万姆从欧洲扩展到日本、亚洲和拉丁美洲等发展中国家的宏伟目标没有完全实现。分析家们注意到在 20 世纪 90 年代的牛市中，惠而浦的股票表现不佳，他们开始质疑惠特万姆的全球视野是否聚焦于他的目标市场。正如一位分析家所说："惠而浦的战略失败了。它大举进攻全球市场，却由投资者们埋单。"其他人认为公司的问题在于执行。另一位分析家说："我尊重惠而浦的战略，他们只不过没能及时'抱住并绊倒对手'（美式橄榄球术语——译者注）。"

惠而浦面临的挑战部分根植于家电行业的结构。如在欧洲，现有的 200 个品牌和 170 家工厂使得家电产业高度分散，竞争白热化。瑞典的伊莱克斯电子公司排行第一位。欧洲的家电销售多年来止步不前，其销量增长率每年仅为1%或2%；行业产能闲置是一个大问题。虽然分析家们预期几年后中欧和东欧地区的需求会急剧上升，这些地区也会把低成本制造商的产品出口到美国。为降低成本，提高利润，公司只得优化其驻欧洲公司的组织结构。4个区域销售部替代了原来分散在17个国家的销售组织。惠而浦公司欧洲分公司总裁汉克·鲍曼将仓库的数量由30个减到了16个，并希望最终减少到5~6个。全球零部件采购战略使得供应商的数量减少了40%。在后来几年内，惠而浦公司投资了几亿美元用于新产品开发。它已经开始营销一种新型衣物烘干机，虽然包含的部件减少了，但其运行更有效率，质量更高。

鲍曼坚信采用全球市场细分是在欧洲取得成功的关键所在。惠而浦依靠大量的市场调研以维持它在美国的领导地位。在欧洲和拉丁美洲倾听顾客的声音也十分重要。鲍曼最近说："调研表明，各国的流行趋势、消费者偏好和偏见之间的差异正在缩小，而不是扩大。"他认为欧洲家庭主妇属于特征鲜明的"欧洲子市场"（如"传统型"和"上进型"人群），因而公司能照搬在美国取得成功的三层子市场品牌策略。Baukneckt品牌定位于高档，惠而浦定位在中档，而Ignis处于低档。例如，光顾像萨腾等百货商店的顾客，既可以选购定价为699欧元的Bauknecht Neptun 1 400，也可以选369欧元的惠而浦产品。

调研结果也表明，不同国家的消费者喜欢不同的产品特色。因此，惠而浦开始强调产品平台，这种平台被看作能更经济地生产当地版的烤炉、冰箱和其他家用电器线的手段。这一平台实质上是家电金属外壳下面的技术内核。产品平台（如冰箱的压缩机和密封系统）在全球各地都一样，但在生产后期，可在产品中加入特定国家或地区所需的功能。这么做的目标是把惠而浦每年2亿美元的生产和研发费用削减10%，并要使2 000名研发人员的工作效率提高30%。平台项目团队希望最终将公司的平台总数从135个削减到65个。具体的目标包括：把现有的6个洗碗机平台减为3个，把48个冰箱平台减到25个。

市场调研也被用以寻求新产品的开发思路，以满足发展中国家市场的特定需要。如在巴西，惠而浦的市场进入战略包括：收购两家当地现成的家电品牌Birasternp和consul。然而，由于巴西市场上的普通洗衣机定价为：300美元，惠而浦产品线上最低档的洗衣机对许多巴西人来说都是很贵的。经济数据表明，巴西的3 000万低收入家庭构成了该国消费总额的1/3，其中很多家庭的月收入约为220美元。此外，一些研究也表明，这些家庭把自动洗衣机列为仅次于移动电话的第二重要的向往产品。惠而浦的研究人员召集焦点小组讨论，并造访有代表性的低收入家庭。最近，惠而浦巴西分公司Multilbrcas Eltrodomosticos洗衣机技术总监马塞尔·罗德里格斯指出："我们做的并不是对现成的产品模型'做减法'，而是为大众市场创造新品。"

惠而浦为应对市场需求，开发了它们自夸为世界最便宜的自动洗衣机。该公司在巴西有一支精干的工程师和设计师队伍，其技术最先进的某些工厂也在巴西。尽管巴西经济处于混乱状态，惠而浦依然投资3 000万美元开发新洗衣机品牌爱迪乐，以满足一大批还在用双手洗衣服的消费者。一项可获得专利的技术使洗衣机在不换挡的情况下就能从洗衣程序转向甩干程序，因而成为节约成本的突破性设计。该项设计包含一些性能上的折中：与较贵的洗衣机相比，其甩干过程较长，甩完的衣服也不那么干。然而，调研结果显示对多数消费者来说，这些问题并不重要。

焦点小组调研结果也表明，消费者更愿意接受小容量洗衣机，因为低收入家庭洗衣服的次数更多。考虑到巴西家庭主妇喜欢擦洗家具下面的地板，爱迪乐洗衣机不像一般的洗衣机那样紧贴地面，而是架在四条腿上，留出足够的空间。可能爱迪乐的设计团队从调研中得到的最有意义的收获是产品形式也很重要。Multilbrcas的副总裁埃默森·杜·瓦尔解释道："我们认识到，洗衣机应让人赏心悦目，它是这些人的地位象征。"该团队选择了一个外形圆润的设计，启动钮是黄色的，控制板上的字是蓝色的。在巴西，因为人们普遍将白色与洁净联系到一起，所以，市面上的爱迪乐只有白色的。

尽管巴西的爱迪乐融合了许多吸引巴西人的设计特点，爱迪乐也通过一些修改在中国和印度生产和销售。如在中国，白色外观的家电并不受欢迎，因为多数人认为白色容易脏。因此，供应给中国市场的爱迪乐是浅蓝和灰色的。此外，大功率洗程在中国被标注为"去油洗程"。原因很简单，许多中国人每天都要骑自行车（作为交通工具）。同样，在印度，为精致面料设置的洗程被标为"纱丽"。印度的洗衣机还带有脚轮，便于移动。惠而浦的主管们希望巴西、中国、印度和其他新兴市场上喜欢爱迪乐洗衣机的低收入消费者在将来的某一天也会购买公司的其他电器。如果他们这样做的话，就能帮助首席执行官惠特万姆实现他全球增长的愿景。

【思考题】
1. 描述惠而浦公司的全球营销战略。
2. 总结市场调研在惠而浦公司全球化战略的实施中所起的作用。公司采用了哪些不同种类的研究方法？案例所描述的每一种方法有哪些优点？
3. 你认为为新兴市场的低收入消费者开发产品是正确的战略吗？

【资料来源】［美］沃伦·J. 基根，马克·C. 格林. 全球营销学［M］. 傅慧芬，戚永翎，郭晓凌译. 北京：中国人民大学出版社，2009.

第六部分　国际市场细分、目标市场选择和市场定位

宝洁公司的市场细分策略

> **摘要：** 宝洁公司是世界上最大的日用消费品公司之一。一直是中国日化市场的龙头老大，已占领50%以上的市场份额。这主要得益于它所采取差异化多品牌营销策略，其产品市场细分的策略亦不容忽视。市场细分的整个过程可分成6个阶段：定义市场，确定细分标准，收集并分析数据，完成市场的初步细分，评估各细分市场，选择目标市场，设计营销战略。市场细分就是对需求或消费者的细分。营销理论把市场细分标准归并为4个大类：第一，地理细分；第二，人口细分；第三，心理细分；第四，行为细分。宝洁公司成功还与其他的营销策略密切相关，如定价策略，促销策略，分销渠道等，但产品无疑是整个市场营销活动中最基本也最关键的因素。从长远的发展来看，应该随时注意和把握中国消费者的需求变化，随着市场环境的改变调整策略，才能获得持续性的发展。
>
> **关键词：** 市场细分；多品牌策略；营销策略

宝洁公司始创于1837年，总部位于美国俄亥俄州辛辛那提市，是世界上最大的日用消费品公司之一。自1978年宝洁公司登陆中国以来，一直是中国日化市场的龙头老大，已占领50%以上的市场份额。宝洁公司所取得的重大成就与它采取差异化多品牌营销策略是密不可分的，其产品市场细分的策略亦不容忽视。

市场细分就是按照一定的基础和标准，把一个市场划分成若干部分，其中每一部分客户具有较高程度的同质性，与其他部分的客户具有较高的异质性。企业或单位通过对市场进行细分之后，要评价各个市场的价值，同时根据自己的资源和能力，辨认和确定目标细分市场，然后针对客户的特点采取独特的产品或市场营销战略，以求获得最佳效益。

市场细分是企业战略营销的起点，市场细分后，企业在经营时才能锁定自己的目标市场，在市场竞争中找到自己的定位。有了明确的市场定位，企业才能有针对性地设计独特产品去满足市场。市场细分是企业战略营销的重要组成部分和平台。

1. 科学地选择细分标准

市场细分是一个动态的过程，一般来说，整个过程可分成6个阶段：定义市场，确定细分标准，收集并分析数据，完成市场的初步细分，评估各细分市场，选择目标市场，设计营销战略。在市场细分流程中，细分标准的确定是一个重点和难点，因为随行业产品和细分目的的不同，细分标准的确定即细分变量的确定是一个权变过程，没有一个完全固定的格式和模板可以模仿。

市场细分是对需求的细分，而不是对产品或服务的细分，换句话说，市场细分就是对需求或消费者的细分。从理论上讲，所有可能导致需求差异的内在因素以及体现需求差异的外在因素都可以成为细分的标准，因此市场细分标准非常繁杂，营销理论把这些标准归并为4个大类：第一，地理细分。依照消费者所处的自然环境将市场进行细分，包括区域、城乡、人口密度等。第二，人口细分。按照人口统计因素细分市场，包括年龄、性别、家庭人口、收入等。第三，心理细分。按照消费者的心理特征细分市场，包括生活方式和个性。第四，行为细分。按照购买者对产品的了解程度、态度、购买动机以及使用情况细分市场，包括购买动机、寻找利益和忠诚状况等。实际上，这些变量之间是相互影响的，人口特征如性别、收入、消费程度、家庭状况、职业一定会影响心理特征和生活方式；心理特征和生活方式的不同又会影响消费者对利益更好的追求。全职主妇、专职家庭妇女对家用电器的利益追求会相差很远，马斯洛的需求理论能很好地解释这种影响，所以在选择变量时会进行交叉分析和综合考虑。

1.1 宝洁公司的地理细分

地理细分要求把市场细分为不同的地理区域单位，如国家、省、地区、县、城镇和街道，企业可以决定在一个或一些地理区域开展业务，或者面向全部地区，但要注意地区之间的需要和偏好的不同。宝洁公司的地理细分主要表现在产品技术研究方面。如宝洁公司把日本、东南亚的消费者头发拿到化验室，经过精心细致的化验，发现东方人的发质与西方人不同，如较硬较干，于是，宝洁公司专门开发了营养头发的潘婷，满足亚洲消费者的需要，潘婷上市后成为宝洁公司在世界范围内上升最快的洗发水品牌。又如，汰渍洗衣粉在日本的配方，是根据在日本进行的清洁机构的调查基础上研制出来的。同样是汰渍洗衣粉，由于比利时和欧洲其他地方水中矿物质的含量是美国的两倍，宝洁公司就研制出软化硬水的成分来满足顾客的需求。汰渍产品开发项目小组负责人表示：我们从全世界收集意见和技术。

宝洁公司进军中国市场选择广州抢滩登陆，选取广州作为最先的目标市场，将其在大陆市场的总部设在广州，然后逐渐向沿海地区（上海等地）扩展，是别具匠心的，因为广州地处珠江三角洲腹地，地理位置得天独厚，是中国的14个沿海开放城市之一，投资环境优越，投资政策优惠。并且广州地区是国内消费水平和购买力居高的代表性区域，而宝洁产品一向以高价位、高品质著称，二者不谋而合。1988年，宝洁在广州成立了中国第一家合资企业——广州宝洁有限公司，为投资中国市场的历程打下坚实的基础，宝洁在广州的投资回报超过了世界各地。

1.2 宝洁公司的人口细分

人口细分是将市场按人文统计变量（如年龄、代沟、家庭、性别、收入、职业、教育、宗教、种族、社会阶层）为基础划分的不同的群体。人文统计变量是区分消费者群体最常用的依据，因为消费者的欲望、偏好和使用率经常与人文统计变量有着密切的联系，另外人文统计变量比其他类型的变量更容易衡量。

消费者的年龄和受教育程度对价格的容忍程度有负面的影响。年龄较大、受教育程度越高的消费者对价格涨落的容忍度相对较低，而年龄较小、受教育程度较低的消费者对价格涨落的容忍度相对较高。另外，青年消费者有着求新、好奇、透支消费、追求名牌、注重自我等比较个性化、先导性的消费习惯，年龄较大的消费者则注重商品的实用性。男性消费者的价格容忍程度高于女性消费者，女性消费者对价格较为敏感。

宝洁公司以高价位、高品质的形象进入中国市场，最初洗发水价格是当时国内品牌的3～5倍，价格稍贵，但其高品质的形象、新颖的包装使其具有竞争力。宝洁正是看中了年轻人富有个性色彩的生活画面和先导消费作用，广告画面多选用年轻男女的形象，如选取青春偶像郑伊健、张德培作为广告模特。宝洁的市场定位为青年消费群体，其高份额的市场占有率充分证明了定位的正确性。

收入是进行市场细分的一个常用人口变量，收入水平影响消费者需求并决定他们的购买能力。宝洁的洗衣粉初打入中国市场时，调研发现中国消费者对洗衣粉的功效要求不高，用量是西方国家的1/10。市场细分如下：碧浪定位于高价市场，为5%的市场占有率，汰渍定位于中价市场，为15%的市场占有率，在中国收购和合资的当地品牌熊猫、高富力、兰香定位于低价市场。

近年来，宝洁日化产品在中国的高端市场趋于饱和，进而转向中低端市场。宝洁从主要精力放在创新产品、投放广告方面向降低产品成本方面转型，例如，力推一款2.2元汰渍洗衣粉，历史性地推出9.9元的日常护理洗发液。宝洁在高端市场趋于饱和情况下，推行低价位策略明显考虑了低收入者的消费水平，从而与国内知名品牌争夺庞大的农村市场及低端市场。

1.3 宝洁公司的心理细分

心理细分即是根据购买者的社会阶层、生活方式或个性特点，将购买者划分成不同的群体，在同一人文统计群体的人可能表现出较大的心理特征。人们对各种商品的兴趣爱好往往受到其生活方式的影响，实际上，他们消费的商品也正是反映出了他们的生活方式。宝洁公司实施全球化战略，意味着无论顾客在世界的哪个位置，他们必须满足其需要，满足对同类产品的不同需求。宝洁做到了这一点并使其成为企业成功的秘诀之一。宝洁强调：不仅要在不同的国家销售产品，还要根据不同国家消费者的需要研制开发新产品。

宝洁注重各国的文化差异，广泛地开展市场调研活动并从中获得不同国家的市场特征，总结教训调整策略。20世纪80年代"帮宝适"在日本的销售失败是最好的证明。当时"帮宝适"是按美国人的喜好设计的，吸湿性较差，而日本父母更愿意使用吸水性强的尿布，以使婴儿保持干燥状态。宝洁照搬美国的营销战略，当年损失上百万美元。宝洁明白这一点后引入了一种吸水性更强的尿布——Uta尿布，以满足日本父母的要求。宝洁又将尿布改进得更薄，装在一个更小的包装袋出售，以适应日本家庭壁橱空间很小的特点，受到日本妇女的青睐，年销售额很快达到10亿美元高峰。

宝洁为其产品设计理想的中文名称，防止产品名称直译让人难以理解。其中文名称都结合了产品功效特点且形象动人，如飘柔、海飞丝、舒肤佳、激爽、佳洁士等，听起来朗朗上口，容易激起顾客的联想。配上高品质的形象，宝洁无形中提升了消费者对其产品的信赖度。

1.4 宝洁公司的行为细分

行为细分是指按照消费者的购买行为细分市场，包括消费者进入市场的程度、使用频率、偏好程度等变量。按消费者进入市场的程度，通常可以划分为常规消费者、初次消费者和潜在消费者，依次可以划分为若干不同的细分市场。一般而言，资力雄厚、市场占有率较高的企业，特别注重吸引潜在购买者，企业通过营销战略，特别是广告促销策略及优惠的价格手段，把潜在消费者变为企业产品的初次消费者，进而再变为常规消费者。而一些中小企业，特别是无力开展大规模促销活动的企业，主要注重吸引常规消费者。宝洁公司在广告方面投入的资金是庞大的，处在日化行业的霸主地位上，宝洁实行全球化的营销战略，2005年广告方面的费用支出排在全球第1位。广告方面的支出使宝洁公司的产品家喻户晓，加上其高品质的形象、中高档的价位为其赢得一批潜在消费者，最终转化为常规消费者。

不同的消费者对同一产品追求的利益是不同的，偏好也不尽相同。产品的不同功效会满足不同消费者的利益需求。在美国市场上，宝洁拥有8种洗衣粉品牌、6种肥皂品牌、4种洗发水精品牌和3种牙膏品牌。

以洗发水为例，4个品牌皆有不同的定位，比如飘柔的"柔顺头发"，潘婷的"健康且富含维生素 B_5",海飞丝的"有效祛除头屑",维达沙宣的"使头发柔亮润泽"。通过这种将一个品牌和一种特殊产品的特性和功能联系起来的方式,宝洁不仅成功地加强了品牌在顾客心中的印象,而且在洗发水市场上取得良好的声誉,这有助于将来引进新产品的推广。

2. 未来发展

宝洁所采用的按照本土消费者的需要重视开发新产品和多品牌的产品策略赢得了巨大的市场成功,使其产品为中国消费者所接受,并且占领了越来越多的市场份额。当然宝洁公司成功还与其他的营销策略密切相关,如定价策略,促销策略,分销渠道等,但产品无疑是整个市场营销活动中最基本也最关键的因素。同时我们也可以看到,它的产品策略隐含着一些缺点和不利之处,如果不引起重视和改进,将有可能会把它独特的产品策略优势变为劣势,影响公司的发展。作为一个跨国公司在中国市场获得成功的榜样,从长远的发展来看,应该随时注意和把握中国消费者的需求变化,随着市场环境的改变调整策略,才能获得持续性的发展。

【思考题】
1. 宝洁公司运用了哪些标准对市场进行细分,是如何细分的?
2. 宝洁的多品牌策略有什么优缺点?
3. 宝洁的多品牌策略对企业有何启示?

【资料来源】高云燕. 科技情报开发与经济,2007(5).

奔驰公司在中国的市场细分

> **摘要**：市场细分就是经营者通过市场调研，依据产品特点、消费者的需求和欲望、购买行为和购买习惯等方面的差异性，把某一产品的市场整体划分位若干个消费者群的市场分类过程。其中全体消费者中的某一类或某几类特定消费者的市场就叫细分市场。目前轿车市场最常用的细分方法有几种：①按轿车发动机的排量细分；②按轿车的价格细分；③按我国城市的经济发展水平及居民的购买力细分；④按消费者的年龄层段细分；⑤按消费者的性别细分。中国高级轿车呈现高速发展的势头，在市场上占据的份额越来越大。可供企业选择的市场策略有四种，即无差异性市场策略、差异性市场策略、密集型市场策略和快速反应策略。在市场定位战略选择上，奔驰公司主要采用产品差别化和形象差别化的定位战略。
>
> **关键词**：市场细分；市场策略；市场定位

1. 奔驰公司的发展历程

奔驰公司是世界十大汽车公司之一，创始人为卡尔·本茨和戈特利布·戴姆勒。1883年，卡尔·本茨和麦克斯·罗斯、弗里德里希·威尔海姆·埃塞林格共同建立Ben Z & Co. Rheinische Gasmotoren—Fabrik。1884年，戴姆勒与迈巴赫合作，发明了摩托车。1886年，戴姆勒和迈巴赫在世界上最早的四轮汽车上安装了改进的发动机。与此同时，卡尔·本茨也在曼海姆的工厂发明了他自己的三轮机动车。1886年1月29日，卡尔·本茨为自己的三轮"安装有汽油发动机的交通工具"申请了专利，世界上第一辆汽车正式诞生。1894年推出了奔驰"Velo"—世界上第一款批量生产的汽车。1900年12月22日，Daimler-Motoren-Gesellschaft（DMG）公司生产出世界上第一辆以梅赛德斯（Mercedes）为品牌的轿车。到1901年，共生产了1 200辆这种类型的车。1911年11月22日，奔驰公司研发出第一辆"35马力梅赛德斯"汽车。1924年，奔驰汽车厂和戴姆勒汽车厂签署了互利合作协议，于1926年合并成为戴姆勒—奔驰公司，公司总部设在德国斯图加特，雇员总数为15.5万人。年产汽车60万辆。主要产品有轿车、戴重汽车、专用汽车和客车等。奔驰公司形成了一个新的品牌——梅赛德斯—奔驰，梅赛德斯—奔驰汽车自此逐渐成为世界汽车知名品牌。现今的戴姆勒—奔驰公司是一家集团控股公司，下设四家子公司，梅赛德斯—奔驰汽车股份公司是其中最大的子公司。1998年，与美国的克莱斯勒公司合并成"戴姆勒—克莱斯勒"公司。2005年，梅赛德斯—奔驰轿车在中国内地及港、澳特别行政区的轿车销售量为16 128辆，与2004年同期相比增长了3%。北京奔驰—戴姆勒·克莱斯勒汽车有限公司是北京汽车工业控股有限责任公司与戴姆勒·克莱斯勒股份有限公司、戴姆勒.克莱斯勒（中国）投资有限公司三方合资建立的，从性质上讲是中、美、德合资经营企业。公司投资总额约6亿美元，注册资本为4亿多美元，北京汽车工业控股有限责任公司和戴姆勒·克莱斯勒公司各占注册资本的50%。

北京奔驰—戴姆勒·克莱斯勒汽车有限公司的新厂区位于北京经济技术开发区，占地总面积为198万平方米，第一期工程厂房占地面积为21万平方米，年生产能力8万辆。

2. 中国轿车的市场细分

从企业营销角度来看，一种产品的市场应该是指该产品的全体消费者，然而在现实中，任何规模的企业都不可能满足全体消费者的需要，因为消费者对一种产品的具体需求往往很不相同，这种需求差异使得企业在生产轿车是在定价、定量、定规格和定风格上显得相互矛盾。就价格来说，如果奔驰轿车定价高则中下层消费者买不起，定价低则高层消费者嫌档次低，定价中等则下层消费者嫌太贵而高层消费者嫌太便宜。就定量来说，企业对一个城市的汽车投放量受到多种因素的影响，如人口数量、居民的购买力、地区文化、居民的消费心理和地貌等都会对轿车投放量产生影响。在规格上，一些消费者喜欢豪华大气、排量大、马力足的轿车而另一些消费者喜欢小巧精致、排量较小的轿车。在风格方面，消费者之间的喜好更是千差万别。这种需求差异使得企业生产的任何轿车都无法做到适应所有类型的消费者的需要。因此，一个企业要想在市场竞争中求得生存与发展，都应当对市场进行划分，全力满足某一类或某几类特定消费者的需要，这就叫市场细分。所以准确地说，市场细分就是经营者通过市场调研，依据产品特点、消费者的需求和欲望、购买行为和购买习惯等方面的差异性，把某一产品的市场整体划分位若干个消费者群的市场分类过程。其中全体消费者中的某一类或某几类特定消费者的市场就叫细分市场。

市场细分是企业市场营销管理过程的主要环节，是企业确定目标市场的基础和前提。市场细分的方法是人为规定的。采取不同的视角就能对市场作不同的细分。目前轿车市场最常用的细分方法有几种。

2.1 按轿车发动机的排量细分

排量小于或等于 1 升,属于微型车;排量大于 1 升且小于或等于 1.6 升,属于普通级轿车;排量大于 1.6 升且小于或等于 2.5 升,属于中级轿车,排量大于 2.5 升,属于高级轿车。一般排量越大的轿车,功率越大,加速性能越好,车内的装饰也越高级,其档次也就越高。奔驰新 S 级轿车,排量超过 3 升。

2.2 按轿车的价格细分

我国轿车市场一般将价格低于 5 万元的轿车归为低档或经济型轿车;5 万~8 万元的轿车为中档轿车;8 万~18 万元的轿车为中高档轿车;18 万元以上为高档轿车。奔驰轿车的一般价格都在 54 万元以上。

2.3 按我国城市的经济发展水平及居民的购买力细分

我国轿车市场划分为四类:一类是经济发达、人口总量大、居民购买力强的特大型城市,比如北京、上海、广州等城市;二类是经济实力强、人口总量大、购买能力较强的大型城市,比如重庆、天津、南京、深圳及其他省会城市;三类是经济实力较强、人口总量中等、购买力中等的中型城市,比如温州、苏州等中型城市;四类是经济实力相对较弱人口总量不大购买力不强的普通县级城市。奔驰轿车的市场拓展对象主要是前两类城市,在后两类城市中也有少量市场。

2.4 按消费者的年龄层段细分

可以分成几个层面:第一层面,30 岁以下的消费者,此年龄阶段的轿车消费者多为事业早成或在外企工作、有一定的资金积累、喜欢追求舒适生活、喜欢时尚的年轻人;第二层面,30~40 岁消费者,此年龄段的轿车消费者处于相对稳定的经济地位、事业小成、家庭生活美满、精力旺盛、工作繁忙、性格日趋成熟;第三层面,40 岁以上的消费者,此年龄阶段的轿车消费者应该是已在事业上取得成就、物质生活丰富、可以将更多的时间从繁忙的工作中转移到生活中、性格成熟稳重、对人生有深刻的体会的社会中上层人士。奔驰轿车的消费对象主要是企业老总和政府官员,属于第三层面的社会中上层人士,也包括一部分第二层面的事业有成者,从风格上讲,属于成熟稳重型,对人生有着深刻的体会。

2.5 按消费者的性别细分

一般来说女性轿车消费者是一些追求生活时尚、追求人生品位的较年轻女性,而男性轿车消费者则是更多的追求一种事业的成功与人生的自我实现。购买奔驰轿车的多为男士,也包括一部分地位显赫的老年女性。

3. 我国高级轿车市场的现状

据统计,2007 年我国汽车产销均创历史新高:产销 888.24 万辆和 879.15 万辆,同比增长 22.02% 和 21.84%。1 至 11 月汽车重点企业(集团)累计实现主营业务收入 9 157.54 亿元,同比增长 27.12%;累计实现利润总额 589.58 亿元,同比增长 75.64%。2008 年上半年,人民币升值、原材料价格上涨、劳动力成本上升、自然灾害等诸多因素对经济的发展产生了影响;国家加大了宏观调控力度,采取了从紧的货币和财政政策。据中国汽车工业协会统计,在宏观经济环境已发生巨大变化的情况下,2008 年上半年,汽车累计产销双双超过 500 万辆,同比增长分别 16.71% 和 18.52%,增幅较上年同期温和回落,但就上半年的增长速度来看,仍属较快增长。

中国高级轿车呈现高速发展的势头,在市场上占据的份额越来越大。据统计,2006 年,1.6~2.5L 排量汽车销量占中国汽车市场总销量的 36.15%,销量约 260 万辆;2.5L 以上排量的销量约占 0.85%,销售 6 万辆左右。其中,豪华车销售约 15 万辆,市场份额超过 2%。与此同时豪华车消费群体的结构也在发生变化。近几年来,中国的私营企业和股份制企业取得了蓬勃的发展,这些新兴的民营企业和个体户已经成为中国豪华车主要消费群体。从中国高级轿车的品牌构成来看,奥迪、宝马、奔驰和雷克萨斯是主要品牌。

在今后几年中,中国经济仍有巨大的增长空间。经济的持续发展将为高级轿车市场的发展和扩大提供可靠的保证。专家们预计,今后五年,中国豪华车市场将快速增长,年销售量可由目前的 15 万辆增加到 40 多万辆。

就消费群体而言,近几年来我国高级轿车的消费群体正在逐渐发生变化,由原来的"官车"逐渐转向其他四大群体。

(1) 大公司老总或主要负责人。这一群体年龄一般集中在 40 岁以上,有固定和相对稳定的商务及朋友圈子。对于他们而言,高级轿车一方面是作为一种身份和层次的象征;另一方面也是公务和商务的重要工具,表示对于所载客户和朋友的尊重,也显示车子主人的经济实力。

(2) 职业经理人或高收入职员。这一群体年龄跨度较大,一般在 30~50 岁。他们并不把车看作一种身份标志或者炫耀物,而重视轿车的性能、配置及驾驶乘坐感受。购买一台性能配置完美驾乘舒适的日常用车。

(3) 白领、骨干和精英。他们一般比较年轻,在 40 岁以内,正处在事业的上升期或高峰期,注重生活品位和与众不同,喜欢用与众不同的方式表达自己与众不同的生活品位。

(4) 专业玩家。这一群体年龄跨度比较大,共同的特点是爱玩,他们对车有一定的研究，对车的性能比较讲究，他们有非常固定的车友圈子，有着共同的爱车体验。他们买车的首要目的是玩，其次才是真正用车。

4. 奔驰轿车的市场选择

为哪几类消费者服务，是企业的一种经营选择，这种选择就是确定目标市场。目标市场是指企业生产者力图通过市场营销活动让自己的产品能够占领的那一部分细分市场。选择目标市场的过程就是根据自己的产品特点在诸多细分市场中选择最合适的细分市场的过程，也指商品生产者根据自己的实力和某一个或几个细分市场的需要生产自己的产品以力图占领这些细分市场的过程。所以，选择目标市场的形式有两种：一是在产品生产出来之后，企业根据自己产品的质量、性能和特点决定其价位和所要投放的市场；二是企业先从各个细分市场中选择出最有利于自己业务拓展的那一部分细分市场，然后生产和开发产品以满足这一部分细分市场需要。

市场细分是企业的一种战略选择，也是企业追求发展的一个必不可少的过程。只有通过细分市场，企业才能发现营销机会，确定营销对象和营销战略。目标市场的确定必须建立在对各个细分市场进行科学的评估的基础上，考虑以下三个因素：目标市场的规模和潜力；企业在该目标市场的竞争能力；企业开拓该目标市场的能力。一般来说，可供企业选择的策略有四种，即无差异性市场策略、差异性市场策略、密集型市场策略和快速反应策略。

奔驰把中国区域的轿车目标市场锁定在高档品牌轿车，突出产品在高档品牌市场上的竞争力。在市场定位战略选择上，奔驰公司主要采用产品差别化和形象差别化的定位战略。奔驰公司十分重视产品差异化战略，通过不断地完善产品质量、花色品种、技术水平、市场销售和售后服务等来扩大销售。作为一个拥有百年历史的著名汽车品牌，奔驰公司已形成了一个核心企业精神：公平、尽责。"公平"是指公平竞争、公平经营。"尽责"是指在将奔驰轿车的经营范围—汽车行业，尽到自己作为一个顶级品牌的责任，不仅为了自己的经济利益，也兼顾社会认同。就经营理念而言，奔驰公司的产品十分重视三个方面的内容：①传统理念。奔驰是汽车的发明者创立起来的汽车企业，它非常重视对于传统工艺的继承，在继承的基础上取得提高。②快乐感理念。随着科技、社会、经济和市场的发展以及人们生活水平的提高，奔驰公司也注重产品的外观优美、内部豪华、驾驶舒适等特点，以增强用户在驾车时的快乐感。③共同责任理念。奔驰公司在关注公司自身的利益的同时也注意公司的共同社会责任，注意改进生产技术、降低污染的可能性、减少废气排放的数量、采用可多次循环使用的材料生产，以最大限度地保护环境。

就价值观念而言,奔驰公司注意几方面的价值:①传统价值——"安全、优质、舒适、可靠",注意改进技术,提高质量,完善服务,以增强产品的安全性能、舒适感和为用户提供可靠的质量和服务保障。②潮流价值——强调产品的个性特点。奔驰公司注意在每种产品系列中根据不同客户的需求,将其进一步细分为不同的产品线。③社会价值——增强产品的环保性能。奔驰公司将首创的三滤催化系统作为欧洲车型的标准配备,并不断努力采用新材料、新工艺增强轿车的环保性能,降低汽车对人类环境的破坏程度。

【思考题】
1. 中国轿车市场细分涉及哪几个部分?
2. 奔驰公司在中国市场怎样进行的市场细分,根据什么原则,请具体分析。

【资料来源】 肖礼. 高档轿车中国市场营销策略研究——以奔驰轿车研究为例 [D]. 湖南农业大学,2008.

欧莱雅的中国目标市场策略

> **摘要**：法国欧莱雅集团，财富500强之一，是世界著名的日化产品的生产企业，创立于1907年。1996年，欧莱雅正式进军中国市场，面对中国化妆品市场的激烈竞争，欧莱雅集团一方面在产品设计方面苦下功夫，保持了欧莱雅集团产品高质、独特、领先、丰富的文化内涵。另一方面欧莱雅集团为了抢夺中国化妆品市场，也采取了以下有效的营销竞争策略：①市场定位策略；②细分市场策略；③品牌策略；④广告策略；⑤公共沟通策略。
>
> **关键词**：目标市场策略；市场定位；细分市场

1. 企业背景

法国欧莱雅集团，是"财富500强"之一，由发明世界上第一种合成染发剂的法国化学家欧仁·舒莱尔创立于1907年。历经了一个世纪的努力，欧莱雅从一个小型家庭企业跃居为世界化妆品行业的领头羊。2002年11月13日，欧莱雅集团荣获《经济学人》评选的"2002年欧洲最佳跨国企业成就奖"。2003年年初，欧莱雅荣登《财富》评选的2002年度全球最受赞赏公司排行榜第23名，在入选的法国公司中名列榜首。欧莱雅集团的事业遍及150多个国家和地区，在全球拥有283家分公司及100多个代理商，2002年销售额高达143亿欧元。欧莱雅集团在全球还拥有5万多名员工、42家工厂和500多个优质品牌，产品包括护肤防晒、护发染发、彩妆、香水、卫浴、药房专销化妆品和皮肤科疾病辅疗护肤品等。

1996年，欧莱雅正式进军中国市场，1997年2月，在上海设立中国总部。目前，欧莱雅集团在中国拥有约3 000名员工，业务范围遍布北京、上海、广州和成都等400多个城市。

2. 企业现状及产品市场状况

欧莱雅进入中国市场至今，以其与众不同的优雅品牌形象，加上全球顶尖演员、模特的热情演绎,向公众充分展示了"巴黎欧莱雅 你值得拥有"的理念。目前已在全国近百个大中城市的百货商店及超市设立了近400个形象专柜,并配有专业美容顾问为广大中国女性提供全面的护肤、彩妆、染发定型等相关服务,深受消费者青睐。

欧莱雅集团在中国的品牌主要分为大众品牌(巴黎欧莱雅、美宝莲、卡尼尔)、高档品牌(兰蔻、赫莲娜)、专业美发产品(卡诗、欧莱雅)以及活性健康化妆品(薇姿、理肤泉)。

3. 中国化妆品市场竞争状况

2001年中国化妆品市场销售总额为400亿元,2002年我国化妆品销售增长速度为14%~15%,实际销售总额为450亿~460亿元。2003年我国化妆品行业发展速度保持稳定增长,增幅不低于15%,销售总额达到500亿元。国内生产企业已达2 500家,品种三万余种,市场总额居亚洲第二位,在世界范围内已经成为一个美容大国。因此,世界名牌化妆品一致看好中国大陆的消费潜力,几乎无一遗漏地抢滩大陆,进驻中国市场,并且受到中国广大消费者的青睐,在中国市场上大放异彩。目前欧莱雅集团在中国的主要竞争对手也是国际名牌化妆品,主要有雅芳、雅诗兰黛、倩碧、P&G公司的玉兰油、Cover girl、SKⅡ系列、露华侬、圣罗兰、克里斯汀·迪奥、歌雯琪、旁氏、凡士林、克莱伦丝、妮维雅、威娜、花牌及资生堂等。这些品牌在国内都具有极高的知名度、美誉度和超群的市场表现,如日本的资生堂具有127年的悠久历史,又深谙中国人的美容习性及文化传统,在国内拥有一批忠实的消费者,对任何的化妆品公司而言,日本资生堂绝对是一个难以跨越的对手。

除了世界品牌在国内的混战外,欧莱雅集团还面临着国内本土品牌的袭击和进攻。化妆品市场的巨大利润,吸引了国内一拨一拨的掘金者顽强地杀入,希望能够分得一杯羹。

国产品牌实施薄利多销,控制中低档市场,使得国内市场呈现各踞一方的局面。虽然欧莱雅集团旗下的各种品牌已经几乎覆盖了全部的空间,但是国内的大宝、小护士、羽西(合资)、上海家化依然占有不少的护肤市场份额,此外,经过与外资品牌的多年较量,国产品牌在市场营销能力上已经与国外品牌不相上下,甚至更胜一筹,形成了自己的品牌价值,他们不断成熟、虎视眈眈、伺机抢占地盘,令世界各大品牌防不胜防,头痛不已。

4. 欧莱雅集团的目标市场策略

面对中国化妆品市场的激烈竞争,欧莱雅集团丝毫不敢有所大意。为了尽可能地争取最大的份额，欧莱雅集团在产品设计方面苦下功夫，保持了欧莱雅集团产品高质、独特、领先、丰富的文化内涵。高质是世界名牌化妆品的心脏，独特是世界名牌化妆品的大脑，领先是世界名牌化妆品的性格，文化是世界名牌化妆品的气质。欧莱雅集团为了抢夺中国化妆品市场，主要采取了以下的营销竞争策略。

4.1 市场定位策略

由于欧莱雅集团属于世界顶级品牌，所以欧莱雅集团引入中国的品牌定位于中高档，主要分为大众品牌和高档品牌。随着竞争的加剧，欧莱雅集团的大众品牌价格开始有意识地下调，使得大众品牌中又分为不同档次，其最低价格已经接近国内品牌化妆品的价格，从而开始了中低市场的争夺。而高档品牌则继续高品位策略，稳定压倒一切。

通过市场定位策略，实际上欧莱雅集团在国内的化妆品市场上已经是无孔不入，不放过任何一个定位，最大可能地攫取市场份额，挤垮其他对手。

4.2 细分市场策略

第一，从产品的使用对象进行细分，有普通消费者用化妆品、专业使用的化妆品。专业使用的化妆品主要是指美容院等专业经营场所所使用的产品。

第二，按照化妆产品的品种进行细分，有彩妆、护肤、染发护发等。并进一步对每一品种按照化妆部位、颜色等进行细分。如彩妆又按照部位分为口红、眼膏、睫毛膏等，而就口红而言，又按照颜色细分为粉红、大红、无色等，按照口红的性质又分为保湿、明亮、滋润等。如此步步细分，仅美宝莲口红就达到150多种，而且基本保持每1~2个月就推出新的款式。

第三，按照地区进行细分。由于南北、东西地区气候、习俗、文化等的差异，人们对化妆品的偏好具有明显的差异。如南方由于气温高，人们一般比较少做白日妆或者喜欢使用清淡的妆饰，因此较倾向于淡妆；而北方由于气候干燥以及文化习俗的缘故，一般都比较喜欢浓妆。同样东西地区由于经济、观念、气候等的缘故，人们对化妆品也有不同的要求。所以欧莱雅集团敏锐地意识到了这一点，按照地区推出不同的主打产品。

第四，其他细分。如按照原材料的不同有专门的纯自然产品；按照年龄细分等。

4.3 品牌策略

为了充分满足欧莱雅集团在中国的竞争布局，欧莱雅集团在中国引进了10个主要品牌，分别分布于不同的细分市场，使得集团的竞争策略能够顺利地进行。所以，精确的品牌布局是欧莱雅集团最为关键的策略。没有恰到好处的品牌布局，就没有欧莱雅集团今天在中国大放异彩的成功。其次，对品牌的延展性、内涵性、兼容性做出了精确的定位和培养，是欧莱雅集团品牌在中国取得成功的又一秘密。

4.4 广告策略

由于化妆品的激烈竞争和越来越强的无差异趋势，如何提高自身的知名度和认可度，就成为化妆品公司挖空心思的问题。化妆品的日新月异和人们对流行的追随，让消费者对某一款式或品牌的忠诚度大打折扣。如果某个公司在某年度忘记了广告，那么其化妆产品也就被人们忘记了，可见广告对化妆品的重要性，欧莱雅集团自然不会忘了使用这一最有力的营销武器。针对每一品牌的不同定位和内涵，欧莱雅集团有区别地进行分别地宣传，以达到最佳的效果。

4.5 公共沟通策略

（1）利用文艺、选美、模特赛事、体育等活动，呈现产品的特点，宣传品牌。如美宝莲1998年、1999年连续赞助世界精英模特大赛中国选拔赛，鼓励中国女性走向世界，展示东方女性独特的韵味，吸引了不少人的"眼球"；2000～2002年连续在全国高校举办"Beauty Night 校园巡回展示活动"，帮助在校大学生更好地理解内心美、塑造外形美，美宝莲首席化妆师为女大学生进行现场个人形象设计，引起轰动；通过与权威机构合作办理公益事项，扩大品牌效应。如和国际组织共同设立"欧莱雅——联合国教科文组织世界杰出女科学家成就奖"和"联合国教科文组织——欧莱雅世界青年女科学家奖学金"，每年评选一次，极大地提高了公司的地位和可信赖度。利用社会焦点，吸引消费者的注意。如国际护士节之日，欧莱雅（中国）有限公司总裁盖保罗先生、欧莱雅（中国）有限公司公共关系与对外交流部总监兰珍珍女士以及公司其他高层人员正式通过上海市卫生局有关领导，将价值超过人民币100万元、且符合医护人员特殊需求的健康护肤品赠送给了保卫上海市人民生命安全的"非典"一线医护人员。

（2）参与权威机构的评选，提高产品的知名度。如参与国家工商行政管理总局和国家商标局等机构共同举办的第三届"中国商标大赛"，并被评为"2002年中国人喜爱的十大外国商标"之一。欧莱雅集团的"美宝莲"品牌由于其唇膏销量占2002年中国市场第一而荣获"2002年最具市场竞争力的第一唇膏品牌"以及"2002年唇膏市场上最受欢迎的品牌"。

通过积极地使用公共沟通策略，欧莱雅集团成功地让其各种产品每天24小时尽可能地出现在人们的视野、阅读中，无形中让消费者不断地认识或加深了对欧莱雅集团各个品牌的印象和好感。充分地使用各种市场营销手段，欧莱雅集团在中国大陆化妆品市场越来越潇洒自如,独占鳌头,雄视各方。

【思考题】
1. 欧莱雅集团采用了哪些国际市场细分标准,你对此有何评价?
2. 欧莱雅集团是如何进行市场定位的?其成功的原因有哪些?

【资料来源】刘娜. 欧莱雅公司在中国的营销策略研究 [D]. 吉林大学硕士学位论文,2008.

第七部分　国际竞争策略

苹果公司的竞争战略

> **摘要**："苹果公司"作为世界最具价值品牌的一家高科技公司，其成功并非偶然，而是源于该公司独特的竞争战略，面对时代的变迁和消费群体的变化，苹果采用了差异化组合竞争和独特的营销手段，获得了巨大的成功。未来，在面对同行竞争、科技迅速更新换代，苹果公司将何去何从，他该怎样继续保持自己的"领头羊"角色，将面临巨大考验。
>
> **关键词**：苹果；差异化；策略

1. 苹果公司简介

苹果公司（Apple Inc.）是美国的一家高科技公司，2007年由美国苹果电脑公司（Apple Computer Inc.）更名为苹果公司，在2014年世界500强排行榜中排名第15名，总部位于加利福尼亚州的库比蒂诺。

苹果公司在1976年4月1日创立，创始人为史蒂夫·乔布斯等三人，在高科技企业中以创新而闻名，目前是全球利润率最高的手机生产商，也是全球主要的PC厂商。知名的产品有Apple II、Macintosh电脑、Macbook笔记本电脑、iPod音乐播放器、iTunes商店、iMac一体机、iPhone手机和iPad平板电脑等。

苹果公司连续3年成为全球市值最大公司，在2012年曾经创下6 235亿美元纪录，2013年后企业市值缩水24%为4 779亿美元，但仍然是全球市值最大的公司。2014年美国苹果公司（Apple）已连续第二年超越谷歌（Google），成为世界最具价值品牌。

2. 苹果公司的竞争战略——以产品iPhone为例

进入智能手机时代之后，手机的内涵开始发生深刻变化。通信成为其几个核心需求之一，而不是唯一核心需求，音乐、拍照、PDA、游戏等非通信相关的核心功能也全面排队进入手机的核心需求。用户开始面对一个问题：我买手机仅仅是用来通话和发短信么？一旦用户回答 No 之后，就意味着他对手机的需求已经从一个通话（短信）处理工具变成一个便携多媒体通信设备。

iPhone 兴起就是这种变革最典型的例证。当你把 iPhone 拿到手后，你能强烈地感觉到这个东西与其说是带娱乐功能的手机，还不如说是带通信功能的娱乐机（娱乐机 = iPod 便携照相机 + 掌上游戏机）。手机市场原"龙头老大"诺基亚正是在这一点上没有把握到位，导致在智能手机市场上完全落败于 iPhone。

下面是 iPhone 竞争战略。

2.1 苹果公司的差异化组合竞争

手机智能化是移动电话市场的发展趋势，也是苹果公司的机会。2007 年 1 月，苹果公司首次公布 iPhone，正式涉足手机领域。苹果将 iPhone 定位于：搭载了 iPod 功能及网络浏览器的移动电话。2008 年 6 苹果发布 iPhone 3G，软件上的革命使其成为业界标杆。苹果 iPbone 的成功来源于多角度的差异化组合。

苹果公司在 MP3 市场上依靠 iPod + iTunes 组合大获成功后，紧接着在手机市场上用 iPhone & app & store 组合，通过在产品、性能、操作系统、渠道和服务等方面的差异化一举击溃其他竞争对手。

2.1.1 产品差异化

以多点触摸屏取代传统手机键盘，在外观差异化的同时，便利软件开发者自由设定最符合软件需要的触摸按键位置。苹果通过这一创新，不仅提供了一个软件平台，还附带了一个可变化的硬件平台。

2.1.2 性能差异化

iPhone 的配置远远高于竞争对手。128MB 的内存 + 专用图形芯片（一般不会在智能手机上出现）+ 4 ~ 8GB 储存空间，使 iPhone 成为一台超小型电脑。除此之外，内置不可更换电池 300 小时的待机时间（智能手机平均待机时间在 200 小时左右），6 小时的连续通话时间等都是 iPhone 在性能上的突破。

2.1.3 UI（操作系统）差异化

iPhone 与对手们最大的差异性体现在操作系统上。智能手机操作系统有 willdowsmoblie、symbian ffplam，设计时均考虑了手机较低的 CPU 与内存条件，存在过于复杂，速度较慢和不稳定等一些问题。苹果在 iPhone 上直接采用了经过界面优转迅速，界面华丽，操作简便。不同于其他智能手机系统精简后的办公功能，iPhone 有功能完整的 email 软件和 safari 网络浏览器。

2.1.4 渠道差异化

苹果将 Ipod + 在线商店的差异化组合模式复制在其 iPhone。苹果建设了在线软件销售渠道：App store（以下简称 AS）。AS 是一个设计理念与 Itunes 类似的在线平台：软件开发者可将由 SDK 制作通过苹果审核的软件在 AS 发布，无须缴纳任何维护费用。软件售出所得收益由苹果及开发者三七分成。这就解决了在此之前 AS 市场上存在的诸多问题。

2.1.5 服务差异化

2.0 版本系统对 microsoft exchange 功能的支持,使其成为功能强大的商务机:能无缝接入公司 microsoft exchange 网络,即时更新日程表项目、邮件、联系人;自截检索网络;远程数据清除;拥有 cisc0 安全维护等。iPhone 的娱乐功能也随着 SDK 与 AS 得到升级,在得到 EA、Sega、Konami 等专业厂商的支持后,iPhone 颠覆了手机游戏功能的概念。工作娱乐功能兼备且都达到极致的 iPhone,成为无所不能的智能信息终端。

2.2 营销手段和策略

(1) iPhone 上市前的创新饥饿式营销策略所谓饥饿营销,是指商品提供者有意调低产量,调控供求关系,制造供不应求的假象,维持商品较高的售价和利润率的目的。而 iPhone 的饥饿营销却并非如此,而是已经完全超出这个基本的概念,上升到一个新的高度。iPhone 的饥饿营销和传统的策略不同,在苹果公司实施营销策略的过程当中,我们看到其并没有去控制产品的产量来制造市场供不应求的假象,而是把产品的相关信息转化成一种市场饥渴,让消费者渴望了解 iPhone。

(2) iPhone 上市后的口碑营销和体验营销相结合的策略。口碑营销是指企业努力使消费者通过亲朋之间的交流,将产品信息、品牌传播开来。体验营销是指企业通过采用让目标顾观摩、聆听、尝试、试用等方式,使其亲身体验企业提供的产品或服务,让顾客实际感知其带来的品质和功能,从而促使顾客认知、喜好并购买的一种营销方式。

iPhone 的口碑营销也有着自己的独特性和创新性。我们会注意到,绝大多数情况下,iPhone 的口碑传播并不是苹果公司有计划的实施,而是那些消费者自发地、主动地去传播信息,评论产品。这样的口碑更具有客观性、真实性,更容易被其他人所接受。通过别出心裁的营销手段和紧凑的供应链,苹果公司对用户体验的打造有效地动员了其目标客户群。口碑营销让充满神秘感的苹果产品诱惑无限,吸引消费者先"夺"为快。在现代市场新的竞争格局下,以消费者为本的技术往往会加速新技术的普及,苹果拥有抗衡竞争对手的核心优势。但是,苹果公司并没有注重宣传 iPhone 的先进技术,而是把 iPhone 的时尚、独特设计和方便易用的功能作为宣传的重点。

公司把 iPhone 体验营销的核心确定在情感经济,用"情感的经济,去取代理性的经济",围绕着产品,把"面对面"的交流与互动发挥到极致,让用户、产品与公司三者之间产生情感上的共鸣。

（3）iPhone营销中产品生命周期理论与策略的创新让iPhone呈现出了区别于其他同类型产品的生命周期策略的创新应用。具体可以分为两个方面：

第一，尽可能压缩产品的上市期（包括介绍期和成长期）和退市期，给予产品更多的成熟期，为换代产品让出更大的市场。

第二，利用"苹果应用程序商店（App Store）"网络平台寻求iPhone新的商业模式和价值，为iPhone注入新的生命力量。

【思考题】

1. 苹果iPhone运用了哪些产品组合策略使其成为目前行业内品牌价值最高的品牌？其特点如何？

2. 分析苹果iPhone未来所面临的竞争压力是什么？

3. 如果你是苹果iPhone的营销策划人员，你会怎样确立未来的产品组合策略？为什么？

【资料来源】新浪博客网，2012.8.26，http://blog.sina.com.cn/blog_532d45fc01011gpb.html.

华立集团收购飞利浦 CDMA 手机

> **摘要：** 随着国际竞争环境的变化，企业国际化已经不是一种单单走出去的模式，更重要的是要注重对"内向国际化"的培育和发展。华立集团作为全球最大的电度表生产企业，在面对主营业务市场饱和的情况下，制定了向通信行业进军的战略，并成功收购了飞利浦的 CDMA，CDMA 国内市场是该行业最大的市场，未来，华立会面临许多实力强大的竞争对手，华立该如何面对？他将面临新的考验。
>
> **关键词：** 华立；CDMA；市场风险

　　随着国际竞争环境的变化，企业走向世界在很大程度上意味着如何在本土市场上迎接世界竞争。因此，企业国际化不仅是指企业向跨国企业演变的外向发展过程，还应包括与企业外向国际化相联系的内向国际化过程。事实上，当企业经营活动与国际经济发生某种联系时，企业国际化进程就开始了。这种联系可以是生产要素方面，如资金、技术、人力资本等的联系，也可以是商品和服务的中间产品和最终产品的交换，还应包括各种海外生产经营活动。因此，国际竞争环境变化的结果是在发展方向上将企业国际化区分为内向国际化和外向国际化两个方面。企业内向国际化活动的方式包括进口、购买技术专利、特许经营、国内的合资合作等；企业外向国际化活动包括产品和服务直接或间接出口、技术转让、国外的合资合营、海外子公司等。

　　从动态的角度看，内向国际化和外向国际化贯穿于企业国际化的整个过程中。对于后发型跨国企业而言，内向国际化是外向国际化的基础，外向国际化是其内向国际化充分发展的结果。在后发型企业国际化发展过程中，模仿性学习具有重要意义。这种学习不是简单意义上的模仿，而是与当地生产条件相结合的吸收和创新。而且，在模仿性学习中，内向国际化的不同方式对企业竞争能力的提高有不同的功能。

1. 公司概况

华立集团前身为余杭仪表厂,是一家地方小厂。经过近30年的发展,如今华立集团已成为一家跨地区、多元化、外向型的企业集团。自1993年至今,其核心产品华立电能表产、销、利润、出口等经济指标连续8年居全国同行业第一位,年产电度表近千万台,成为全球最大的电度表生产企业。华立集团在全国拥有17家生产型企业,并控股两家国内上市公司,两家在纳斯达克上市的公司和六家产业子公司。产业涉及计量仪表、电力自动化、信息电子、生物制药、房地产开发等领域,总资产逾27亿元。跨国电子企业荷兰飞利浦集团创立于1891年,是世界上最大的电子公司之一。尤其在半导体和元器件方面,是全球手机制造商的主要提供商。其飞利浦半导体分公司主要从事半导体及硅系统平台的设计和制造,是通信、消费电子产品,计算机周边产品及汽车半导体等领域的供应商,2000年的营业额为63亿美元。2001年1月,飞利浦半导体公司在美国San Jose成立了CDMA移动通信部门,该部门专职开发、销售CDMA手机的设计套件。飞利浦半导体公司希望借CDMA研发部门进一步扩展其在中国的业务。然而,由于中国的CDMA计划一直未能落地,而飞利浦半导体公司已先后在此投下近2亿美元。直至2001年5月,迟迟看不到商业前景的飞利浦公司决定暂停投入并进而考虑出售此部门。2001年10月初,华立集团收购了飞利浦半导体公司CDMA研发部门(包括在美国达拉斯和加拿大温哥华的研发部门)。根据协议,华立集团获得了飞利浦在CDMA无线通信方面的全部知识产权(IP)、研发成果、研发设备、研发工具和一大批有经验的研发人员,并在此基础上在美国本土设立组建了美国华立通信集团公司。至此,华立集团成功收购了飞利浦CDMA手机业务。

2. 收购动因

从华立集团收购飞利浦CDMA研发部门案例中,不难发现其中的收购动因。

2.1 拓展企业的成长发展空间,实施综合经营战略

电能表业务作为华立集团的主营业务,市场已经饱和。在这种情况下,企业要想谋求更大的发展,获得可持续性竞争优势,就需要根据对各个行业潜在收益、市场需求潜力、未来发展前景的分析判断,选择一个发展势头强劲、收益高的行业进入。结合当前的信息技术及市场态势,通信行业自然成为华立集团拓展发展空间的首选。华立集团进军通信领域,固然与其想寻求新的利润增长点有关,但更重要的是企业经营战略的改变。在2001~2010年华立主业体系图中,

"华立信息"是华立发展体系五部分中的一分子。华立收购飞利浦的 CDMA 是想掌握核心技术，并准备在美国上市，这也是华立收购飞利浦 CDMA 手机业务部门的主要动因。华立的跨行业收购不同于企业的多角化经营，实施的是一种综合经营战略。这是一种为稳定利润或寻找新的利润增长点而逐步向高技术转移的战略。此战略一般可通过收购别的拥有新技术行业中的企业，或者通过购买技术和产品进入到其他新技术行业，但企业仍保留现有经营业务，并逐渐将新发展业务作为主要业务来进行经营。

2.2 降低进入新行业的障碍

华立集团收购飞利浦 CDMA 移动通信部门是为了瞄准国内的 CDMA 市场，为中国的手机厂商提供核心技术及整体技术方案。被收购方飞利浦 CDMA 研发部门的核心技术及研发成果等方面位居行业领先，同时通过与美国高通达成的专利互换协议，公司已永久掌握了 CDMA 手机的核心技术。飞利浦将相关设备、资产和手机参考设计所涉及的知识产权全部转让给华立。华立集团在美国建立华立通信公司，能够直接利用当地的高科技优势和信息优势去发展自身技术，同时原飞利浦 CDMA 研发部门的员工继续留在新成立的华立通信集团公司，为公司的发展提供了智力支持，依托飞利浦公司良好的企业声誉及品牌知名度，华立通信可以迅速建立相应的合作伙伴关系。通过此次收购，华立缩短了与同行业间的技术差距，从而降低企业进入新行业的障碍。

2.3 减少企业投资风险和成本，缩短投入产出时间

随着全球性 IT 产业泡沫的破灭，美国许多的高科技公司面临破产，由此必将形成一个高科技的买方市场。华立集团此次涉足的正是高科技领域中的通信行业，通信行业对技术的要求很高，企业必须投入大量的资金运用于产品研发中，对于 CDMA 芯片的设计开发，如果企业想通过直接开发新技术专利而进入该行业，不仅会加大企业面临的行业风险，而且会投入大量资金。纵观世界通信行业的发展，可以预见，CDMA 未来一半以上的市场在中国，而且收购前飞利浦公司已经接到了 4 笔国内的订单，且定货量很大，买下飞利浦 CDMA 公司就等于拥有现成的市场和客户。购买之后，华立授权飞利浦生产芯片，再销往国内和其他国家和地区。通过收购飞利浦 CDMA 研发部门，华立集团不需要花费大量的时间和财力来建立一个研发部门，被收购方直接为收购企业提供了核心技术。

3. 市场风险分析

华立集团此次的成功收购，为华立快速进入高科技领域提供了良好的平台和

有效的接口，但通信行业是一个关系复杂、关联紧密的领域，市场的不确定性因素很多。因此，华立收购活动完成之后必然面临很多来自市场的风险。

3.1 来自竞争对手的市场风险

全球生产 CDMA 产品的企业并不多，其中占据垄断地位的是美国高通公司，另外两个就是美国 LSI. Logic 公司和华立集团的华立通信公司。但 2002 年 1 月美国 LSI. Logic 公司宣布关闭 CDMA 产品业务部，也就是说目前全球 CDMA 的芯片制造商只剩下美国高通和华立通信两家。

高通公司是一家专门经营和销售知识产权的公司。它所创造的盈利模式，正在逐渐成为信息时代顶尖企业的生存方式。在知识经济时代，资产就是负债。每个行业的最高境界就是卖标准，靠卖产品所构成的市场份额已经不具有左右行业的力量。标准的垄断相比于市场的垄断是质的超越。知识产权授权和芯片这两大业务是高通公司目前占绝对优势地位的收益来源。高通选择的两大业务具有两个共同的特点：首先是都具有绝对的垄断地位。初期进入芯片市场想和高通的芯片抗衡的公司后来都慢慢退出了战场，如韩国的一些企业。如今 CDMA 芯片 90%以上的市场份额都在高通手中。相比之下，初次进入通信行业的华立集团在市场份额上处于劣势。其次，都是高技术含量、高附加值、低风险。即使在芯片制造上，高通采用的也是无生产线方式，只设计而不直接介入芯片生产，这样高通公司可以专心进行产品研发及专利保护。面对华立集团的收购行动，高通公司计划将芯片部门独立出去，并让它上市。通过分离出去上市或者其他的资本运作，可以给高通带来更大的收益，以对抗同行业对手的竞争。另外，芯片部门独立出去，会使高通的经营模式更加清晰，作为一个没有产品负累的知识产权公司，高通可以集中全部力量进行技术研发来不断增加专利规模。另外，分拆对于高通的芯片部门也将带来不可估量的未来。目前高通是全球最大的非生产线模式的芯片提供商，但是只做 CDMA 芯片。

3.2 潜在竞争者的威胁

通信行业是一个盈利空间大、发展潜力强的行业。对于华立集团进入的 CDMA 芯片设计领域，目前也出现了众多新加入的企业。它们大多都与通信行业有着直接或间接的联系，如大型手机制造商美国摩托罗拉、瑞典爱立信、德国西门子等跨国公司。另外，市场的巨大需求也促使其他一些电信商加紧研制 CDMA 技术，试图打破高通的垄断。这些新进入者往往都拥有雄厚的资金实力，在通信领域处于行业领先的地位，同时这些企业具备先进的研发技术及优秀的研发人才，如德国西门子公司早在 1998 年就同中国的大唐电信进行合作，共同研制 TD-CDMA 的技术。目前美国高通和华立通信仍是 CDMA 芯片市场的主要提供者，但技术的发展并不是停滞不前的,新进入者随时都可能占据企业已有的市场。华立集团必须化被动为主动,充分运用手中掌握的专利技术,积极推出新的芯片设计方案,用方案来推广核心产品。

华立集团在海外资本市场上利用有效的收购获取国外最核心的技术,以最快的速度进入全球市场,这种收购模式与传统意义上的收购是不同的。对于一向偏好品牌营销甚于技术创新的国内高科技企业,这种收购模式比漫长的自行研究开发更值得借鉴。同时华立集团的战略性收购充分说明今后的企业要想发展壮大,必将经历资源配置全球化的过程。通过收购,华立集团快速整合了技术资源、人力资源、资金资源,形成了"研发基地在北美、产业化基地在中国"的最佳资源配置。华立集团收购飞利浦CDMA研发部门之后,立即成立了美国华立通信公司。相对华立集团其他产业的稳定发展。

【思考题】
1. 国际竞争环境变化的结果在发展方向上将企业国际化区分为哪几个方面,请具体阐述。
2. 华立收购CDMA的动机有哪些,请基于国际竞争方面分析。
3. 华立收购CDMA之后面临的竞争风险有哪些,请具体分析。

【资料来源】 王基建,勾丽. Economic Management. 2010.

青岛啤酒的国际竞争环境分析

> **摘要：** 青岛啤酒在其发展100年的历史中囊括了许多荣耀，青岛啤酒始终以国货精品、民族瑰宝作为自己的历史定位，近年来致力于成为全球化企业，在全球范围内进行资源配置，实现其企业的做强做大。青岛啤酒根据各个国家和地区不同的人口、地理、经济状况、政策，实行了有差异的进入策略，并根据当地不同的现实情况进行及时调整，实现了对该地区市场的有效占领。
>
> **关键词：** 青岛啤酒；市场差异化

1. 背景介绍

青岛啤酒股份有限公司的前身是国营青岛啤酒厂，1903年由英、德两国商人合资开办，是我国最早的啤酒生产企业。品牌价值805.85亿元，居中国啤酒行业首位，是世界品牌500强。青岛啤酒以"成为拥有全球影响力品牌的国际化大公司"为愿景，将不断创新，"用我们的激情，酿造全球消费者喜好的啤酒，为生活创造快乐！"

青岛啤酒远销美国、日本、德国、法国、英国、意大利、加拿大、巴西、墨西哥等世界80多个国家和地区。全球啤酒行业权威报告Barth Report依据产量排名，青岛啤酒为世界第六大啤酒厂商。

青岛啤酒几乎囊括了1949年新中国成立以来所举办的啤酒质量评比的所有金奖，并在世界各地举办的国际评比大赛中多次荣获金奖。1906年，建厂仅3年的青岛啤酒在慕尼黑啤酒博览会上荣获金奖；20世纪80年代三次在美国国际啤酒大赛上荣登榜首；1991年、1993年、1997年分别在比利时、新加坡和西班牙国际评比中荣获金奖；2006年，青岛啤酒荣登《福布斯》"2006年全球信誉企业200强"，位列第68位；2007年荣获亚洲品牌盛典年度大奖；在2005年（首届）和2008年（第二届）连续两届入选英国《金融时报》发布的"中国十大世界级品牌"。其中2008年在单项排名中，青岛啤酒还囊括了品牌价值、优质品牌、产品与服务、品牌价值海外榜四项榜单之冠；2009年，青岛啤酒荣获上海证券交易所"公司治理专项奖——2009年度董事会奖"、"世界品牌500强"等诸多荣誉,并第七次获得"中国最受尊敬企业"殊荣。2010年,青岛啤酒第五次登榜《财富》杂志"最受赞赏的中国公司"。

2. 青岛啤酒在国际市场的差异性定位及进入模式的选择.

青啤在不同的国际市场中进入方式的选择各有不同,但主要原则始终坚持依靠自身力量做强做大国内外市场的同时又与国际资本合作,其品牌形象、营销网络都是国际资本巨头看好的合作对象。青啤结合自己的实际,在进入策略上选择先进资本经营方式,大刀阔斧地进行资本经营,突破发展中的资金瓶颈,实现品牌与资本的联手。目前,青岛啤酒进入海外市场的模式主要有三种:第一种是海外代理商机制,美国市场多采用这种方式。第二种是海外分公司模式,这种模式又分为两种:一是澳洲市场和欧洲市场采用的由海外分公司进行市场管理,由当地代理商负责市场销售的经销方式;二是在中国香港市场、加拿大市场和东南亚市场所采用的由青岛啤酒直接控制市场销售模式。第三种是采用分公司统一管理市场,由当地代理商负责市场销售的经销方式,这种模式在欧洲较为典型。随着啤酒贸易规模的进一步扩大和活跃性的进一步加强,啤酒将会与更多的国家成为合作伙伴,最终实现海外建厂,成为真正的跨国企业。

百年青岛啤酒的历史定位是"国货精品、名族瑰宝",现在乃至未来的国际化发展战略目标是:始终抓住发展把企业做强做大,逐步走向全球化采购、全球化生产、全球化销售、全球化融资、全球化管理,把青岛啤酒建设成为一个拥有国际竞争力和世界知名品牌的国际化公司。针对青岛啤酒前期在国内市场大规模兼并收购导致的"摊煎饼"式的散沙状态,进军国际市场的策略中吸取"错把资源当能力,错把价格当价值,错把工厂当市场"的教训,扩张与整合两条腿走路,将企业外部扩张的"外延式发展"与聚焦内部的"内涵式发展"相结合,采用"蒸馒头"式的市场攻略,坚持扩张四原则,即"市场布局合理,市场容量大,消费水平高,水源质量有保证";将传统的市场进入策略"产地销"调整为"销地产",利用自身品牌优势,通过政策兼并和破产收购等市场进入途径,在海外目标市场建立生产基地;将青啤前期扩张运作的主导思想"先工厂、后市场"调整为"先市场、后工厂",即先集中力量,加大传统的美洲、欧洲、东南亚三大市场的营销力度;首先在中国台湾地区建厂,以台湾地区为重点基地深度开发东南亚市场,并辐射至南非市场,同时逐步在美洲和欧洲设厂。最终搭建美洲、欧洲、东南亚"金三角"的国际市场框架,完成青岛啤酒国际化世界版图的雏形。

2.1 东南亚市场

针对东南亚市场中不同国家和地区市场的特点，青岛啤酒在进入上各有所差异和侧重。如在台湾地区，加入 WTO 之前，该市场地方保护严重，大陆啤酒很难进入，青岛啤酒紧跟形势，积极把握市场政策，2002 年当地严格专卖保护制度被打破，台湾开放市场。针对台湾地区市场的特点，青啤进行了专门的商标和产品设计，如产品的基色设计，从一贯的"青啤绿"转变为蓝色冷色调，配以白色构成强烈的视觉冲击力，使其包含特殊的地域文化意义，从而很容易区别于同类产品，增加了青啤的亲和力；在产品的口味上，针对消费者对于品质的挑剔性，专门设计了浓香型、口感舒适、大量饮用都不上头的青岛啤酒。在产品定价上，采取"低外高内"的定价策略，罐装和瓶装分别为市 30 和 46 新台币（1 元人民币约合 4 新台币），低于国外啤酒价格的同时又略高于当地产品，这是一个令台湾地区消费者很容易接受的价格。

在进入渠道方面，青岛啤酒在"先市场"时采取的是"蛛网式营销"，将过去零散的销售模式逐渐转换为利用信息系统进行统一监督的管理模式。经过考察，青岛啤酒并没有选择"康师傅"、"统一"这些拥有强大营运能力的企业作为自己的经销商，而是选择了三洋维士比公司为共同出资在台湾注册的"青岛啤酒股份有限公司"全权代理运作。原因在于"康师傅"、"统一"代理品牌众多，容易精力分散，且其本身经营的饮料产品和啤酒具有替代性，而三洋维士比是一家大型健康饮品制造商，销售的产品为营养液类的互补性产品，有利于实现资源共享。三洋维士比掌握贩售点 10 万家以上，有丰富的市场营销经验和健全的销售网络，借助其在终端零售店的优势，青岛啤酒在运抵后的 3 天内，仅台湾的连锁便利店、中型超市、传统零售商店、餐饮酒店和遍布大街小巷的槟榔店 5 大商品通路，就铺下 10 万箱青岛啤酒。

在销售方法上，青岛啤酒对经销商实行"无放账销售"，即"先款后货"的销售方式，目的在于给经销商留下青啤营销理念的初步印象。因此，青岛啤酒总能在第一时间以最快的速度、最广的渠道、最大的面积把最鲜的啤酒送到消费者手中。

通过多年的努力，青啤已经成为继"台湾啤酒"之后的台湾第二大品牌，但由于运输问题制约了市场的拓展，于是在打开了台湾市场的基础上，"后工厂"成为青啤实施市场进入战略的第二步。凭借地理位置优势和文化趋同等优势，在市场导入较为顺利的情况下，东南亚市场"先市场后建厂"的拓荒战略加速进行。2002 年 8 月 30 日，青岛啤酒和三洋维士比集团旗下的台湾三洋药品工业股份有限公司签订协议，计划在台湾屏东县龙泉投资建厂。但由于贸易政策原因导致无法直接投资。对此，青岛啤酒以技术转移的方式参股，并向新建厂提供所需的技术支持和"青岛啤酒"商标使用许可。并约定在协议期间，一旦台湾直接投资的限制被撤销，青岛啤酒将有权认购该啤酒厂的股份，股权上限为30%。同样在进入香港市场方面，青岛啤酒将其三大系列12个品种全方位进入，迅速提升市场占有率，并且突破了几十年的以单纯的产品出口的外贸代理形式，在香港设立了分公司，尝试实行自主进行海外市场的经营。

泰国一直是啤酒企业关注的海外市场，其年人均消费啤酒量为中国人均啤酒消费量的3倍。但由于东南亚各国的关税贸易壁垒很高，青岛啤酒始终很难进入，导致泰国的销售基本为零。2005年7月，中泰在青岛签订了合资协议，新合资成立的青岛啤酒（泰国）营销有限公司在泰国首都曼谷注册，注册资本为1 500万泰铢，其中青岛啤酒占30%股份，泰方占70%股份。新公司主要负责青岛啤酒在泰国的市场拓展和营销网络建设，并以此为平台组织青岛啤酒集团与泰国当地啤酒厂商的合作，具体进入方式有定牌生产、海外建厂等。

2.2 美洲市场

美国啤酒业在20世纪经过几次大的兼并收购后，AB啤酒集团（Anheuser-BuschCos., Inc.）和米勒啤酒（Miller Beer，2002年与南非啤酒巨头SAB联合，简称SAB Miller）等几个大的酿酒商垄断了国内市场。直到19世纪70年代，中小啤酒制造商才开始崭露头角。从1972年青啤进入美国市场开始，我国啤酒业迈开了在海外市场的第一步。1978在代理商莫纳克公司（啤酒销售公司）完整的销售网络策划下，青岛啤酒像闪电一样一夜之间布满了美国的超市、商场、酒店、餐馆，销量高达两万箱。结合美国消费者的啤酒喜好，青啤设计出适合现代流行潮流、苦味小、口味淡的啤酒产品，并同时投入高额的广告宣传费用135万美元。仅仅3年时间，在美销售就高达80万箱，出现青岛啤酒抢购、断货的现象。20世纪90年代中期开始，由于美国消费者对啤酒的品质和口感细节有了更多诉求，中小酿酒商开始蓬勃发展，各大啤酒厂商别出心裁。比利时的Lambrics、英国的Bitter、德国的Weissbier通过诉求于民族风味获得顾客的青睐；美国的本土的Anchor Steam啤酒通过金黄色的美国啤酒将旧金山的品牌形象深入人心；荷兰啤酒制造商喜力啤酒一直立足于美国高端市场，2008年3月推出家用啤酒自制机，拓展产品形式以出奇制胜。据统计，涌进美国市场的外国啤酒已有400多种，而美国本地的啤酒更是多达700多种，佼佼者如丹麦"嘉士伯"，荷兰"喜力"，德国"贝克"。在如此激烈的竞争环境中，进入美国市场近40年的青啤却一直蜗居在唐人街一类的中餐馆中，并没有进入美国的主流市场。尽管青啤是亚洲出口到美国最大的啤酒商（约100万桶），但在美国市场份额却只有0.04%。在美国消费者印象中，青岛啤酒和中国早已根深蒂固地联系在一起，但和大多数"中国制造"产品品牌形象没有很大的差别，仍然流于低端。固守华人市场必死无疑，青岛啤酒必须快速寻找新市场。于是，在进口商 Crown 公司的策划下，青岛啤酒开始进驻日本、越南、韩国、泰国和其他亚洲餐馆，并在品牌认知上，希望从"青岛啤酒"是"中国啤酒"的印象上逐渐向"亚洲啤酒"转移。

经过一年的美国市场调研，青啤重新设定了产品定位，将国内现有的传统淡口味啤酒"纯生"改头换面，诉求追逐时尚的 21~32 岁美国年轻人，年龄定位比美国第二大啤酒商 Miller 的消费者范围 20~40 岁更加年轻。虽然这个定位潜力巨大，但也风险重重。波士顿酿酒商 Harpoon Brewery 的 CEO Rich Doyle 认为，年轻时尚、购买力强大的消费群正在成长，这是如今啤酒业中最富潜力的细分市场。调查发现，在美国这个年轻的消费群体更追求独特的口感，喜欢异域文化而不会过度依赖于知名品牌，新产品要具有和他们的本土文化相融的底蕴，但又带着与众不同的异域文化元素。可见，啤酒的功能性已不再是消费者去选择的主要理由。对此，新纯生投其所好，将年轻人的目光集中在"纯生"两个黑色毛笔字上，而非传统的"青岛纯生"；口味上也设计了美国年轻人偏爱的酒体更饱满、清淡同时又复杂、值得细品的 10 度产品，比我国消费者高出 2 度；包装采用了整体造型更加清透和时尚、形式更受欢迎的 12 瓶装，打破了传统的 6 瓶和 18 瓶装。美国市场结构被相关法规清晰界定，50 多个州的法律各不相同，这意味着啤酒商需要适应 50 个州的游戏规则。所以，在美国市场的竞争不只是一个企业和另一个的竞争，而是一条供应链和另一条供应链的竞争。企业美国最有权力、规模最大的进口商 Crown 积极帮助青岛啤酒拓展渠道，2008 年成功游说美国全国性连锁超市 Costco 将青岛啤酒带入美国西海岸，同时进入 Safeway 酒店和 Kroger 连锁超市等。但简单的产品出口造成运输费用和关税在成本中所占比例很高，使得青岛啤酒的价格高于竞争对手。每半打青岛纯生在美国市场的售价为 7.99 美元，国内售价则为 36 元左右。这些高价格的新产品并未给青岛啤酒带来更高的利润率。当然青岛啤酒前期也曾考虑过在美国建厂，但由于担心美国市场的销售量不够，无法足额负担在美国建厂成本。所以，继续提高在海外的市场份额和利润率，是青岛啤酒接下来的两个目标。

国际化不是赶远集，单纯把产品销售到国际市场去，只是青啤国际化的起点。随着青啤的发展，青啤的资本运作空间已经扩展到全球。在这个过程中，国际化的经营越来越多，进入方式也越来越丰富，如到国外去投资办厂，建立跨国公司，充分利用国外资源和生产要素，从资本经营的高度营运国际资本，提高青啤的国际市场竞争力。2003 年 4 月，青啤与世界第一大啤酒公司 AB 公司在青岛举行了《战略性投资协议》项目下债券交割仪式，AB 公司占有青啤 27% 的股份。通过这种方式青啤与 AB 实现了国内市场及海外市场资源的共享，并借助其强大的营销网络加速青啤的国际化步伐。2008 年 11 月，青啤又与哥斯达黎加最大的上市公司和啤酒企业——佛罗里达啤酒公司（Florida Bebidas）签订了双边贸易协定，达成战略合作协议。佛罗里达啤酒公司拥有完善的市场渠道和良好的消费者口碑，青啤希望与其联手在渠道方面进行深层次的战略合作，从而打开青岛啤酒在拉丁美洲的市场。

2.3 南非市场

南非的啤酒市场容量非常大，做好南非市场有利于向整个非洲大陆辐射，发展前景广阔，这对于青岛啤酒来说是个很大的诱惑，但与此同时也存在着巨大的挑战。由于本土市场的啤酒销量90%以上受到世界第二大啤酒巨头SABMiller的控制，因此这对于青岛啤酒进驻南非市场来说具有相当大的阻力。但是青啤并没有因此而放弃这一蕴含着巨大潜力的市场，2003年3月，青岛啤酒成立"青岛啤酒南非有限公司"。在产品进入策略上，通过前期的市场调查，青岛啤酒利用当地消费者渴求新口味、新品牌的啤酒的机会，利用自身的比较优势抓住SABMiller的软肋，快速完成市场切入，并实现市场突围。产品口味设计上，青岛啤酒抓住自身产品口感与南非消费者喜爱的外国啤酒品牌——荷兰喜力口味接近这一优势，作为市场追随者的角色享受已经打开的产品市场。但这注定青啤无法与国际巨头相抗衡，国际一流的啤酒品牌及口味如美国百威、荷兰喜力已经在南非消费者心中根深蒂固，要想在这样一个"强强竞争"的啤酒市场中与强劲的对手挤市场、争份额，产品本身是一个方面，而品牌将是更为重要的因素。在价格的制定上，青岛啤酒借助啤酒市场已经形成的中高端价位，结合自身的产品定位，制定了中间偏上的价格策略。就目前来看，青岛啤酒在南非市场的价格比喜力低12兰特（1美元约合6.5兰特），而比当地啤酒高出12兰特，经过市场检验，这一价位基本得到了消费者的认可。虽然在口味上，青岛啤酒进入南非市场具有一定的优势，但在促销策略上，仍然要加强品牌的宣传力度，让南非消费者认识青岛啤酒。情感营销和体验营销是青啤宣传的主要策略，为了让南非顾客认识青岛啤酒这一新品牌，南非公司专门聘用了当地30多名女大学生，利用公休节假日在各连锁店和酒类专卖店进行促销，介绍品质特点的同时，又邀请顾客免费品尝，从而扩大品牌影响力。同时，青岛啤酒南非有限公司还制定了"走出唐人街"的立足华人市场与拓展非华人市场并行的营销渠道策略，即以南非各地100多家中国餐馆为窗口打入市场，逐步进驻南非市场的酒类销售主渠道，如"万客隆"等大型连锁店和酒类专卖店，以灵活多变的经营方法和强大多样的广告攻势拓展南非当地市场。但青岛啤酒在南非的分公司很小，直接原因就是青岛啤酒在南非所占的市场份额仍然太少。因此，如何扩大市场份额并进一步打入非华人市场是青啤在未来南非市场面临的一大艰巨任务。

综上所述，青啤针对不同海外市场的人口、地理、经济、政策等因素实施了有针对性的进入策略。就目前的进入路径来看，以开拓东南亚和亚洲市场为主，随后再向欧美非扩张。对于进入方式而言，很明显简单的出口对于啤酒企业而言相当受限，因为啤酒出口受运输条件和口味新鲜度的影响，并不适合出口，因此这种方式并不是啤酒企业进入国际市场的首选。我国啤酒企业的国际化大视野应该是把全球当成一个市场，在国外建分厂，当地销售，而不是在国内生产加工之后的出口。借助于地理优势，青啤在亚洲和东南亚市场主要采取的进入方式是建厂和并购。而在青啤的品牌影响力相对较小、市场趋于饱和且品牌竞争激烈的北美和欧洲市场，新建或者并购的营销成本会比较高，因此进行大规模的全球扩张还不太成熟。因此，青啤从战略的角度提出，在原有出口的基础之上先做好市场，转而寻找机会利用充裕的资金进行收购，从而在获得资源的同时消灭竞争对手，然后进一步用并购的方式进行扩张。

【思考题】
1. 青岛啤酒如何进行国际市场的差异性定位？
2. 青岛啤酒如何根据国际市场的差异性定位选择进入模式？

【资料来源】岳玮. 我国啤酒企业国际市场进入方式研究 [D]. 武汉工业学院，2011.

FedEx 与 UPS 公司在中国竞争策略的对比

摘要：中国是新兴崛起的大国，有着13亿人的消费群体，已经成为国内外企业争夺的市场，这其中包括快递行业中的美国联邦快递公司和美国联合包裹运送服务公司。面对不同的文化传统，如何更大地占有"中国蛋糕"是两家公司一直思考的难题。美国联邦快递公司依然沿用"美国套路"，坚持以服务质量取胜；美国联合包裹运送服务公司则显然进入了"中国环境"，打起了人际关系的"名牌"。他们各自用独特的营销策略在中国展开了激烈的竞争。

关键词：竞争；联邦快递；联合包裹

在和自己文化背景差异很大的地区开展业务时你应该保留多少"美国"特色？提供类似服务的两个竞争对手的答案一般不会像美国联邦快递公司（FedEx）和美国联合包裹运送服务公司（UPS）的答案那样迥异。

美国联邦快递公司正在努力攻占中国市场，它沿用了20世纪70年代在美国和80年代在欧洲曾经采用过的正面进攻战略。美国联邦快递公司在用不甚和谐的西式广告来进行促销的同时，也倾尽资金购买自己的航线，开自己公司的飞机出入中国，并与一个积极进取的中国本土的公司合作建立起一个由紫橙色卡车和配送中心组成的巨大网络。

"我们是世界上最大的航空货运公司，因此，我们有非常好的模式来攻占任何市场。"美国联邦快递公司主管销售的执行副总裁T·迈克尔·格伦（T. Michael Glenn）说，"无论是在中国、日本还是德国，确实都一样。"

相反，美国联合包裹运送服务公司希望中国的用户甚至不会注意到它是一家来自美国的公司。它的广告即使用中国人的标准来衡量，也很保守、不时尚。它的货物是塞在租用一家香港的航空公司（如巨龙企业（Dragonair）或者其他当地的航运公司）的客机的下仓运进中国的。美国联合包裹运送服务公司沿用了驻中国的外国货运公司的传统方法，以一家巨大的国有运输公司——中国对外贸易运输公司的业务为依托在当地投递包裹。

"我们公司业务比较清淡，"美国联合包裹运送服务公司的亚洲区高级经理查尔斯·亚当斯（Charles Adams）说，"我们有时候是学生，有时候是老师。"

美国投递业巨头怎么在中国一步步开展业务，不仅仅是一个公司风格不同的案例：它们在整个亚洲使用的策略生动地体现了如何用两种完全不同的方式去解决几乎所有努力拓展海外市场的美国公司面临的问题：我们是该和自己的竞争对手合作还是与它们正面交锋？我们是该冒险投入资本建立自己的制造和分销系统还是该租用其他公司的？我们的用户是谁？本地客户还是跨国客户？我们要冒多大风险去抢占今后的市场份额？

1. 有没有一个制胜的策略

美国联邦快递公司和美国联合包裹运送服务公司仍然在努力证明自己。它们都没讨论在中国的市场份额也没有披露财务业绩。但是，它们都声称自己的业务在发展而且盈利，同时它们都认定自己的方式更好。

1998 年春，美国联合包裹运送服务公司的执行官们很庆幸自己非常明智地采取了低风险经营方式，它们用降低成本的方法从亚洲金融危机中缓过来。由于亚洲地区货物运输量减少，美国联合包裹运送服务公司只减少在其他公司飞机上租用的空间。

"由于联邦快递公司已经做了大量投资，它们几乎身陷亚洲市场的泥潭而难以自拔，"美国联合包裹运送服务公司的营销副总裁约瑟夫·M·派恩说，"这是他们必须忍受的结果，我们也在关注中国市场并且正在很好地运作。"

同时，由于亚洲其他地区的通货贬值，美国联邦快递公司在 1998 年前 6 个月减少的利润达 200 071 美元。1998 年 3 月 25 日，公司公布了自从 1996 年以来首次出现的国际业务的损失，这很大程度上是由于它构建巨大的航空飞行网络造成的巨大成本，同时也与货物运输量和相应的收入下降有关。然而，美国联邦快递公司仍然认为中国是"一块风水宝地"。从亚洲各国往中国运输的航空货物量减少了，而中国的出口仍然强劲，美国联邦快递公司亚洲地区总执行官迈克尔·L·德鲁克（Michael L. Drucker）这么说。

美国联邦快递公司补充说，尽管成本很高，"建立它，它们就会收到效果的策略还是帮公司赢得了市场份额"。对于市场份额大小的估计值各不相同，但是根据西雅图的咨询机构航空货物管理集团的统计，美国联邦快递公司赢取了 13% 的中国快递市场，不包括香港地区的市场，而美国联合包裹运送服务公司只占了不到 5%。

"我们知道建立这么大的运力是有很大风险的，但是我们坚持了下来。而那将会给我们带来长期的回报。"美国联邦快递公司的首席财务官说。

回报对两个公司来说都很重要。虽然它们还都是中国市场上的小角色，都不到总部设在布鲁塞尔的老字号速递公司敦豪国际有限公司（DHL International Ltd.）所占 30% 的快递市场份额的一半，但它们都把中国当作一个重要的新兴市场。中国对于定时货物快递这种它所渴望的高利润行业的需求在 2002 年增长 20%，增长速度远远高于全球航空货运市场。现在中国是全球第五大航空货运市场，其新兴的快递行业市场价值达到每年 4 亿美元。

"我们很难不去关注一个拥有 12 亿人口的国家，这个国家很可能是世界上拥有最多有创业精神的商人的国家。"美国联邦快递公司的创立者兼总裁和首席执行官弗兰德雷克·W·史密斯（Frederick W. Smith）如是说。

2. 美国联邦快递公司的企业文化

美国联邦快递公司的中国市场战略也反映了其在美国本土开展业务的风格。联邦快递公司和史密斯先生喜欢 sizzle。年收入达 120 亿美元的美国联邦快递公司自豪地宣称，它们从 20 世纪 70 年代开创 24 小时快递业务以来，已经闪电般占领了美国快递市场。它们因高科技和及时的快递，而自称为"全球福音传递者"。它在美国的广告一直以取笑竞争对手为乐，并且警告企业高层人员，雇用其他快递公司一定会蒙受羞辱。

联邦快递公司在中国也实行这样的策略，甚至冒着别人认为厚颜无耻的风险。上一年，它们在亚洲到处张贴这样一幅印刷广告：一个 500 年来禁止普通百姓进入的皇家建筑群——紫禁城前，停了一架联邦快递公司的飞机，不过飞机只露出了机尾。"打电话给联邦快递吧，"广告上写道，"否则不可能送得进去。"

"我不知道我应该在美国方式和中国方式中选哪个。"史密斯先生说。"不过，我认为，无论如何都应该有一种固定的方式……然而，此刻的中国实际上很有潜力。我们能同全新的中国更好地合作。"

但是，联邦快递公司的风格好像使一些希望用中国传统的面对面的正规销售方式的公司苦恼。"我知道它们是美国最大的公司之一，但是在中国这并没什么大不了的。"北京的中国纺织品进出口总公司的高级经理说，"在中国，人际关系更重要。你必须和客户交谈并让他们感觉良好。……它们还没有派人来，所以我们和它们也没有业务往来。"

联邦快递公司并不担心这一点。他们并不急于和中国企业搞好关系，而是首先把重心放在已经在其他地区用过联邦快递且在中国也开展了业务的跨国公司。他们还把那些愿意接受联邦快递的尖端生产和投递技术箴言的中国企业家作为业务扩展目标。

对于重视高度受控的分销系统和注重时时掌握运输状态信息的客户来说，联邦快递的哲学非常有吸引力。北京西门子技术发展公司的一位经理王发长说，联邦快递将从欧洲运医疗设备零件到中国的时间从28天缩减到3天。

为了达到这个效果，联邦快递公司花数百万美元努力建立一个和在美国类似的网络以超过在中国乃至整个亚洲的竞争对手。这项投资从1988年投入8.8亿美元收购飞虎航空开始；联邦快递最想拥有亚洲货运路线，其中包括日本和中国之间长时间未用的航线。1995年，联邦快递公司根据常青国际航空公司的管理条例，向该公司支付了6 750万美元购买允许美国货运飞机直飞中国的独家营运权。

3. 更加便宜的货物

应用其特权，美国联邦快递公司使用了一架MD-11型飞机，能装载重达17万磅的货物，每个星期直飞北京和上海四次。目前，联邦快递公司飞机上装载的大都是便宜的空运货物，一磅只收取2美元的费用，最多也只能赢得微薄的利润。随着中国生产运作采用准时制生产系统，美国联邦快递公司相信，大批的货物会转变成有利可图的小包裹服务。如果这样的话，公司就可以收取每磅30美元的费用。美国联邦快递公司许诺，运输从美国到中国的包裹在3天之内完成，但是它们经常在两天之内就到达了。从中国到美国的运输工作通常在一晚上就完成了。

在超过12个中国主要城市中，美国联邦快递公司的运营操作、卡车和员工看起来和美国的运营操作、卡车和员工都是一样的。在其他城市，美国联邦快递公司的包裹是被装在印有美国联邦快递公司和它的中国会员理念的浅蓝色的卡车中运输的。

4. 美国联合包裹运送服务公司模式

有着91年历史的美国联合包裹运送服务公司，靠着巨大的、主要位于美国地区的运输网络和大约224.6亿美元的年收入，一直遵循着保持低调形象的长远历史原则。直到近些年，美国联合包裹运送服务公司，主要是它的经理人和退休人员拥有的企业，也没有采取任何营销方案，即使在国内。它的最大胆的广告活动是1996年和1998年的奥运会赞助工作。

所以，美国联合包裹运送服务公司在中国也入乡随俗。它的营销模式是寻求建立中国式的人际关系。尽管，它也认为跨国公司是它在中国的最初客户基础。

在提升自己方面，美国联合包裹运送服务公司强调它的全球网络和稳定性。这两者是大多数的中国人非常看重的。它也在中国国外发展了一批中国消费者，赞助中国人在多伦多和温哥华的中国新年庆典。这两个城市居住着很多中国移民，6个星期的美国联合包裹运送服务公司中国电视宣传展示了一个三轮机动车冲下跑道，一辆大型货车和一辆卡车紧随其后，然后是一架波音-747飞机。"它们的广告里有很多飞机和货车，还有一个非常巨大的世界网络系统。"北京的一个国有物流公司经理这样说道，"那画面不仅仅是美国，而且是更加广泛意义内的世界。"

只投入了美国联邦快递公司投资于亚洲的一小部分资金，美国联合包裹运送服务公司已经随着需求的增大而逐渐发展起来，用市场份额换取更小的经营风险。同时，它认为它能够在市场成熟的时候随时追赶上去。

所以，全部褐色（Big Brown）计划没有使用一架飞机就在中国经营。它提供了"全部褐色"服务——包裹被身穿褐色制服的美国联合包裹运送服务公司工人取走，他们开褐色的卡车，在北京、上海和广州。

由于缺乏自己的航空服务，美国联合包裹运送服务公司不能给中国消费者以美国联邦快递公司能够提供的那么广泛的物流服务，但是美国联合包裹运送服务公司仍旧可以从赚钱的文件和小包裹等业务中赚取利润。结果是：美国联合包裹运送服务公司能够从美国向中国的主要城市运输一磅重的包裹或者文件，和美国联邦快递公司许诺的时间一样快——三天，价格大约为47美元。现在，美国联合包裹运送服务公司的执行经理认为足够了。

"如果情况在5~10年内改变，那时在中国也许我们会需要自己的飞机。"美国联合包裹运送服务公司的亚当斯先生说道，"但这不是目前要优先考虑的事情。"

【思考题】

1. 美国联邦快递公司（FedEx）如何抢占中国市场的？
2. 面对美国联邦快递公司的竞争，美国联合包裹运送服务公司采取哪些应对措施？
3. 分析美国联邦快递公司与联合包裹运送服务公司在占领中国市场的异同点？

【资料来源】［美］萨布哈什·C. 杰恩. 国际营销案例［M］. 宋晓丹，张莉等译，詹正茂等校. 中国人民大学出版社，2006.

凯迪拉克在中国市场的销售分析

> **摘要**：凯迪拉克——创新、豪华、舒适的代名词。作为全球拥有汽车消费潜力的中国，已经被众汽车生产商占领，凯迪拉克如何在现有汽车市场占有率格局下突出重围备受瞩目。车型少是凯迪拉克在中国的硬伤，如何引进更多车型填补中国豪华车细分市场的空白是其未来必走之路。
>
> **关键词**：中国；凯迪拉克；营销

1. 凯迪拉克的发展历史

1902年凯迪拉克诞生于被誉为美国汽车之城的底特律。在其100多年的发展历史中，凯迪拉克创造了汽车行业无数个第一，同时缔造了很多个豪华车行业标准。可以说凯迪拉克的历史代表了美国豪华汽车的历史，曾被意向以追求极致尊贵著称的伦敦皇家汽车俱乐部冠以"世界标准"的美誉。

凯迪拉克公司的创始人Henry Martyn Leland是一名新英格兰制造商。他非常重视机械加工精度，制造质量和零件的互换性，并认为这是迅速增加汽车产量，扩大汽车发展规模的关键。在这种当时还颇新颖的思想指导下，1906年，凯迪拉克底特律工厂成为当时世界上最大、最完善和装备最好的汽车制造厂并出品被认为是最好的汽车。1909年凯迪拉克公司并入美国通用汽车公司，之后凯迪拉克在汽车设计上，更加重视汽车的豪华性和舒适性。在其百年历史中有许多令人难忘的独特设计和技术创新，也使得凯迪拉克在世界高档车市场中成为经典。凯迪拉克在技术和工艺方面取得的重大突破对汽车工业产生了巨大而深远的影响。

1990年，凯迪拉克公司总裁John O. Grettenberger在华盛顿被乔治·布什总统授予Baldrige奖章。这一奖章引起了全美国对提高整体质量管理的重视，促使了美国公司产品质量显著提高。从1993年至今，克林顿、布什、奥巴马都以最新款"美国一号"凯迪拉克作为总统专车，已经成为白宫总统座驾的传统。

1997年，具有革命性的OnStar车载信息系统首次被应用于凯迪拉克车型，是第一个具有专业车载信息系统的汽车制造商。新开发的StabiliTrak稳定控制系统也大大提高了凯迪拉克轿车转弯和紧急情况下的安全性。在 2000 新款车型上，凯迪拉克就已经应用了超声波倒车提示装置。

2002 年，凯迪拉克为新世界概念车 CIEN 专门开发了一款 North star XV12 概念发动机。这款发动机是一款采用了 60 度气缸夹角，全铝质双顶置凸轮轴（DOHC）单杠四气门设计的 V12 发动机，输出功率 750hp，扭矩 610Nm，排量为 7.5 升。

2008 年问世的第二代凯迪拉克 CTS – V 高性能豪华运动轿车配置了 LSA 机械增压 V8 发动机，可以输出 556 马力的最高功率和 747 牛·米的最大扭矩，0～96km/h 的加速仅用 3.9 秒，1/4 英里冲刺只需 12 秒。CTS – V 在"真理之环"纽柏林赛道上创下 7 分 59 秒 32 量产四门轿车新纪录，使之成为凯迪拉克 V 家族"速度灵魂"代言人。

2. 凯迪拉克在中国市场表现

通用汽车高端品牌凯迪拉克品牌定位是"科技的领导者"。在美国市场具有很强的竞争力，位居第四名，排在宝马、奔驰、奥迪及雷克萨斯之后，全球豪华车市场份额牌排在第七位。凯迪拉克在美国市场具有极高的认可度，不论是其品牌价值还是产品性能方面是美国人最心爱的美国豪华汽车。美国政府高级官员的车也常常看到凯迪拉克的身影，如现任总统奥巴马的座驾，美国驻华大使的专车都是凯迪拉克产品。

通用汽车想把凯迪拉克美国市场的成功复制到具有巨大潜力和包容性的中国市场。2004 年凯迪拉克进入中国，目前中国有 6 款产品 SLS 赛威、SRX、CTS、CTS Coupe、Escalade、CTS – V。其中 SLS 赛威是凯迪拉克专门为中国市场打造，主要竞争目标是奥迪的 A6L、宝马 5 系和奔驰 E – Class。其已在通用合资公司上海通用生产，占凯迪拉克在华销售的一半左右，其他车型均为进口。2010 年凯迪拉克在中国共计销售 17 366 部，同比去年增长 139% 是豪华车中增幅比例最大的。

2.1 SLS 赛威

豪华商务轿车 SLS 赛威搭载了凯迪拉克首款四缸涡轮增压直喷发动机，是经过泛亚汽车技术研究中心（通用汽车与上海通用合资公司）改造，专为中国商业精英或政界领袖量身打造的低排量开山力作，凝聚着凯迪拉克以"极致动力科技"打造同级最强的不懈追求，凸显出主流豪华商务汽车市场高性能与低排量并肩同行的新趋势。价格区间从 2.0T 精英型 388 800 元到 3.6L 的旗舰版 698 000 元，共计 7 款车型，其中 2.0T 分为精英，豪华，行政型；3.0L 两款为精英和豪华型；3.6L 分为运动和旗舰型，以此满足不同客户的需求。

2.2 SRX

作为运动型豪华 SUV，凯迪拉克 SRX 沿用了凯迪拉克经典的钻石切割设计语言，并采用了 SUV + 轿跑的运动时尚设计，使得整车造型更富动感、流线风格更强。在动力方面，凯迪拉克 SRX 搭载了更为高效的全新 3.0L SIDI 智能直喷发动机，最高马力可达 271 匹（199 千瓦），经过全新调校，302Nm 的峰值扭矩输出由原先的 5 100 转提前至 3 200 转，整车起步加速更为灵敏。而操控方面，凯迪拉克 SRX 匹配具有五种动力分配模式的领先 e - AWD 智能全驱系统，以及实时阻尼感应悬挂系统（RTD），令驾驶者在任何路况下都能信心十足，操控自如。同时，凯迪拉克 SRX 在人性化配置方面还进行了升级，包括支持安吉星手机应用程序，使车主仅仅通过智能手机，就能安全地完成传统智能钥匙的所有功能包括远程启动车辆、车停位置提示及车门上锁和解锁等。

近年来，SUV 市场增速大幅高于行业平均水平，其中豪华 SUV 市场发展最快，同比销量增长约 66%，市场份额在豪华车领域已经超过 30%。特别是中级豪华 SUV 的车型，受到了越来越多消费者的追捧，而凯迪拉克 SRX 无疑是其中的佼佼者。无论是其个性的造型设计、宽敞的内部空间、充沛的动力抑或全路况通过能力，都使 SRX 成为细分市场消费者的首选。

上海通用汽车最新发布销量数据显示，旗下豪华品牌凯迪拉克的明星车型——SRX 在 2011 年累计销量已达创纪录的 19 927 辆，同比增长 116.8%，从而实现了连续 24 个月的同比增长势头，一举奠定其在中级豪华 SUV 市场第二位的位置，更成为最畅销的进口中级豪华 SUV 车型。

2.3 Escalade

Escalade 凯雷德是凯迪拉克品牌的代表和象征，威武、尊贵设计理念和风格。它汇聚了当今最尖端的汽车科技，在引擎部分 V 型八缸的最大马力与最大扭力分别为 45hp/5 200rpm 与 52.5kgm/4 000rpm，变速箱则采用电子控制四速自动变速箱。作为一款百万级的全功能超豪华 SUV，它不仅拥有同级车中最雄浑的动力和操控感觉，更具备尊崇、时尚、动感的王者风范和明星气质。凯雷德所展现的"尊崇中透射出意志与雄心"的品格，也是凯雷德拥有者们的写照。他们是敢于突破常规、彰显自我、释放豪情、追求无拘无束和个性化的生活方式、追求顶级的尊贵享受的成功人士。

3. 凯迪拉克在中国市场主要竞争对手分析

2010 年中国豪华车市场前三强奥迪、宝马、奔驰引领中国市场，雷克萨斯以6.5%、沃尔沃3.9%、路虎2.8%、凯迪拉克2.2%分别排在4~6位。

从2005~2010年几大品牌的豪华车市场份额可以看出,由于更多的进入者参与市场竞争,奥迪从开始的一家独占半壁江山,市场份额呈逐年递减趋势但仍以超过30%排在第一位;同时奔驰加大对中国市场投入,随着C-Class,E-Class在北京工厂国产化,其市场份额呈攀升趋势;宝马由于合资工厂——华晨宝马先期产能规划有限,市场份额相对比较稳定;雷克萨斯在2007~2008年增长黄金期过后,这几年市场份额有所下降。目前来看,在中国奥迪、宝马、奔驰是豪华车阵营的第一主导军团,合计占市场总额的70%以上,雷克萨斯、沃尔沃、凯迪拉克市场份额都不足10%是第二竞争阵营。

根据盖世汽车网发布的信息,2011年,奥迪汽车品牌全球销量超过了奔驰,成为全球第二大豪华车品牌。第一的位置仍然被宝马占据,改变了保持了5年的全球前三大豪华车宝马、奔驰、奥迪的座次。2011上半年,奥迪在中国(含香港)的销量同比增长28%至14.07万辆,在中国大陆的销量增至13.91万辆,在华销量明显超过其在德国的销量12.51万辆,中国也因此成为奥迪全球第一大市场。奥迪在中级及中高级轿车及中级SUV豪华车市场占有强势地位,对应产品为A4L、A6L、Q5且这三款热销产品均以实现国产化。奥迪在中国销售的车辆中85%以上实现国产化,较高的国产化率提高了奥迪在售价、质保及售后服务的竞争力,也是奥迪在中国成功的重要因素。

4. 凯迪拉克营销方案设计

在中国,豪华小型轿车(Luxury Car-2)和豪华中级轿车(Luxury Car-3)市场,凯迪拉克一直没有相应车型投放,这意味将近25%豪华车市场自动放弃。如果凯迪拉克要成为豪华汽车市场的领导者,必须在产品组合上完善布局才有机会与奥迪、宝马、奔驰三巨头抗衡。

2012年下半年,凯迪拉克推出中级轿车ATS,在未来5年内还会推出小型轿车。中国消费者偏好SUV车型,而中小型和中型SUV占据了所有城市越野车90%市场。目前凯迪拉克在中国只有一款中型SUV,未来不但将增加中型SUV新车型,还将填补其在中小型SUV市场中的空白。

凯迪拉克通过在中国豪华车市场7年多的摸爬滚打,从开始的高调进入中国,雄心勃勃目标成为引领中国豪华汽车品牌,但遭遇中国消费者对其产品、品牌不认同致使销量不佳。经过不断的尝试和失败,从几次品牌战略调整,及产品组合融入了更多的年轻和科技的元素,我们可以看出,凯迪拉克已经开始逐渐适应了中国市场。尤其是2010年,凯迪拉克呈现爆发式增长,销量首次破万,共计销售17 366量,同比增长达139%,是豪华车市场增长最快的品牌。伴随着

2011年年初SLS赛威2.0T的上市,及5月新款SRX推出,其产品布局的逐步完善和微电影《66号公路》的强大造势,凯迪拉克全年累计销量逼近3万辆,市场份额亦保持着80%以上的增长。尤其SRX累计销量已达创纪录的19 927辆,同比增长116.8%,从而实现了连续24个月的同比增长势头,一举奠定其在中级豪华SUV市场第二的位置,更成了最畅销的进口中级豪华SUV车型。

【思考题】
1. 在中国市场凯迪拉克与奔驰、宝马和奥迪相比的劣势在哪?
2. 凯迪拉克通过什么样的途径打开中国市场?

【资料来源】梁爽.凯迪拉克提升在中国营销能力研究[D].上海外国语大学工商管理硕士学位论文,2012.

可口可乐和百事可乐学会如何在印度饮料战场进行竞争

> **摘要**：国家风险、政策风险是跨国公司必须考虑的风险。印度是全球第二大人口大国，消费潜力巨大，软饮料巨头——可口可乐和百事可乐争相进入，希望争得主动权。面对印度政府限制性的外资条件，不完善的法规政策和不同的民间文化传统，遭遇困难和风险在所难免。继续争夺印度市场，可口可乐和百事可乐需要借鉴经验、吸取教训。
>
> **关键词**：可口可乐；百事可乐；软饮料

2003年，孟买的Samsika营销咨询公司主席Jagdeep Kapoor评论说："可口可乐因为失误而耽误了好多年，不过如今似乎找准了位置。"与此类似，百事可乐亚洲负责人Ronald Mceachern则声称："印度是2003年的饮料战场。"

20世纪90年代以及新千年伊始，尽管印度政府已经向外国公司打开国门，但是世界上两大饮料巨头的遭遇却并不愉快。两家公司都遇到一些出乎意料的问题和困境，让它们认识到要想参与印度的竞争，必须具备专门知识、技巧，熟悉当地情况。可口可乐和百事可乐的经理们从多方面学到了艰难的一课：此处行得通的到了彼处并不一定行得通。2003年春，可口可乐印度公司的总裁Alex von Behr充满悔恨地承认："印度的环境富有挑战性，不过我们正在学会如何对付。"

1. 印度软饮料工业

1993年，印度45%的软饮料工业由小企业构成，其主要厂商包括Parle Argo（简称Parle）、纯净饮、现代食品和McDowells。它们生产可乐饮料、橘子汁和柠檬饮料。当时可口可乐还只是个遥远的回忆。可口可乐1958年进入印度市场，1977年在与政府就贸易秘密发生争执后撤离。公司在进入印度20年后，选择了撤离，而不是将股本降到40%，交出秘密配方。

可口可乐撤离后，Parle成了市场领袖，在斯里兰卡以及海湾地区的迪拜、科威特、沙特阿拉伯和阿曼建立起了生意兴隆的出口企业。公司在尼泊尔和孟加拉建立起工厂，产品远销到坦桑尼亚、英国、荷兰及美国。在国内，Parle 斥巨资进行形象广告宣传，确立了其旗舰品牌"翘拇指"的统治地位。

"翘拇指"这一品牌让人联想起"干得不错"以及个人成功。这些正是向由 15~24 岁年轻人构成的目标市场所要传达的信息。过去，Parle 一向很谨慎，不把"翘拇指"称作可乐饮料，以免和世界品牌可口可乐及百事可乐直接竞争。

印度的软饮料市场由 6 个细分市场构成：可乐饮料、"浑柠檬"、汽水、芒果饮料以及"清柠檬"，其重要性依次降低。"浑柠檬"和"清柠檬"一起构成了柠檬饮品市场。在外国生产者进入印度之前，当地市场的争夺战主要在 Parle 的"翘拇指"和纯净饮的 CamPa 可乐之间进行。

1988 年，在政府发出警告说当地生产的软饮料中的一个重要成分 Bvo 可能致癌后，软饮料工业经历了一场戏剧性的淘汰。生产商要么使用昂贵的进口替代品，要么出资进行研究，找出替代成分。很多企业失败了，从这一行业撤出。

另一细分市场由果汁饮料构成。过去，其主要品牌是 Parle 的 Frooti，一种芒果味的饮料，并且出口到美国、英国、葡萄牙、西班牙和毛里求斯。

2. 1991 年打开印度市场

1991 年 6 月，印度遭受了极其严重的经济危机，其原因是（伊拉克入侵科威特后）海湾战争后进口原油价格的上涨。海外印度人汇款减少，导致外汇储备下降，各行各业的进口受到严格控制，工业产值下降，通货膨胀却在加剧。当年 6 月，纳拉辛哈·拉奥担任总理，新政府就职。受财长曼莫汉·辛格博士的启发，政府采取了短期措施以稳定经济，并且推行重组计划以实现中期发展。其结果很明显，到了 1994 年，通胀率下降了一半，外汇储备大大增加，出口增长，外国投资者以新的眼光看待印度这个大的新兴市场。

这种转变无论怎么说都不为过。有人曾经评论说："印度长期陷入经济衰退，除了玩蛇者、牛和泰姬陵外，一切都已经从世人的记忆中消失。"多年来，外部世界一直认为印度政府对外国投资者很不友好。外国投资只允许进入高科技领域，几乎完全不允许进入消费品领域。"利用本土资源原则"规定：凡是在国内其他地方可以获得的商品，禁止进口同类产品。这项政策的结果是，印度的国防工业完全依靠自己，发展自己的核武器，制订自己的太空计划。印度消费者对产品或品牌几乎没有任何选择，其质量和可靠性也得不到保证。

1991 年，印度的经济得到了解放，开始实施旨在清理复杂的贸易章程的新工业政策，之后外国投资激增。有利可图的行业包括食品加工、软件、工程塑料、电子设备、发电和石油开采。有人评论说："在 20 世纪 70 年代和 80 年代，提倡外国投资几乎等同于反对国家。如今，总理和财长都在讨好外国投资者。"尽管有那些严格的规定，有些公司几十年前就成功地进入了印度市场，如今在新规定下，迅速将股本从40%增加到51%。这些公司包括全球巨头联合利华、宝洁、辉瑞、Hoechst、BAT及（荷兰的）飞利浦。

3. 可口可乐和百事可乐进入印度市场

尽管印度人口众多，但是在过去，外国饮料生产商却并不把它看作大市场。除了政府实行严格贸易政策和法规带来的不利因素外，和其他处于类似发展阶段的国家相比，印度国内对碳酸气饮料的需求很低、1989年，印度人平均每人每年只购买3瓶。与此形成鲜明对比的是，其两个邻国，孟加拉每人每年1瓶和巴基斯坦每人每年13瓶。

百事可乐1986年，百事可乐申请成立合资公司以进入印度。它选择了两个当地合作伙伴：Voltas和Punjab Argo。1998年9月，这项申请得到了拉吉夫·甘地政府的批准，合资企业命名为"百事食品有限公司"。正如预料中的那样，合资企业面临非常苛刻的条件限制。卖给当地灌装厂的软饮料精不得超过合资厂总销售额的25%。这一限制也涵盖百事食品有限公司的水果和蔬菜加工。百事可乐国际的首席执行官罗伯特当时说过："我们之所以在印度如此忍让，是因为我们想确保在这一市场发展时，我们能够先人一步。"

1990年5月，政府下令百事食品的产品必须以Lehar PePsi的名下促销（Lehar意思是"波"）。当时生效的对外合作法规禁止在印度国内销售的产品使用外国商标。受这种政策影响的其他公司包括Maruti Suzuki、Carrier Aircon、L & T Honeywell、Wilkinson、5Wiltech、Modi – Champion和Modi – Xerox。

为了照顾当地的口味，百事食品出了Lehar Pepsi，还推出了属于清柠檬系列的Lehar 7UP。公司的营销活动主要集中在北部和西部的大城市如德里和孟买周围。一项咄咄逼人的有关一升装饮料的定价政策给当地的纯净饮生产商带来严重影响。业内领袖Parle为应付百事食品后续的定价行为，先下手为强，推出了250毫升装的饮料，售价却和200毫升的相同。

百事食品腹背受敌，拼命抵御当地品牌的竞争，如纯净饮的CamPa Cola、公爵的柠檬饮料，以及Parie的各种品牌。公司很清楚自己的难处，于是在1991年12月找到Parle，想结成联盟。Parle拒绝了，选择自力更生，继续争夺饮料市场的头把交椅。

1993年，百事食品推出了两个新的品牌Shm和Teem，并开始出售矿泉水，于是争夺第一的斗争加剧。当年，在可乐这一细分市场上，Parle占有60%的市场份额（原来为70%），百事食品占26%，纯净饮占10%。

可口可乐 1990 年 5 月，可口可乐试图通过建立合资企业，重新进入印度市场。合作的另一方是当地的一家灌装公司，是印度的大企业联合体 Godrej 的一家下属企业。就在拉吉夫·甘地政府批准了百事的申请的同时，却驳回了可口可乐的申请。可口可乐并没有气馁，和当地的一家快餐连锁店不列颠工业印度有限公司合作，重返印度。新企业叫作 BritQo 食品。1993 年，可口可乐申请建立全资的软饮料公司可口可乐印度公司。在印度软饮料工业，可口可乐的到来迫使当地的小企业考虑一些极端的生存之道。纯净饮试图和可口可乐重修旧好，为了吸引可口可乐，甚至提出要撤出其主要品牌"CamPa Cola"。当时 CamPa Cola 这个品牌的市场占有率为 10%。不过可口可乐的眼睛却盯着另一个合作伙伴 Parle。

当时的厂商认为，由于饮料市场本身在逐年增长，因此可口可乐不会夺走当地厂商的市场份额。不过这种看法并未能阻止当地的生产商和这个业内领袖结盟。于是在 1993 年 7 月，Parle 想把自己在 4 个关键城市德里、孟买、艾哈迈达巴德和苏拉特的灌装工厂卖给可口可乐。此外，Parie 还想卖掉其主要品牌，包括"翘拇指"、Limca、citra、Gold Spot 和 Mazaa。公司选择只保留 Frooti 这个品牌，还有一个汽水品牌 Bisleri。

其结果是，两家新的合资企业建立了起来，分别对两家公司的产品进行灌装和销售。合资的营销企业提供广告、媒体服务以及促销和销售支持。Parle 的老总任总裁，总经理则由可口可乐的人担任。Parle 在合资的营销企业中占有 49% 的股份，但是在灌装公司却占有 50% 的股份，和可口可乐相当。

4. 快步迈向新千年

4.1 季节性促销——2000 年度的"九夜"战役

在印度，软饮料消费的夏季持续 70~75 天，从 4 月中旬持续到 7 月，全国含碳酸气类饮料 50% 以上都是在此期间消费的。消费的次高峰只持续 20~25 天，亦即在"九夜"文化节期间。这是印度西部古杰拉特邦的一个传统节日，持续 9 个夜晚。孟买也有大量古杰拉特人，这些人被看作此次战役的目标市场。

就像可口可乐印度公司的地区营销经理说的那样，"作为'想当地人所想，为当地人所为'经营计划的一部分，我们让古杰拉特邦的民众参与我们的'翘拇指狂舞'活动：我们共印刷了两万张免费门票，每一瓶送'翘拇指'一张。另外还有一些现场活动，比如'买一送一'，幸运抽奖，中奖者可以获得一张免费到果阿的票。"（果阿是印度西海岸一个说葡萄牙语的邦，以其海滩和旅游景点闻名于世。）每年一度的"九夜节"庆祝当然也少不了百事公司。百事公司在古杰拉特邦的一些特定的地点，为"嘎巴舞"大赛提供巨额赞助（"嘎巴舞"由女性在"九夜节"期间跳)。2000年,百事可乐印度公司的副总裁 Deepak Jouy 评论说:"百事头一回和古杰拉特邦的电视台 zee Alpha 联手,全程转播'2000孟买九夜节'"。在艾哈迈达巴德、Barod、苏拉特和 Rajkot,人们也获得巨额奖赏:装着百事300毫升瓶子的箱子每重装一次,就可以免费获得一公斤 Basmati 大米(艾哈迈达巴德、Bareda、苏拉特和 Rajkot 是古杰拉特邦的4座城市。Basmati 大米被看作优质大米。消费者买了300毫升的饮料,喝完后,可以在指定的商店,以较低的价格将瓶子重新装满)。在"九夜节"期间,两家公司在促销活动中,都非常慷慨地送出大量赠品。比如,每买一瓶1.5升的百事可乐,百事食品就提供一块免费的 Kit Kat 巧克力,每买一瓶500毫升的百事可乐和美年达,就提供一块 Polo 糖果(类似于"救生员"的硬糖)。

4.2 2002年夏季电视战役

2002年,百事食品以其七喜品牌在清柠檬领域处于领先地位,可口可乐以其雪碧品牌紧随其后。2002年3月7日,百事为七喜发动了一场新的夏季战役。这一天是经过精心选择的,刚好是印度与津巴布韦一场板球赛的日子。新战役的口号是"保持凉爽",旨在强调产品令人神清气爽的特性。

这场全国性的广告战役的目标是促使这一类饮料市场的成长,打造品牌知名度。通过在各地发动因地制宜的电视广告攻势,开展户外活动和促销活动,这场全国性的战役得到了进一步的加强。

百事为七喜所支出的广告费用与其在王牌产品百事可乐上的投资相比,尚有所不如,这是因为清柠檬这一细分市场很小,仅占碳酸气类软饮料市场的4.5%。这相当于2.5亿~2.7亿箱。浑柠檬细分市场比清柠檬市场大了不止一倍,占10%的市场份额;橘子汁饮料也占有相当大市场。

七喜以250毫升、300毫升及500毫升的瓶装销售,在南方的一些邦,也以200毫升的瓶装销售。行业的趋势是向200毫升靠拢,旨在提高购买频度和消费总量。之前,百事食品首先在德里的市场上推出200毫升的美年达柠檬汁、苹果汁和桔子汁,以后推广到旁遮普和 Uttar Pradesh。

过去,印度的著名男影星 Amitabh Bachchan 和 Govinda 曾经为美年达柠檬汁做过广告。印度世界闻名的电影工业被称作"孟莱坞"(位于孟买的印度好莱坞)。

可口可乐和百事可乐都定期利用市场调研机构来记录其季节性广告战役的成功。可口可乐找的是 ORG – MARG,百事食品则和 IMRB 合作。ORG – MARG 利用其周刊《广告轨迹》,对17个城市中1 000名年龄在12~49岁的男女进行调研,研究他们在不经提示的情况下对广告的记忆情况。IMRB 的"认知分析师系统"则对4个城市中15~30岁的人进行调研、被调查者的反应被用来衡量广告的受欢迎程度和购买意向。

4.3　百事赞助板球和足球赛

2002年，印度在印英纳特韦斯特—白板球赛中取得了辉煌的胜利，之后，百事可乐聘请了棒球明星 Mohammad Kaif 做广告，发动了新一轮的广告宣传活动。Kaif 在一年前就和百事公司签了合同，但是却并没有出现在百事的广告中。风头都让 Sachin Tendulkar 和 Amitabh 3achchan 给抢了，前者作为棒球运动员，后者作为电影明星，都是名闻遐迩的大腕儿。Sachin Tendulkar 被认为是历史上最优秀的棒球运动员。他16岁时开始了自己的职业生涯，如今29岁的他已经跻身于印度顶级的年轻富豪当中。Amitabh Bachchan 30年来长盛不衰，一直是印度电影业的头牌超级明星。如今虽然已经60岁，他仍然是孟莱坞最知名的影星。百事公司则网罗了另一些板球明星，其中包括 Saurav Ganguly、Rahul Dravid、Harbhajan Singh、Zaheer Khan、v. v. s. Laxman 及 Ajit Garkar。Saurav Ganguly 目前是印度板球队的队长。这些运动员都是在南非举行的 2003 年世界杯棒球赛的印度队成员，在赛场上表现极佳，打进了决赛。尽管他们最终输给了澳大利亚队，但是他们在随后一个半月的锦标赛中却总体表现出色，从而被百事可乐利用。

百事可乐曾利用印度国内掀起的世界杯足球热，聘请 Balchung Bhutia 这样的英雄来出演其名人和音乐广告。这些广告表现足球运动员和相扑运动员对垒。此外，还选择了一些城市，举行了机器人足球锦标赛。

2003年，也举行了类似的以体育为主题的促销活动，其中主要围绕百事可乐对世界杯板球赛的赞助。在为期两个月的比赛过程中，一个新品"蓝色百事"在全国进行销售。该产品被定位为"限量版"，冰蓝色的可乐装在300毫升可回收的玻璃瓶和500毫升的塑料瓶中销售。两种价格分别为8卢比和15卢比。此外，也推出了不可回收的250毫升的纪念性百事可乐瓶（2003年，1卢比等于2.08美分）。

为了巩固2003年度的投资，百事可乐还邀请其他明星拍摄音乐电视，包括孟莱坞的明星 Amitabh Bachchan、KareenaK 即 oor、Abishek Bachchan（Amitabh Bachchan 之子）、Fardeen Khan 以及好几位板球明星。新的音乐电视在索尼的卫星电视频道 SET Max 上播放。在印度的北部和西部，这一频道在15~25岁的人群当中很有人气。

4.4　可口可乐的生活方式广告

2002和2003年，用地区营销经理 Rajesh Mani 的话说，可口可乐印度公司使出了"利用当地的言语来建立联系"的战略、这一战略是由班加罗的 orchard Advertising 公司制定的，利用 gaana 音乐和芭蕾。

第一则广告叫作"孟买梦想",由著名的音乐导演 A. R. Rahman 执导。这一方法在以青年为目标的观众当中非常成功,销售额增长近 50%。该广告还获得了孟买广告俱乐部颁发的 Effi 奖。

2003 年,推出了第二则广告,名字叫作"Chennai 梦想"。这则广告由 Vijay 出演,他是青春偶像派明星,在印度南部名气很大。这场广告战役的目标锁定印度南部泰米尔纳德邦的消费者。orchard Advertising 公司的创意部副主任 Thomas Xavier 评论说,广告之所以会取得成功,是因为洞察了目标市场的需求。"我们非常清楚,目前人们需要的不是一部广告片,而是由泰米尔人主演的 60 秒广告片。"

2002 年,可口可乐印度公司在印度农村这个目标市场上,努力让年轻人选择其主打品牌 Coke。这场战役的口号就是"可口可乐就是酷"。可口可乐印度公司称这个农村目标市场为"B 类印度"。这一市场的主要目标就是发展这一类软饮料,促进对 Coke 这一品牌的偏爱程度。2002 年的这场"酷"广告成功地将 Coke 送上农村市场第三的宝座。

城市年轻人市场被称为"A 类印度",包括大城市里 18 ~ 24 岁的年轻人。2003 年,由 M. Cann Erickson 设计的战役将目标瞄准了这一城市年轻人市场。这则电视广告长度为 60 秒,由演员 Vivek Oberoi 和 Aishwarya Rai 出演。两人都是孟莱坞的著名电影明星。Aishwarya 曾于 1994 年获得世界小姐桂冠,当她决定从影后,立刻成为印度炙手可热的电影明星。

这则广告表现 Oberoi 想和 Rai 搭讪,故意将手机留在她叫的出租车中,然后打电话给她。用可口可乐印度公司负责营销的副总裁 ShriPad Nadkarni 的话来说,这则广告旨在强调信心和乐观,还有"只争朝夕"这一主题。2003 年的这场战役使用了多种媒体,包括电视、印刷、户外、销售点、饭店和杂货连锁店以及当地的促销活动。"尽管软饮料的认知程度很高,但是在城市,仍然需要建立更深层的品牌联系,"可口可乐印度公司的营销部主任 Sharda Agarwal 说。"VIVek oberoi 如今是个冉冉上升的电影明星,拥有健康富有朝气的形象,因此有助于和年轻人建立起更牢固的纽带,让年轻人感到这是他们生活中不可缺少的一个品牌,就像利维一样。"

用 Agarwal 女士的话说,可口可乐 2003 年的特定目标就是提高农村市场的人均软饮料消费量,通过竞争在城市市场夺得更大的份额,增加消费频度。人们预计,这一广告战役中的新的"买得起政策",再加上新的 5 卢比瓶子的推出,都将有助于实现这一目标。

4.5 "买得起政策"

2003 年,可口可乐印度公司为了鼓励消费,在全国范围内实行大减价,减幅达 15% ~ 25%。此前,公司在印度北部也采取了降价行动,将其 Coke、"翘拇指"、Limca、雪碧和芬达品牌降价 10%~15%。在其他地区，比如 Rajasthan、Uttar Pradesh 的西部和南部以及泰米尔纳德邦，200 毫升和 300 毫升玻璃瓶装的饮料原先的价格分别为 7 卢比和 10 卢比，而今价格却降至 5 卢比和 8 卢比。

这些减价措施和可口可乐的目标是一致的，亦即要让其产品能够买得起，使得产品深入寻常百姓家，从而加强平常消费。考虑到印度的人均消费量极低，因此人们预计削价行动不仅将会增加消费者，而且也将会扩大软饮料市场。百事可乐也被迫采取类似的降价行动，百事可乐亚洲公司总裁感慨地说："印度是 2003 年度的饮料战场。"

可口可乐采取的另一举措就是推出新的容量——"迷你型"。用可口可乐印度公司的地区营销经理 Rajesh Mani 的话来说，此举预计将会增加销售总额，成为可口可乐碳酸气类软饮料销售的大头。

在泰米尔，削价和推出新品是通过为芬达和 Coke 而做的新电视广告发布的。该广告概念是由 Lowe Chennai 创造的，由 Primary colors 和 Rajiv Menon Productions 分别付诸实施，前者负责芬达，后者负责 Coke。

30 秒的芬达广告由品牌大使 Simran 出演，这位女演员因为在印度电影中的舞蹈而名声大噪。这则广告表现 Simran 遇到了交通堵塞。她感到口渴，便抛给路边小摊一枚 5 卢比的硬币，手指着自己橘黄色的连衣裙，向小贩示意自己想要一瓶迷你型芬达（芬达是一种橘汁饮料）。她得到了芬达，并在拥挤的街道上引起了连锁反应，从小学生到老奶奶，人人都模仿她的行动。

Rajesh Mani 评论说，公司希望消费者"突然关注起来"。这是通过"利用获悉当地情况的当地明星而获得的，因为泰米尔纳德邦对芬达来说是个很大的市场"。

5. 新产品类别

为了促进印度市场上对瓶装饮料的需求的增长，好几家生产商都为一种新产品，亦即瓶装水，推出了自己的品牌。2003 年，这一市场约为 20.83 万美元。

可口可乐的品牌 Kinley 是 2000 年推出的。Ogilvy 和 Mather 设计了由两则电视广告组成的电视战役。到 2002 年，Kinley 获得了 28% 的市场份额，拥有 15 家生产工厂，其中较大的位于孟买、德里、果阿和半加罗。2003 年，公司计划增加 10~15 家工厂，使灌装能力翻一番。这些新工厂将包括只有工厂、特许经营工厂以及签约的第三方灌装公司。

Kinley 品牌的纯净水以多种容量出售：500 毫升、1 升、1.5 升、2 升、5 升、20 升和 25 升。最小的 500 毫升的售价为 6 卢比，而 2 升的则为 17 卢比。

目前占有 40% 市场份额的市场领袖是 Bisleri 品牌,为 Parle 的首席执行官 Ramesh Chuahan 所有。百事食品的 Aquafina 约占 11% 的市场份额。Aquafina 由公司所有的或者授权的 6 家灌装厂生产,分别位于 Roha（Maharashtra）、班加罗、加尔哥答和新德里。百事食品的广告宣传主要集中在大城市地区,既利用电视,也利用户外媒体,由百事食品的广告代理商 HTA 全权负责。

在这一细分市场上参与竞争的其他品牌包括 Pade 的 Bailley 品牌,你好矿泉水有限公司的"你好"牌,雀巢的"纯洁生活"牌,以及印度电路公司推出的一个新品牌,叫作 Rail Neer。

6. 可口可乐企图"攻克"印度市场

到 2002 年,可口可乐在印度已经拥有 30 家灌装厂,向 10 家工厂授权,在软饮料市场上占有 56% 的份额。尽管自 1993 年重返印度以来,其营销措施富有新意,因地制宜,但可口可乐却报告说发生了亏损。2011 年,公司损失达 4 亿美元。据估计,其损失累计达 41.66 万美元。

更为糟糕的是 2002 年 1 月,印度政府下令可口可乐必须将印度斯坦可口可乐控股有限公司 49% 的股份出售给印度投资者,而这家公司正是可口可乐在印度的所有分公司的独家控股公司。政府此举发生在 1900 年可口可乐采取行动之后,当年可口可乐曾增加在印度市场的投资,并且得到了印度政府的批准。根据当年政府制定的有关所有新软饮料投资的新政策,可口可乐同意在两年之内将 49% 的股票出售给印度投资者。这一期限已经被延长过一次 2001 年 10 月 3 日,可口可乐要求再一次将期限延长至 2007 年的请求被驳回。可口可乐希望,到了 2007 年,公司的财政地位会更加巩固,会从被迫出售的股票中可以获得更好的回报。

政府对可口可乐再次要求延期的回应是"准入条件不容变更"。倘若投资规定稳定而明晰,这一回应也许可以接受,但是在 20 世纪 90 年代,情况并非如此,政府规定的执行情况充满矛盾。政府要求有些公司,比如可口可乐,减持股份,旨在让印度人进入该行业。与此同时,政府却允许另一些公司,如荷兰的飞利浦、美国的 Carrier 和英国的 Cadbury–SchwePpes,回购其大部分股票,从股市撤出,从而有效地使其印度分公司成为全资子公司。

当地的市场分析师评论说,政府的这些政策背后没有什么明显的逻辑,要说有,也就是让当地投资者在和可口可乐的交易中讨得便宜。

可口可乐企图对其分公司进行某种操纵,以此进行回击。公司向外国投资促进会提出申请,要求拒绝给予新的印度股东以投票权。政府的回答还是必须遵守当初投资时的有关法律条文。由于根据法律规定,1996~1997 年的股票全都具有投票权，所以人们认为印度投资者将获得公司再正常不过了。2002年5月，印度政府拒绝了可口可乐要求废止减持股份规定的请求。

让可口可乐觉得更加困难的是外国投资促进会换了东家，由工业部改换至经济事务部。这一改变迫使可口可乐等外国公司不得不和印度官僚机构建立新的关系，而原先的游说措施全都白费。

当地的观察人士觉得这要怪可口可乐自己，不该再三要求废止减持股份规定，指出公司刚刚上市时，人们期望值很高，争相购买。用一位评论家的话来说，"这并不是什么优先发展的行业，当初，在它（可口可乐）得到批准在印度经营时，其条件就是5年后减持49%的股份。外国公司老是说印度不守信用。在这件事上，这家跨国公司为什么不做出榜样，实现自己的承诺？"另一位则毫不同情地说："它们可都是睁着眼睛进来的。"

可口可乐刚进入印度市场时，印度政府的一个条件就是49%的股票减持条款，然后才允许可口可乐收购印度的灌装厂，而不是像可口可乐当初设想的那样重新建立灌装工厂。与可口可乐不同，百事可乐在不同的年份进入印度，所以遇到的规定也不同。此外，百事也没有签订减持股份条款，因为它选择了建立自己的灌装工厂。

2003年2月，可口可乐印度公司走上了私募的道路，开始执行政府的减持股份的规定。公司同意将其独资子公司印度斯坦可口可乐控股有限公司49%，价值4 100万美元的股票出售给其灌装子公司印度斯坦可口可乐饮料有限公司，后者管理着当初从印度灌装公司（其中包括Parle）手中收购过来的灌装工厂在印度斯坦可口可乐控股有限公司49%的股票中，有10%属于印度斯坦可口可乐饮料所有，成为员工福利信托基金。

7. 第二次海湾战争

2003年春，美英攻打伊拉克，其结果导致全印度反帝论坛号召人们抵制美货英货，并把百事、可口可乐和麦当劳当作目标，抗议这场"非正义"战争。论坛的主席 V. R. Krishna Iyer 曾经是印度高院的法官。论坛的总书记 S. K. Mukherjee 说："我们号召全世界及印度爱好和平的人士挺身而出，抗议帝国主义者对伊拉克的入侵。"在宣布抵制开始后两个星期内，可口可乐和百事可乐在印度南方的Kerala邦的销售量狂跌50%。

该论坛的成员包括250多个非政府组织，它们挨家挨户上门进行宣传，让店主不要备美国货。它们深入Kerala的家庭，也做出同样请求。抵制目录上的其他产品包括牙膏、肥皂、食用油和化妆品。它们恳求零售商不要卖那些名牌商品，而是推销地产替代品，比如用草药代替牙膏，用芒果汁代替可乐。印度斯坦可口可乐饮料公司的副总裁 Sunil Gupta 对此评论说，这种行为不仅伤害了 Kerala 地区。"我们（在印度）有百万名零售商销售我们的产品。在发生产品抵制时，受伤的是印度的经济。"

8. 吃一堑，长一智

2002 年，可口可乐的销售总额达 9.4 亿美元，产品占软饮料市场一半以上的份额。一项为期 3 年的节约成本计划卓有成效，使公司发放的工资总额减少了 23%。8 家过时的工厂被关闭，都是在"翘拇指"收购过程中继承的工厂。当地采购政策使得公司节约了 57% 的进口税。可口可乐注入 350 万美元资金，加强广告宣传和流通，从而使公司非常著名但是却得不到多少支持的品牌"翘拇指"重新恢复活力。在碳酸气饮料市场上，"翘拇指"的市场份额曾经高达 60% 以上，后来下降到可怜的 15%，不过如今又在攀升。一年之内，"翘拇指"在印度国内市场跃居到第二的位置。Coke 仍然落后于其最大的竞争对手百事，前者的市场份额只有 16.5%，后者则为 23.5%。

相对于其他新兴市场的人均消费量，2003 年印度人均消费量仍然很低，平均每人只购买 7 份。与此相比，巴基斯坦为 14 份，中国为 89 份，南非为 278 份，巴西为 471 份，墨西哥为 1 484 份，美国国内市场为 1 404 份。不过可口可乐印度公司的财务总监 N. Sridhar 却信心十足。"我们已经迈过了坎儿。"孟买的 Samsika 营销咨询公司的总裁 Jagdeep Kapoor 也说过类似的话："可口可乐因为失误而耽误了好多年。不过它如今似乎找准了位置。"

【思考题】

1. 对百事可乐和可口可乐印度公司来说，印度的政治氛围已经被证明对公司的业绩至关重要。在这种氛围中，究竟哪些因素起到了关键作用？在进入市场前，可以预见到这些影响吗？假如不能够的话，每一家公司能够更好地应付政坛的发展吗？

2. 百事可乐和可口可乐印度公司因为进入的时间不同，产生了不同的结果。先进入或后进入市场有哪些好处或缺点？

3. "全球本土化"是两家都成功实施的一项政策。从本案例当中，找出每一家公司的成功范例。

4. 有分析家认为，可口可乐印度公司重返印度根本就是个错误。你同意吗？你认为是什么造成了这个错误？谁该负责？

5. 从长远的观点来看，你认为哪一家公司会更成功？

6. 每一家公司在考虑进入其他重要的新兴市场之前，应当从其印度经验中汲取什么样的教训?

【资料来源】[美]飞利浦·R.凯特奥拉,约翰·L.格雷厄姆.国际市场营销学(原书第十二版)[M].周祖城,赵银德,张璘译.机械工业出版社,2005.

第八部分　国际产品策略

自主创新使中国成为港机最大出口国

> **摘要：** 振华港机自成立以来，始终坚持自主创新，严格把关产品质量，其产品成功出口到美国、德国等多个发达国家市场，并获得良好的口碑。起步阶段的振华港机资金缺乏、技术落后、人才短缺，国际港机市场根本不相信"中国制造"。然而短短几年，振华港机实现了从引进技术到消化吸收，再到二次开发，进而通过技术创新拥有自主知识产权的跨越。中国也一跃成为港机出口大国。
>
> **关键词：** 自主创新；中国制造；知识产权

2006年1月9日，全国科技大会在北京人民大会堂隆重举行，上海振华港机"新一代港口集装箱起重机关键技术研发与应用"项目荣获国家科技进步一等奖。胡锦涛总书记为上海振华港口机械集团公司获奖代表田洪副总裁颁奖，他握着田洪的手亲切地说："我知道，你们干得不错！"

田洪对采访记者说："我是一个很平凡的研发人员，做了一些应该做的分内事。"他说此生最大的幸运是遇到了对他人生具有决定性影响的振华港机创始人、总裁管彤贤。说到刚获得的2005年国家科技进步一等奖的项目时，田洪说："项目第一完成人理应是管总，他是位专家型的领导者，在这个攻克了20多项世界领先关键技术的集成项目中，他亲自挂帅，许多点子和思路让我们这些搞研发的技术人员豁然开朗。"

田洪大学毕业后从事设计工作，他很清楚中国重型机械制造业与世界的差距，但他更相信管总的话：我们一定能够赶上来，超过去。起步阶段的振华港机资金缺乏、技术落后、人才短缺，国际港机市场根本不相信"中国制造"。然而短短几年，振华港机实现了从引进技术到消化吸收，再到二次开发，进而通过技术创新拥有自主知识产权的跨越。如今，在全球所有重要港口，振华的标志ZPMC随处可见。因为振华港机，中国已从大型集装箱起重机进口国变为世界最大的出口国。

1993年，振华港机成立的第二年，田洪被公司派去美国主持世界首创的刚性连杆的大梁折臂式岸边集装箱起重机的开发。这是振华港机在国际市场上获得的第一个需要全部由公司自行创新设计的新产品。喜欢挑战的田洪很有信心地领命而去，没想到美国人根本就不信任中国的年轻人。用户请来的美国咨询审查公司由世界知名资深工程师团队组成，两个月的设计审查期间，一直在和田洪他们"较量"。设计的难点首先在于一切必须按美国的工业规范来。其次在于振华的设计立足推进国内配套件的应用。田洪他们在港口附近租了一幢华人别墅，吃住工作都在里面，最紧张时一天只能睡三四个小时，田洪更是连续几个通宵地干。

在双方持续不断的争论中，大家都拿出了最关键的大梁折臂技术方案，田洪的方案大胆否定了美国工程师的意见，他首创的刚性连杆的大梁折臂技术方案更可靠、更经济、更合理，终于赢得港口和咨询公司一致好评，成为此后振华港机产品大举进入美国市场的通行证。

2000年，德国汉堡港向世界招标全自动化双小车岸边集装箱起重机的开发。德国是世界起重机设计和制造的故乡，汉堡港的这个码头是当今世界集装箱码头技术含量最高的全自动化码头，对起重机技术要求的苛刻可想而知。全自动化码头，起重机也需要实现全自动化无人操作，这样一个全新的高科技产品技术开发和设计难度非常大。这时的田洪已是公司主管开发的副总工程师，他担任项目总设计师和技术负责人，带着10多个工程师奔赴德国。按常规应该是项目设计好，图纸由德国国家技术监督局工程师审查后盖章，再在中国投产，建成后整机运到汉堡安装调试。德国人也知道项目时间很紧，所以格外"通融"，不需要其认可就可以在中国按图纸开工，但若在随后的图纸审查中发现问题将责任自负。他们将一把无形的利剑悬在了田洪和他的伙伴们头上。没有类似设计资料可以参考，只有捧着现场考察时拍到的设计有欠缺需要改进的起重机的照片反复揣摩，还得小心避开德国人的专利保护，每天他们除了和管总探讨，就是常常争论到深夜。这样没日没夜地苦干了一个半月，他们完成了产品的设计工作和关键部件的创新工作。设计投严后，德国派出一个最苛刻的工程师来到振华研制生产基地挑毛病，他和田洪经常争论，后来开始信任振华港机了，最后他说，只要田洪说行，他就同意放行。现在，这种新型双小车起重机已为汉堡港供货16台，登陆法国诺曼底港5台，创汇达1.4亿美元。项目被评为2002年度上海市科技进步奖一等奖、上海市重点新产品、2003年国家重点新产品和2004年中国国际发明展览会金奖。

【思考题】

1. 上海振华港口机械集团的产品成功进入欧美发达国家的成功经验是什么？
2. 田洪在设计港口机械产品时是如何解决产品的标准化与差异化的问题的？

【资料来源】 张静中，曾峰，高杰. 国际市场营销学 [M]. 北京：清华大学出版社，2012.

三星电子的国际产品开发战略

> **摘要**：成立于1969年的韩国三星电子公司，经过40多年的发展，其产品范围从简单低级的家用电器、消费电子产品不断地扩大到复杂尖端的高技术信息和通信设备、计算机及外围设备、半导体和大规模集成电路，销售额逐年大幅度增长，技术能力得到快速和长足的发展。目前，三星电子已是跻身世界500强的跨国公司，韩国最大的电子工业企业。三星的国际化道路经历了，模仿、跟随、超越的不同阶段。并最终依靠优雅的设计和最前沿的科技占领国际市场。
>
> **关键词**：产品；模仿；国际市场

1. 公司简介

三星电子是韩国最大的电子工业企业，同时也是三星集团旗下最大的子公司。三星电子公司成立于1969年，最初生产的产品是黑白电视机。之后，其产品范围从简单低级的家用电器、消费电子产品不断地扩大到复杂尖端的高技术信息和通信设备、计算机及外围设备、半导体和大规模集成电路，销售额逐年大幅度增长，技术能力得到快速和长足的发展。目前，三星电子已是跻身世界500强的跨国公司，公司的市场价值在2002年4月一度超过电子业巨头——日本索尼公司，并在2004年4月再度超过索尼；其2003年的销售额达到542多亿美元，净收入超过49亿美元，后者差不多是索尼公司的5倍。

仅在十几年前，三星电子的目标还是赶超竞争对象——日本企业，然而到了2009年，三星平面电视和半导体存储器在世界上的占有率均高居榜首，手机居第二位，在白色家电领域也处于领先地位，这早已超越了日本企业。三星于2005年首次超越日本，荣登世界最大家电企业的宝座；2007年击败摩托罗拉，成为世界第二大手机生产企业；2009年战胜西门子和惠普，跃升为世界最大的技术企业；在美国《福布斯》发表的2013年度"全球企业2 000强"排名中，三星居第20位；在2014年财富世界500强排行榜中排名第13位。

1.1 标志

三星电子的企业名称"三星"具有"大、明亮、闪耀的三颗星"之意,其中"三"在汉字词中意为"大、强","星"蕴含着"明亮、高远、闪烁"的这一愿望。三星标志的设计强调柔和与简洁,将象征宇宙和世界舞台的椭圆形稍加倾斜处理,突出动态和创新的形象。而且"S"与"G"的开放部分表示内外相通,从中蕴含着与世界同呼吸、为人类社会做贡献的意志。

据三星集团有关负责人称,企业标志的基本色调为使用至今的蓝色,具有延续性。三星的共同色调蓝色是具有稳定和信任感的颜色,具有更加贴近顾客的含义,同时还象征着对社会的责任感。英文标志的设计具有通过技术革新为消费者服务的含义,此外以现代手法表现出三星作为尖端技术企业的形象。

1.2 业务范围

今日三星电子的主要经营项目是七大事业群:半导体、移动通信、数字图像、电信系统、IT解决方案及数字应用等。截至2014年5月初数据,三星年收入超过苹果(1 700亿美元)与Google(598亿美元)合计,除生产手机、电视、显像屏、半导体及电池等,亦涉足金融、造船、免税店、主题公园等领域,为韩国贡献23%的GDP。2014年三星表明即将进军生物制药。

1.3 设计

支撑三星电子快速发展的是先导尖端技术趋势的设计,三星自20世纪90年代初起开始加强设计经营。在位于首尔市瑞草区的43层总部大厦内设有设计中心,创业之初仅有2名设计师,而今却增加至900多名。三星的设计周期为两年,第一年分析流行,进行商品战略企划;第二年则开始重新设计。三星在韩国国内和米兰、伦敦等7处设立设计中心,各中心设计师不断探索和尝试符合当地文化、生活方式和产业趋势的设计。

三星对设计的投入取得了丰硕的成果,自2006年以来,三星电子在国际权威设计竞赛中共荣获210个奖项,在设计领域得到较高的评价。三星在2009年IDEA上获得8个奖项,成为获得最多殊荣的企业,在iF上也是如此。

在2010年iF Material Award上,三星的外置硬盘驱动器荣获金奖,共有5项产品榜上有名。iF Material Award由德国汉诺威International Forum Design Hannover主办,在设计材料和加工领域极具权威。2010年以家电、家具、产业设计企业等为对象,共选出42个获奖产品,三星电子的外置硬盘驱动器、全触屏手机JetHaptic Amoled、双门冰箱、便携式数码相机和激光打印机调色剂等共5项产品获奖。

在 2010 年举办的 iF Product Design Award 上，三星电子共有 21 项产品获奖，再次成为获奖最多的企业。此外，在由 iF 主办的 5 个奖项（产品、材料、通讯、成套组件、内容领域）中，综合两年内的业绩进行排名，三星电子在设计师创意和累积获奖成绩方面均高居榜首。

2. 三星公司的主要产品

2.1 电视

在世界电视市场，三星电子连续多年高居榜首，接连推出畅销产品，可谓是名副其实的"畅销产品制造机"。2009 年，三星电子共售出 3 100 万台平面电视，连续 4 年保持世界市场占有率第一的地位。2010 年年初，三星电子确立了新的目标，即销售共 3 900 万台电视，其中包括 1 000 万台 LED TV，此后，再次将销售目标值调整为 5 000 万台，这与此前的目标数量相比增加了 28%。

三星电子凭借有"设计革命"之称的 Finger Slim（纤薄如指）LED TV 正致力于开拓崭新的市场。2009 年 3 月，在世界上率先问世的 LED TV 销售业绩达 260 万台，成功地敲开了新市场的大门。三星电子在 2006～2009 年，每年逐一推出宽屏 LCD TV、2007 年款宽屏 LCD TV、水晶玫瑰 LCD TV 和 LED TV 等百万畅销电视产品，连续 5 年创下畅销不败的业绩。三星电子于 2010 年 8 月已实现 3D TV 百万销售目标，预示着未来良好的发展前景。

此外，三星电子还不断积极开发新一代 LED TV，通过产品的多元化战略瞄准各种阶层，诸如需要小型和大中型 LED TV 的消费者。

2.2 "三星 Apps"与智能电视

电视领域的一大特征可以概括为从"看电视"到"享受电视"的转变，以往被动看电视的观众们如今愈发积极地自由选择各种电视节目。三星切实把握住这一需求动态，2007 年推出网络电视，使观众在欣赏电视节目的同时可以享受网游的乐趣，目前正在此基础上开发可下载应用程序的所谓"智能 LED TV"。

2008～2009 年度，三星电子分别凭借 Power Infolink 和 Widget 对产品加以更新，以更加新颖的 Internet@TV 把握市场主导权。2010 年，三星电子在推出 3D TV 的同时推出 Internet@TV 2010 功能，在现有新闻、天气、证券、UCC、电影等网络服务以外，在世界率先推出复合器件应用商店——三星 Apps（Application Store），用户可在此下载应用程序。三星 Apps 将从 2010 年下半年起在韩国和美国开始高档收费服务。

作为全球数字媒体和数字融合技术的领导者，三星电子在 2012IFA 上首次向欧洲消费者展出其 55 英寸 OLED ES9500。这款万众瞩目的电视产品具有无可比拟的出色画质、奢华典雅的外观设计以及全新的 Samsung Multi View 功能。此次展会上，三星智能电视高端产品——75 英寸 LED ES9000、首次登录三星智能电视可进行手势操控的"愤怒的小鸟"APP，以及三星智能应用中心推出的其他智能内容也一并高调亮相。

2.3 3D

三星电子在推出可享受立体图像的 3D TV 仅仅 6 个月内创销售业绩 100 万台，稳固确立该品牌在市场的地位，这几乎接近 2010 年初市场调查机构预测的全世界 3D TV 需求达 123 万台的估值，三星电子正致力于开发无须眼镜即可观看的 3D TV。

与此同时，三星电子在世界上还率先推出可同时欣赏 3D 立体图像和高档立体音响的 3D 家庭影院（HT - C6950W），随着这一产品的问世，如今三星电子已具备包括 3D TV、3D 蓝光播放器、3D 节目内容（contents）以及 3D 眼镜在内的"3D 系列解决方案"，在业界最先建立完成 3D 娱乐环境。

三星电子计划在 3D TV 内提供内容串流（Content Streaming），若三星电子的 3D TV 具备自身在线 App Store（应用程序商店），用户则可直接在电视的硬盘驱动器上下载 Hulu Plus 与 Napster 等软件。此外，三星 App Store 还计划增加开发者实际可重新的应用平台获利的高级内容，同时将通过 App Store 提供 3D 内容。三星电子内容制作人 Olivier Manuel 预见称，在未来几年内，3D 内容串流将无所不在，而提供 3D 内容则是实现梦想的第一步，它具有极为吸引人的潜力。

三星电子液晶屏正在向"更加纤薄"的技术迈进，2009 年成功开发了厚度为 3.9mm 的 40 英寸 LED TV 电视用超薄液晶屏，创世界液晶屏"超薄"纪录。该款液晶屏被称为 Needle Slim，厚度仅为现有 LCD 液晶屏（约 50 毫米）的 1/12。三星电子在大幅度减少液晶屏厚度的同时，依然保持全高清级的分辨率、120Hz 驱动以及 5 000∶1 的对比度等高清晰性能。三星电子于 2007 年 10 月首次开发厚度为 10 毫米的 40 英寸 LCD TV 液晶屏，从而突破 10 毫米这一界限；2008 年 10 月推出厚度为 7.9 毫米的液晶屏，从此一直保持领先于世界的记录。三星电子在开发 LCD TV 用液晶屏的同时还进行 24 英寸 LCD 显示器用液晶屏和笔记本电脑用超薄 LCD 液晶屏的开发，在 LCD 超薄液晶屏技术领域起主导作用。其中，显示器用液晶屏的厚度为 3.5 毫米，笔记本电脑用液晶屏厚度仅为 1.64 毫米。

三星电子表示，随着 LED 背光电视"超薄"技术的发展，在未来两年内有望将电视厚度减少 40% 以上。

2.4 手机

2009 年，三星电子手机全年销售量达 2.35 亿部，继诺基亚之后位居世界第二位。2009 年在北美地区的市场占有率连续 6 个季度高居榜首,在欧洲地区的市场占有率超过 25%。三星电子在先进市场保持持续上升趋势,同时在新兴市场凭借产品竞争力和品牌知名度不断拓宽领域。随着键盘式手机向触屏式手机的转化,如何提高显示器图像的清晰度成为重要话题,为顺应并引导这一潮流,三星推出 AMOLED 手机,在业界展开"手机画质竞争"。

三星电子的 Galaxy S(i9000)是新款手机的代表,它是有可能取代 iPhone 的一种智能手机,该款手机于 2010 年 7 月在美国市场销售,在短短 45 天内创百万部销售纪录。

三星电子的 I9000 Galaxy S 与 S8500 Wave 在 2010 年度 EISA Award(欧洲影音协会)智能手机和社交多媒体手机部分获奖。其中,Galaxy S(i9000)的非凡之处在于卓越的屏幕和良好的上网性能,而 Wave 将社交网络(Social Networking)服务与位置信息服务相结合的 Bada OS 受到较高的评价。

三星电子 2010 年度在国际智能手机市场的占有率呈上升趋势,其中 2010 年第二季度在美国市场的占有率较上一季度增长了 2 倍。三星电子第二季度向市场提供 300 万部智能手机。

三星电子持续对各种操作系统进行支持。三星 Galaxy S(i9000)虽采用谷歌 Android 操作系统,而除此以外,三星电子确立新战略,三星 ATIV 系列采用微软 Windows Phone 操作系统。

2012 年 IFA 大幕拉开,三星在柏林正式发布了 ATIV 系列智能终端,ATIV 系列的产品均采用了微软 Windows 8 或 Windows Phone 8 系统。

三星电子手机荣获欧美著名设计奖,而且部分调查显示,三星电子被评为有望超越苹果的品牌,在这种情况下,三星电子将 2010 年度智能手机销售目标提高至 2 000 万部。

2.5 半导体

半导体可谓是打造三星的一等功臣,三星电子的半导体发展史是企业的冒险挑战精神、董事会的决策、快速的掌握技术能力以及把握市场动向的敏锐洞察力融会于一体的结果。

三星集团创始人李秉哲不顾公司众人反对,毅然决然地于 1983 年在日本东京正式开始进军半导体行业。对此他曾经表示,三星符合韩国缺乏资源的自然条件,只有开发高附加值、技术含量高的产品才能实现企业的第二次飞跃。

在此后的 10 个月内,三星电子在世界上第三个推出 64K DRAM,这在国内外经济界引起强烈反响。然而,日后由于半导体价格暴跌,企业在事业之初陷入困境。尽管如此,三星的存储器半导体依然取得了长足的发展,1992 年率先开发成功 64M DRAM,终于在世界上确保了最强的技术实力;1993 年如愿以偿地荣登存储器半导体世界第一的宝座。此后于 1994 年和 1996 年连续开发成功 256M 和 1G DRAM，这同样拥有"世界最先开发"的荣耀，这样，半导体逐渐成为韩国具有代表性的产业。2002 年 NAND Flash 位居世界榜首；2006 年与 2007 年分别在世界上率先研制成功 50 纳米级 DRAM 和 30 纳米级 NAND 等，三星电子在存储器领域的占有率超过 30%，成为业界的强者。

三星电子在 2010 年度依然保持着领先于世界的纪录，诸如最先进行 30 纳米级 DRAM 的批量生产、从 7 月开始批量生产 30 纳米级 4Gb DDR3（Double Data Rate 3）DRAM。30 纳米只相当于发丝 1/4 的厚度，30 纳米级 DRAM 与现有 40 纳米级 DRAM 相比，可提高 60% 的生产效率；成本竞争力相当于 50～60 纳米级 DRAM 的 2 倍以上；此外，耗电量与 50 纳米级 DRAM 相比最多可减少 65% 以上。

据市场调查机构 Gartner 相关资料显示，DRAM 发展势头良好，在 2010 年第二季度 DRAM 排名中，三星电子始终保持先导地位。Gartner 在报告中称，三星电子的市场占有率超过 35%，这更加巩固了其在市场上的地位。

三星电子 2010 年度半导体投资规模达 11 兆韩元，特别是将存储器半导体设施投资由当初计划的 5 兆 5 000 亿韩元增加至 9 兆韩元。从中可以看出，三星电子在 2010 年将继续确保其在上述领域世界最大供给商的地位。

另外，市场调查机构 IC Insights 预计，三星电子于 2014 年有望超越英特尔，跃升为半导体行业榜首。1999～2009 年，三星电子的年均增长率（CAGR）为 13.5%，而英特尔为 3.4%，以此为依据，预计 2014 年三星电子的销售额将超过英特尔。

2.6 家电与其他

家电也是三星电子发挥优势的一个重要领域，2009 年在世界经济萧条的情况下，销售额较 2008 年增加 27%，创行业最高增长率。在韩国，Zipel 冰箱等产品在市场保持较高的占有率，位居榜首；在北美、欧洲和独联体等国家和地区，大容量高档冰箱、滚筒洗衣机和空调等产品占据优势。三星电子通过推出蒸汽烤箱和自动吸尘器等新型产品不断确立其作为数码家电企业的形象。在由高档产品与普及型产品构成的家电市场，三星电子一方面赋予消费者高档品牌的形象，另一方面在新兴市场采取符合当地生活文化的个性化技术战略。

2009 年，三星电子推出集精美设计、尖端功能和便携性于一体的第三代高档迷你笔记本电脑 N310 和超薄型笔记本电脑 X420 等产品，从而引导便携式电脑的新潮流，当年共销售 600 万部笔记本电脑。

此外，打印机也被列为新一代战略项目之一，三星电子推出了具备单环连接打印（one touch printing）功能的 Mono 激光打印机、复合式打印机，以及具备综合打印管理功能、适合企业用的超高速数码复合式打印机等产品。其中，A4 激光打印机在世界市场占有率居第二位，Mono 激光打印机、复合式打印机、彩色激光打印机等产品均在世界市场位居一二。特别是激光复合式打印机在世界市场首次实现占有率第一的目标。

2010 年，三星电子推出具有精美设计的高档笔记本电脑 R580 和迷你笔记本电脑 N210，以及世界最小型 Mono 激光打印机 ML—1660、彩色激光复合式打印机 CLX—3185 等新产品，从而扩大了生活家电高效能源产品和亲环境产品领域。

数码相机、便携式摄像机也是三星电子集中攻略的领域，2009 年，三星电子在便携式相机领域的市场占有率位居第三，并且以高档产品为中心不断改善销售格局。2010 年再次推出新概念交换式镜头相机 NX10 等产品，以确保新产品领域的主导权。

在 MP3 领域，三星电子推出了强化多媒体功能的高档 MP3 – M1 和世界最小型 DivX MP3 – R1 等产品。

在无线网络领域，三星电子研发的 Mobile WiMAX（WiBRO）自 2007 年起在国际大型移动通信市场开始商用服务，增长势头迅猛。在美国、日本、俄罗斯等地成功实现服务商用化以来，Mobile WiMAX 市场在不断扩大。

在存储器领域，三星电子于 2009 年推出 2.5 英寸 250GB 级硬盘驱动器（HDD）新产品，在世界市场占有率接近 10%。2010 年推出行业最大容量的 320GB 级高性能 2.5 英寸硬盘驱动器，并开始外置型产品的销售。

3. 三星的产品开发战略

3.1 产品开发战略的基本原理：市场、产品和技术的动态匹配

所谓市场、产品和技术的动态匹配包含着如下三层意思。

(1) 企业在制定产品开发战略时要同时解决好三个问题：①进入什么市场？②开发处在生命周期哪一阶段（导入、成长、成熟或衰退）的产品去占领选定的市场？③用什么技术去开发选定的产品？企业是否拥有、是否能获得产品开发所需的技术，或者是否能在限定的时间内开发出所需的技术？

对一个特定的企业来说，它在特定时点上所找到的、要去满足的市场是特定的；特定的市场要求企业用特定产品去满足，而特定产品则是特定技术的某种物化。企业只有掌握相应的特定技术或者有能力在一定的时间内把这种特定技术开发出来并把它物化成特定产品，企业选择的特定市场才有可能得到满足。这就是市场、产品和技术三者的匹配。

(2) 市场在不断变化，产品在其生命阶段上不断运动，技术也在不断进步。企业必须在这变化过程中不断寻找适合企业内外条件的市场、产品和技术三者间

新的合适的匹配。这就是市场、产品和技术三者的动态匹配。

（3）技术（特别是高技术）作为一种知识，具有广泛的应用潜力，能创造市场和需求或能使市场和需求发生革命性变化（如激光技术）。企业在技术开发过程中获得的技术不仅可应用于符合特定市场需要的特定产品，而且在这过程中积累的技术知识和培育的技术能力还可以广泛地应用于其他产品。企业产品开发战略的重要任务之一，就是要充分利用企业已拥有的技术能力，主动进取、不断地挖掘技术的广泛应用潜力，把技术知识应用于新的特定产品的开发（对这种新的特定产品可能暂时并不存在已表露的需求），为这些新的特定产品创造市场和需求，抢在竞争对手之前占据新的竞争领域的制高点。在知识经济时代，把握市场、产品和技术的这种动态匹配，对企业（特别是高技术企业）具有极其重要的意义（如超导技术及其应用和市场，数字技术及其应用和市场，基因技术及其应用和市场等）。在现实的产品开发活动中，"市场→产品→技术"的动态匹配和"技术→产品→市场"的动态匹配往往交织在一起、同时发生。企业产品开发管理的职能之一就是要有意识、主动地综合运用这两种匹配的可能性，促进两种匹配的互动，在这基础上实现市场、产品和技术的最合适的匹配。

3.2 产品开发战略

三星公司自创立至今，其产品开发战略演变大致经历了"拷版战略"、"模仿战略"、"紧跟技术领先者战略"和"技术领先战略"四个阶段。把握市场、产品和技术的动态匹配则是这一战略演变过程的显著特点。

3.2.1 拷版战略

——在较短的时间内，以较低的成本打入市场。

拷版战略是指一个企业所生产的产品技术、设计和零部件完全依赖外界的供给，该企业就像另一家企业的一个生产车间，只是依样画葫芦地进行组装而已。

三星公司1969年进入家电和电子产业，是因为家电和电子产品市场在当时已显露了巨大的发展前景和潜力，以电视机为代表的家用电器电子产品处在迅速普及阶段；新产品层出不穷，特别是彩色电视机已进入市场成为热销产品，利润丰厚。然而，三星电子选定的第一项产品却是已经进入产品生命周期衰退阶段、利润率不高的12英寸黑白电视机这一特定产品。这是因为：

（1）三星电子在成立之初并不拥有和掌握最起码的电子技术；掌握彩色电视机技术的外国公司不愿向三星电子转让有关技术，只愿意提供黑白电视机成套散件和组装技术。

（2）虽然黑白电视机当时在收入水平高的发达国家市场已进入生命周期的衰退阶段，但在收入水平低的发展中国家（包括韩国）还存在对这种低档产品有需求的细分市场。尽管许多外国公司因黑白电视机利润率低而对它不再有兴趣，但对当时的三星公司来说,从黑白电视机市场中能获取的利润还是令其满意的。

(3)黑白电视机的组装技术在当时基本上已成为公开技术;韩国员工的素质比较好,善于学习,可望在较短时间内把黑白电视机的组装技术学到手并以低成本进行生产。

综合考虑上述条件,三星电子当时制定的产品开发战略是:从外国公司(日本索尼)进口黑白电视机成套散件和基本的组装技术,在外国技术人员的指导下进行组装,生产处在衰退阶段的低档产品(贴上"三洋"品牌)销往海外低端市场(三星电子的第一批12英寸黑白电视机销往巴拿马)。这一战略体现了当时条件下的市场、产品和技术的合适匹配。

20世纪80年代早期,三星电子进军DRAM(动态存储器)市场之初,因不掌握关键技术,奉行的产品开发战略也是拷版战略,即从外国公司进口64KDRA芯片进行封装,封装技术依赖外国公司,生产低档产品供给低端市场。

3.2.2 模仿战略

——消化吸收外来技术,努力提升自身产品、市场和技术匹配的档次。

模仿战略是指一个企业所开发产品的关键技术虽然不是企业自己创造发明,但企业通过种种途径已经掌握了这种产品的关键技术,能够在模仿产品的行业主导设计的基础上对产品的设计和零部件设计作出改进或一定程度的创新,使自己的产品与其他企业的同类产品有所不同,更适合某些特定市场的需要。

三星电子的低档12英寸黑白电视机和低档DRAM在它所选择的市场上取得的业绩很不错。但根据当时与外国公司签订的技术支持协议,三星电子很难获得基本的组装技术之外的关键技术。三星电子当然不甘心停留在这种目标产品关键技术控制在外国公司手中的市场、产品和技术的低水平静态匹配。

为此,三星电子一方面仍积极地通过各种渠道获取外国技术;另一方面在公司内部大力开展对关键技术的消化吸收和掌握。

在黑白电视机产品上,三星电子避开外国公司的耳目,对关键技术秘密地学习。他们做了广泛的调研、讨论和探索,最终克服了似乎难以克服的困难,掌握了黑白电视机的必要技术。在这基础上,三星电子根据当时韩国国民收入较低、对电视机需求大的特点,利用已掌握的技术,在1975年开发了符合韩国国民特殊需要的修改版经济型12英寸黑白电视机,投放市场后,大受欢迎。虽然从技术角度看,产品的零部件仍主要依赖进口,但是,这时的市场、产品和技术的匹配已发生实质变化——三星电子已掌握黑白电视机的必要技术并能对产品设计进行改进。继开发经济型黑白电视机之后,三星电子又陆续开发了14英寸彩色电视机(1976年)、微波炉(1979年)、家用录像机(1984年)、1MDRAM(1986年)、便携式摄录像一体机(1989年)等产品。与生产第一批黑白电视机和64KDRAM之时几乎不掌握关键技术的情况不同,三星电子在开发上述产品之前通过"反解工程"已经破解和基本掌握了有关产品的关键技术；其投放市场的产品是参考行业主导设计的基础上由三星公司自行开发的，有一定程度的创新。三星彩电进入市场时间距彩电首次在市场问世虽然有20多年，但这种产品在世界市场仍处在成熟阶段，三星电子为其第一批彩电选择的特定市场仍然是巴拿马，后来又销往日本；而三星微波炉、家用录像机、1MDRAM上市时，这些产品在世界市场上均处在成长阶段，市场潜力巨大，即使在发达国家也有需求，三星电子把加拿大、美国和日本市场中的低端市场定为产品的主要目标市场。这时，三星电子的市场、产品和技术的匹配上升了一个台阶：掌握了关键技术，开发处在生命周期成熟或成长阶段的产品，占领发达国家的低端市场。

在这阶段，除了广泛利用反解工程方法外，三星电子还采用了另外一些方法来获得关键技术，如：在外国小公司中寻找技术来源；聘请在海外受过训练的、掌握最先进科学技术知识的韩裔科学家和工程师；在美国硅谷和日本东京建立研究与开发中心；让设在韩国的研究与开发中心和设在外国的研究与开发中心并行地开发同一新产品，开展内部良性竞争等。这些做法所产生的协同作用，对于三星电子打破外国公司的技术封锁，促进外国公司向三星电子转让先进技术，加速三星电子破解和吸收先进技术，提高三星电子技术起步水平和总体技术能力，提升三星电子的市场、产品和技术匹配的档次，起到了很大的作用。但此时三星的自主技术开发能力还不强，产品的自主创新程度还不高；它开发、生产和销售的产品在世界市场上还属于低档产品，面向低端市场，利润率不是很高。另外，它还需向外国公司支付巨额的技术使用费。尽管如此，三星电子的市场、产品和技术的合适匹配还是在市场上取得了巨大成功，获得了可观的经济收益。它把经济收益中的很大一部分投入研发活动，建立了韩国最大的研发机构，在加快消化吸收外国先进技术的同时，进一步加强了自身技术开发和产品创新的能力。

3.2.3 紧跟技术领先者战略

——用先进技术开发处在生命周期导入阶段的新产品，占取中高端市场。

经过多年积极进取的技术学习、技术吸收和技术能力培育，在20世纪80年代末和90年代中期，三星电子的技术开发能力和所开发产品的技术水平与世界先进公司的差距已大幅度缩小，在某些领域已接近或赶上世界先进公司。

三星电子越想进入高端电子市场，它需要的技术就越尖端，而且在这方面也还存在着欠缺，还不能独立于外国公司。为此，三星电子除了进一步加强公司内部研发和与其他公司签订技术转让协议外，还采取了两项新的战略举措：一是在发达国家收购高技术企业（如1994年收购日本LUX公司，1995年收购美国AST Research的主要股份）；二是与拥有尖端技术的竞争企业结成战略联盟，共享技术。这时，一些处于技术领导地位的外国公司（如东芝、NEC、摩托罗拉、Digital、SGS—Thompson、西门子等）也愿意在比较平等的基础上与三星电子建立战略联盟共享技术，因为三星电子通过自身努力，其技术开发能力已有大幅度提升，已摆脱了技术"小伙伴"的形象。

3.2.4 技术领先战略

——引领尖端技术，占据高端市场。

20世纪90年代后期，三星电子的自主技术开发和自主产品创新的能力进一步提升，它的产品开发战略除了强调"技术领先，用最先进技术开发处在导入阶段的新产品，满足高端市场需求"的匹配原则外，同时也强调"技术领先，用最先进技术开发全新产品，创造新的需求和新的高端市场"的匹配原则。在这一时期，三星电子开发的多项产品在高技术电子产品市场已占世界领先地位，赢得多项世界第一，其中包括：世界第一台硬盘数码摄像机 ITCAM-9W，世界第一款具有光学变焦功能的300万像素照相手机、GSM/CDMA双模手机、UniJa手机、TTT彩屏手机，世界第一台高清电视用DVD，世界第一面高清电视机用57英寸TFT-LCD显示屏等。

【思考题】

1. 三星在开发新产品过程中如何将市场、产品和技术进行动态匹配的？
2. 三星电子开发的多项产品在高技术电子产品市场已占世界领先地位，它是如何做到的？

【资料来源】桑赓陶. 把握市场、产品和技术的动态匹配——韩国三星电子公司产品开发战略演变的基本原则及其对中国企业的启示 [J]. 研究与管理，2014（6）.

海尔成功进入美国市场

> **摘要**：海尔是从1995年开始向美国出口冰箱的。起初是以OEM方式（即它出口到美国的产品都以美国公司的品牌销售），然后才开始打自己的品牌。海尔进入美国市场后采用了务实的"先易后难"战略，通过循序渐进、稳打稳扎，逐步拓展美国市场。除了进入方式以外，海尔的产品战略和投资方式也是先易后难。选择竞争性最强的产品来打开知名度扩大品牌影响力，到2002年，市场占有率可望由原来的25%上升到40%，海尔在美国的成功并非一蹴而就，而是脚踏实地、锐意创新、扎扎实实奋斗的结果。
>
> **关键词**：先易后难；产品战略；投资方式

2001年以来，青岛海尔总部不断接到从大洋彼岸——美国海尔生产中心传来的好消息：世界上最著名的连锁店——沃尔玛又新进两种小型电冰箱和两种小型冷柜，并同美国海尔签订了购买100 000台冰箱的合同。海尔在美国最受欢迎的产品——学生宿舍和办公场所使用的小型电冰箱，2002年市场占有率可望由原来的25%上升到40%。海尔冷柜市场前景看好，已在美国同类型号中占据了1/3的市场。海尔的窗式空调机也具有广阔的市场空间，该产品已占美国市场的3%，2002年的销售量有望翻番。海尔在美国的成功并非一蹴而就，而是脚踏实地、锐意创新、扎扎实实奋斗的结果。

1. "先易后难"战略

不少人谈到海尔国际化之路时，都津津乐道于海尔的"先难后易"战略，即海尔闯荡世界，先出口到发达国家，到要求最严格的市场创出牌子，然后再以高屋建瓴之势打开发展中国家市场。但是从海尔进入美国市场的发展路线来看，海尔却是采用了务实的"先易后难"战略，通过循序渐进、稳打稳扎，逐步拓展美国市场。

海尔是从1995年开始向美国出口冰箱的。起初是以OEM方式（即它出口到美国的产品都以美国公司的品牌销售），然后才开始打自己的品牌。而在美国设立"海尔美国贸易有限责任公司"和投资建立"海尔美国生产中心"则是在近5年之后，这时海尔已积累了较多的有关美国市场的知识。张瑞敏不止一次强调，国际化的海尔是有原则的，那就是"先有市场后有工厂"。在海外设厂，首先要开发当地市场，使品牌出口达到在当地设厂的盈亏平衡点。海尔刚进入美国时就认真调查测算过，在美国建一个冰箱厂盈亏平衡点产量是30万台，而海尔1998年出口美国的冰箱已达到40多万台，远远超过盈亏平衡点。

海尔在美国经销也是一波三折。1999年计划打入沃尔玛时，人家根本不认，怎么也挤不进去。海尔就采取"迂回战术"，在沃尔玛周围设点专卖。一些好奇的美国人买回家去觉得挺好用，就到沃尔玛问，有没有海尔？一回两回，沃尔玛的经理很纳闷，就主动同海尔商量合作代销，结果销路一下子打开了。如今海尔已闯进美国前五大连锁店。

海尔在地理位置上的销售发展也是采取传统的先近后远的做法。1995年7月，海尔在中国香港成立贸易公司，1996年6月，海尔在印度尼西亚成立莎保罗有限公司，1997年6月海尔在菲律宾成立海尔—LGK电器有限公司，同年8月在马来西亚组建海尔亚细亚有限公司。按张瑞敏的说法，以上的投资都是海尔为进入美国市场练兵。尤其是在菲律宾，这个说英语的国家，受美国的文化影响较深，在菲律宾积累的经验许多可用于美国。

除了进入方式以外，海尔的产品战略和投资方式也是先易后难。从产品种类来看，海尔有56个系列9 200多个产品，一窝蜂涌入显然不可能，于是他们先选择竞争性最强的产品——电冰箱来当尖兵。先打入美国市场，站住脚跟后，其他产品再跟进实行多元化发展，这样算起来，总的交易成本比较低。目前在小型冰箱上，海尔已牢牢站稳了脚跟。接下来便是扩大战果：销售和生产海尔的其他电器和电子产品。海尔在曼哈顿的总部大楼第四层近4 000平方英尺的展厅，已开始展示和推销海尔洗衣机、冷柜、大容量电冰箱、纯平电视和其他海尔产品。海尔在美国的冰箱工厂周围还留有足够的地皮供未来进一步建工厂生产海尔空调、洗衣机、电视机用。

2. "三位一体"经营模式

1999年4月30日，在美国南卡罗来纳州中部的坎姆登市场（Camden），海尔投资3 000万美元创办的海尔生产中心举行了奠基仪式。一年多以后，第一台带有"美国制造"标签的海尔冰箱从漂亮的生产线流下来，海尔从此开始了在美国制造冰箱的历史。海尔成为中国第一家在美国制造和销售产品的公司。连同先前在洛杉矶设立的设计中心和在纽约设立的贸易公司，美国海尔形成了"三位一体化"（设计、生产、营销）的本土化经营模式。

韩国的一位家电老板在参观了海尔美国工厂后，感慨地对张瑞敏说："我们韩国的家电企业都很佩服你，我们也想去美国但从来没有人敢在美国建厂，成本太高，风险太大。"的确，在美国设厂，劳动力成本是中国的 10 倍，产品技术、人员素质、企业管理、关税等各方面的压力张瑞敏不是不知道。但他还是坚定不移地走着"三位一体化"的道路。"我们在美国设厂本身就是自找苦吃，只有这样才能真正提高我们的国际竞争力，你不去大海行驶，你就永远不知道风浪的险恶。"

当然，自讨苦吃不等于盲目冒进。张瑞敏说，海尔去美国绝对不是冒险。如果单从劳动力成本上看，可能不合算。但中国加入 WTO 以后，进入美国就不仅是一个劳动力成本的问题，而是非关税进入成本的问题。那时候消费者对产品技术要求会更高，如果技术和管理上跟不上，就是零关税也进入不了。在充分估算风险的同时，他认为，进美国毕竟有成功的可能，但如果不进美国就连一次机会都没有。

事实证明了张瑞敏的高瞻远瞩！

美国能源部 2001 年就提出进入美国的冰箱要达到美国 2001 年能耗标准，2002 年又在原能耗值的基础上，对冰箱的制冷剂进行限制，又提出了 2003 年的能耗新标准。由于海尔在美国设计、在美国生产，这一问题很快就得到了妥善解决，海尔也由此成为美国能够生产 A 级节能冰箱的两家企业之一。与此相反，不少国际著名冰箱制造商由于难以达到美国能源部制定的苛刻要求，只能望"订单"而叹。

2002 年年初，美国政府在整个美国采购，其中有一项就是家电，采购额非常大。美国政府采购有一条非常严格的要求，就是不管产品是什么品牌、是哪个国家的，其产品必须是在美国生产制造，否则一律免谈。因为美国政府采购用的是纳税人的钱，这样做是为了解决本国的就业。由于海尔有投标资格，再加上产品很过硬，从而一举中标。

再如，海尔在美国销售的产品大多不是海尔原有的产品，而是专门针对美国市场设计和生产的。目前在美国市场上占有率高达 90% 以上的海尔酒柜就是其中的一例。美国市场各类饮品消费很高，海尔美国洛杉矶设计中心的技术人员从中看到了商机：啤酒要冰镇才好喝，那么葡萄酒、白酒呢？什么条件下这些酒冰镇的口感最好、营养最佳呢？他们迅速投入研制开发。2001 年 7 月，该产品投入市场，凭借其体贴入微的功能、雍容典雅的外观，产品一炮打响，成为包括 B&B 在内的美国各大商场争相经销的家电产品。该产品从构思、设计到投入市场，只相隔了不到一年时间。好饮的美国人惊喜万分地发现，葡萄酒原来可以这么喝！纽约华尔街股票经纪人戴恩先生这样描述他的感觉："原汁原味的葡萄酒让我每一个毛孔都张开，细腻婉转的甜蜜回味无穷！就像啤酒只喝冰镇的一样，我现在再也不喝未经海尔酒柜冷藏过的酒，无论是什么名酒。"

张瑞敏认为，美国海尔实现本土化的方向和目标是能够在当地融智。无论是海尔的洛杉矶设计中心，还是纽约的海尔贸易公司，即或是南卡罗来纳州的生产中心，其人力资源管理完全实施本土化战略。海尔美国贸易公司是海尔同美国家电公司的合资企业，其总裁迈克尔·杰马原是美国家电公司的前执行副总裁，在企业中拥有独立的自主管理权。海尔在这家公司要做的主要只是制定经营战略。在美国的生产中心虽然是海尔的独资企业，但其主要管理人员和200多名普通员工绝大部分都是美国人。

3. 海尔文化已在美国深深扎根

以一个中国公司的名字命名美国的道路，无论对中国还是对美国，都是一个具有历史意义的事件。2000年4月5日，"海尔路"命名揭牌仪式在坎姆登市隆重举行。这是美国唯一一条以中国企业名称命名的道路。南卡罗来纳州参议院特地举行隆重仪式欢迎张瑞敏的到来并祝贺海尔路揭牌。坎姆登市市长还向张瑞敏授予该市金钥匙和荣誉市民称号。坎姆登市市长玛丽女士说：正值当地一些大企业在大幅度裁员之际，海尔却在高速发展，非常值得赞赏。1—888—76HAIER，这是海尔在美国推出的免费服务电话。海尔美国贸易公司的售后服务电话已覆盖全美。海尔要做的是有国际竞争力的国际品牌运营商，创国际名牌是海尔的重要目标。因此宣传海尔品牌是海尔在美国的一项重要任务。近年来，海尔在美国的宣传力度不断加大：将海尔最新的DVD与美国家喻户晓的明星迈克尔·乔丹联系在一起的宣传片已开始在美国电视的黄金时段播放。在美国主要机场，人们周围的手推车上都已打上"Haier"的商标。在洛杉矶、纽约的大街上，不时可以在车站广告牌上看到海尔的宣传标语。海尔产品每年都要在美国参加4次以上的大型国际展览会。美国发行量很大的报纸杂志上，也经常会看到海尔的宣传，如2001年3月，专为美国市场设计的海尔酒柜就登上了在美国家电行业影响最大的杂志《AM》（《家电制造商》）的封面上。近年来，美国著名杂志《TWICE》则刊载有关海尔文章已有10多篇，最近该杂志又披露，海尔冰箱与GE、惠尔浦等世界名牌一起成为美国最畅销产品。

随着海尔品牌在美国的打响，早已觊觎已久的一家世界著名的跨国公司主动找上门来，提出了许多极为优厚的条件，目的只有一个，就是要海尔挂他们的品牌，张瑞敏断然拒绝了。这家公司便威胁说："你不跟我合作，我就跟别人合作，那时第一个目标就是你。"张瑞敏笑了笑，引用了美国前总统富兰克林的一句话："我们唯一害怕的就是我们自己"。"我们现在不害怕自己，我们能战胜自己，我们也不害怕你们。你能创一个国际名牌，我们同样也可以创一个国际名牌。"

【思考题】
1. 试总结海尔公司进入美国市场的成功经验。
2. 海尔在中国是名牌产品，市场占有率高，为什么还要进入美国市场呢？
3. 通过海尔的案例分析谈谈你对国际市场营销的认识。
4. 结合中国市场特点，分析把握国内市场营销与国际市场营销的主要区别。
5. 查找相关资料，今日的海尔在海外市场是如何营销的？

【资料来源】韩正忠. 海尔是这样挤进美国市场的［J］. 市场营销，2002（4）.

华为的新产品开放战略

> **摘要:** 华为技术有限公司是一家生产销售通信设备的民营通信科技公司,于1987年在中国深圳正式注册成立。从1998年开始,华为总共花了数千万美元和5年时间,引进、推行IBM的IPD集成管理模式,使得华为产品开发质量与效率有很大提高,先进有效的管理技术保证了华为的R&D质量与效率,使技术追赶沿着既定目标得以顺利推进、实现技术赶超。华为采取的是一种"拿来主义"的集成创新模式。对于一些基础性的技术领域,华为采取咨询、借鉴、购买和合作的方式,通过各种不同途径获取先进的技术,再对获取的技术基于客户需求进行再创新和集成创新。
>
> **关键词:** 拿来主义;集成创新;技术赶超

1. 华为技术有限公司简介

华为技术有限公司是一家生产销售通信设备的民营通信科技公司,于1987年在中国深圳正式注册成立,总部位于中国广东省深圳市龙岗区坂田华为基地。华为的产品主要涉及通信网络中的交换网络、传输网络、无线及有线固定接入网络和数据通信网络及无线终端产品,为世界各地通信运营商及专业网络拥有者提供硬件设备、软件、服务和解决方案。

2014年,华为销售收入为2 881.97亿元,同比增长20.6%,其中海外销售占62.2%;净利润279亿元,同比增长32.7%。在2014年,华为的三大业务领域业绩均获得显著增长:运营商业务收入为1 921亿元,同比增长16.4%,全球移动宽带网络部署收入占了较大比重;企业业务收入为194亿元,同比增长27.3%,云数据中心解决方案和敏捷网等网络及IT领域业绩实现有效增长;消费者业务收入为751亿元,同比增长32.6%,消费者智能手机需求的增长和新兴市场迅猛发展。

2014年10月9日,Interbrand在纽约发布的"最佳全球品牌"排行榜中,华为以排名94的成绩出现在榜单之中,这也是中国大陆首个进入Interbrand top100榜单的企业公司。

2. 华为400G核心路由器开发的内外部环境分析

2.1 400G核心路由器开发的市场环境分析

近年来，固网宽带和移动宽带的蓬勃发展对骨干网带来了新的挑战，据 Informa Internet Traffic forecast 预测，2010～2016年，全球互联网流量将增长7倍。

骨干网是运营商互联网络的核心，用于实现国家互联、省际互联的战略层面，汇集了整个区域的城域间、数据中心的所有流量，往往是每年流量增长最快的网络层面。核心路由器相当于骨干网中的信息枢纽或"水闸"，其处理性能直接影响到整个网络容量的大小。无论视频、LTE、还是云计算，都驱动着运营商在骨干网上建设具备超大带宽和面向未来的更强的扩展能力。

2010年，随着 IEEE802.3ba100GE 标准的发布，运营商的IP骨干网进入了100G时代。然而经过数年的发展，100GE 端口规模应用，使现有核心骨干路由器100G平台的槽位资源消耗殆尽。为了应对激增的流量，运营商必须对核心路由设备进行改造升级。运营商每年对网络进行升级扩容时都会感叹流量增长太快，实际扩容量远超当年的规划扩容量。核心路由器若继续在100G平台进行集群多框扩展，将使核心节点面临投资、运维、机房空间、耗电等一系列难题。综合考虑各种因素，具有更强扩展能力、更低运维成本的400G平台成为运营商的理想选择。

2.2 400G核心路由器开发的内部资源分析

2.2.1 资产状况

华为公司在2009～2013年的5年间，主营业务收入不断增加。2012年，主营业务收入为2 202亿元，比上年同期增加了8.0%，其中净利润份额也达到了153.8亿元，同比增加了约32%。在华为2014年年报中，华为全年销售收入约为2 881.97亿元，同比增长约20%；主营业务利润约为339亿到343亿元；主营业务利润率约为12%，与2013年基本持平；经营性现金流和资产负债率均持续稳健。可以看出，华为公司有很强的盈利能力，并且能够通过主营业务获得可观的利润。另外，企业经营能力较强，现金流量较为充足，没有出现资金短缺的情况。

2.2.2 管理模式

从1998年开始，华为总共花了数千万美元和5年时间，引进、推行IBM的IPD集成管理模式，使得华为产品开发质量与效率有很大提高。从2000年至今，华为将从IBM引入的IPD项目集成管理逐渐成为技术创新的核心理念，形成规范化的技术创新流程。从而形成了基于市场的研发、业务分层管理、跨部门团队、结构化流程、开放式创新的技术创新管理体系，系统性地保证了华为的持续创新效率。据华为内部经验估计，IPD流程使华为的产品开发周期缩短40%～60%、产品开发浪费减少50%～80%；产品开发生产力提高25%～30%；新产品收益（占全部收益的百分比）增加100%。随后，华为从IPD集成产品研发又扩展到ISC集成产品供应链、MM市场管理、PDM实施等管理模块。先进有效的管理技术保证了华为的R&D质量与效率，使技术追赶沿着既定目标得以顺利推进、实现技术赶超。

2.2.3 研发能力

（1）研发网络。华为在美国、德国、瑞典、俄罗斯、印度及中国等地设立了20个研究所，每个研发中心的研究侧重点及方向不同。采用国际化的全球同步研发体系，聚集全球的技术、经验和人才来进行产品研究开发。如今，华为在国外设立了美国硅谷研究所、美国达拉斯研究所、瑞典研究所、印度研究所、俄罗斯研究所。这些地区拥有先进成熟的技术和完备的市场，这些给华为的技术创新提供有力支持。

（2）全球战略合作。华为与美国德州仪器的数字信号处理联合实验室联合开发研究相关通信产品的数字信号处理（DSP）硬件与软件，提高华为公司开发工程师对数字信号处理芯片的开发应用能力，快速催生了华为在多媒体领域里的新技术应用。华为与英特尔的联合实验室旨在开发基于英特尔IX架构的通信解决方案。除此之外，华为还与TI、摩托罗拉、Agere、ALTERA、SUN、微软、NEC等世界一流企业成立联合实验室，共同进行技术研发。

3. 华为400G核心路由器开发的主要策略

3.1 产品介绍

NetEngine5000E集群路由器（以下简称NE5000E）是华为面向互联网骨干节点、城域网核心节点、数据中心互联节点以及Internet承载节点推出的超级核心路由器。NE5000E采用先进的背板架构和分布式可扩展软件平台，可提供海量交换容量和超高转发性能，全面满足新一代互联网对带宽性能、服务质量、业务能力的需要。华为历经十多年的研究和创新，突破了多个技术难关，主导了多项国际标准，并掌握了核心技术专利，最终实现了网络核心设备的自主研发，在400G时代实现在IP领域从跟随到超越。

3.2 华为400G核心路由器的抢占市场策略

在路由器、交换机这些电信网络传输核心设备领域，华为一直处于追赶地位。2004年，华为发布的10G路由器比思科落后了4年；之后华为加快创新步伐，不断缩短与思科的技术差距，40G 路由器时间差距缩短到 2 年；直到 2010 年，华为发布的 100G 路由器与思科追平。2012 年，华为真正超越了思科，当思科仓促宣布其 CRS—X 产品将于 2013 年底支持 400G 传输能力时，华为的 400G 核心路由器已经在全球开始商用部署。

3.2.1 400G 核心路由器的提出

2012 年夏，华为的固定网络运营商 IP 管理团队开始谋划路由器的下一步——400G 的推出计划。经过各个环节充分的评估和战略取舍，最终确定 2013 年上半年推出 NE5000E 400G 核心路由器商用版本，比原计划提前半年，以把握最佳"市场机会窗"。400G 核心路由器研发，需要经过芯片开发、芯片导入、硬件单板开发、产品软件开发、软硬件联调和稳定等过程，按照当时的研发能力，产品要到 2013 年下半年才能达到商用标准，而交付的时间提前到 5 月，无疑对研发团队是一个很大的挑战，需要芯片导入一次成功、硬件投板一次成功、软件效率大幅提升……

3.2.2 400G 核心路由器的研发过程

（1）芯片开发。芯片一向是提升路由器产品竞争力的核心技术，研发周期长，因此芯片开发在整个研发过程成为撬动 400G 格局的关键杠杆。未雨绸缪，早在 2010 年 10 月，海思团队就已经为路由器的 400G 提前准备。深圳、渥太华、北京、南京的跨国海思芯片设计开发团队组建的同时，与之配合的芯片 SD58XX 验证项目组也投入精兵完成组建。

芯片样片回片以后，最重要的一项工作是芯片导入，就是芯片接口和路由器的业务接口打通的一个过程。400G 路由器芯片是集成了 22 亿个晶体管的高复杂度逻辑电路，是业界同等工艺水平的 2.5 倍，它的难度和复杂度在业界首屈一指。按照以往经验，从回片调试到项目 TR5（达到商用标准）导入会超过 1 年的时间，而这次芯片导入仅用 8 个月就完成了，刷新了公司高复杂度芯片导入的纪录。NP 芯片自动化测试平台实现了 100% 用例的自动化；利用仿真平台进行验证，在回片前排除了上万个寄存器配置错误的风险，为真正意义上的零调试做好了充分的准备。

（2）硬件开发。路由器的单板一向以复杂度高著称，单板面积大，PCB 层数多，芯片管脚数量动辄多达数万个，器件数也上万个，并引入了整板无铅、小孔背钻等新工艺和新技术，设计难度非常大。400G 线路板要保持和之前 100G/200G 单板相同的面积，对高速信号线、单板密度、散热能力的开发难度倍增。如此难度的单板开发项目，在初期就遇到了重大的挑战——人力和进度的挑战。同期硬件一共规划了 5 个主力单板，人力严重不足。

在此时，华为敲定了一个全新的开发模式——群开发模式：组建一个项目组，在组内设立模块 owner 和单板 owner，模块 owner 负责所有单板在模块上的集成,单板owner负责所有模块在单板上的集成。后来400G线路板一次投板成功也证明了群开发模式是一种非常高效的作战阵型。2012年10月25日,400G软硬件联调开始了。第一天CPU小系统启动运行,第二天NP调通,但是到TM却卡住了,重新逐条列举各种可能,然后再逐条分析和验证,终于所有业务全部打通。

（3）软件开发。400G软件开发的过程也不是那么平坦。项目进行到TR1、TR3的时候就遇到了困难,TR2延期一个月,TR3还是延期一个月,进度本来就非常有挑战性,这才刚刚开始就延期。经过一番论证,版本管理团队决定所有设计必须达到质量要求,才可以启动代码编写。

有了软件前期的质量保证,2013年5月路由器V8R5400G版本兑现挑战承诺,按时通过TR5,标志着产品达到商用标准。

3.2.3 400G核心路由器的大规模商业化

作为全球唯一具备规模商用能力的400G核心路由器,华为NE5000E核心路由器单槽位能力支持2T,单框容量达到6.4T,整机容量高达32T,可满足运营商未来10年的业务需求。同时,根据业界权威测试机构EANTC报告显示,华为400G平台整体功耗控制在小于1W/G,实现绿色节能,降低运营成本。通过了权威机构的测试及规模商用部署的实践验证,运营商无需对400G技术和产品的成熟度有太多顾虑。

400G核心路由器以其领先的线卡能力、低能耗、高性能等优势,迅速引爆全球市场：2013年8月,华为与沙特阿拉伯Mobily完成业界商用400G IP骨干网建设,开启全球400G IP骨干网建设的序幕；与泰国True和DTAC两大运营商合作,实现了IP Core网络的改造升级,为当地蓬勃发展的UMTS时代提供更丰富、更流畅的业务保障；10月,俄罗斯MegaFon携手华为引领欧洲IP骨干网进入400G时代,这是欧洲第一个400G骨干网,为俄罗斯数千万MBB用户提供更丰富、更流畅的业务体验,实现面向未来的网络建设和演进；11月,华为和西班牙固网运营商Jazztel联合宣布开启了西欧400G商用时代。截至目前,华为NE5000E核心路由器400G平台已在全球五大洲,超过30个国家,近50个运营商实现规模应用,服务于超过1亿最终用户,成功抢占IP超宽带时代战略制高点,极大提升了华为IP在全球电信市场的品牌形象,标志着华为在高端核心路由器技术领域首次实现超越。

因为及时抢占市场,华为至今在400G的商用部署上稳居业界领导地位。

4. 经验和启示

4.1 引进与创新

华为采取的是一种"拿来主义"的集成创新模式。对于一些基础性的技术领域,华为采取咨询、借鉴、购买和合作的方式,通过各种不同途径获取先进的技术,再对获取的技术基于客户需求进行再创新和集成创新。

当华为刚刚进入通讯领域的时候,西方公司在这个领域里已经持续积累了数十年,要消除这几十年形成的技术鸿沟,不是短期可以做到的。更重要的是,客户不会等待,如果投入大量人力、物力从头开始研究探索,搞重复开发,成本太高,时间太少,市场机会窗就错过了。华为并没有闭门造车,刻意追求自主创新,而是在学习西方公司产品的基础上推出改良的产品。华为的第一款产品 BH01 是一个 24 口的用户交换机,属于低端机。之所以选择从该产品开始做起,就是因为当时交换机的技术已经比较成熟,有现成的产业链资源可以直接利用。后来,华为根据客户的一些产品改进需求,推出了 BH03 用户交换机这种小创新产品,赢得了客户,并在竞争的市场上逐步求得生存。华为公司的创新观念,就是要勇于承认与西方公司的差距,以虚心和开放的心态,在继承前人创新成果的基础上进行持续再创新。

在后来对外合作的过程中,华为也始终坚持"技术拿来主义",即勇于借鉴别人的科研成果。在新产品开发中,华为要求研发人员尽量引用公司已拥有的成熟技术,以及可向社会采购的技术,若利用率低于 70%,而新开发量高于 30%,只会提高开发成本,增加产品的不稳定性,这不仅不叫创新,反而是一种浪费。这种积极跟随与借鉴的研发策略,也从另一个角度说明了华为对开放式创新灵魂的把握。

华为的开放式创新能给国内其他企业带来一些启示。在国内研究开发能力整体上较低的情况下,企业应当扬长避短,紧跟国内外大企业的研究动态,适当引进技术,注重引进技术的改进和创新,适时开发外围专利技术,及时获得法律保护。中国的很多企业,甚至日本、韩国的很多企业都走过从引进到创新的道路。国内企业要重视适时引进国内外先进技术,在引进技术的基础上积极消化吸收、进行二次创新,并通过专利形式获得市场竞争力。

4.2 重视合作

华为一直坚持与业界最优秀的企业紧密合作,与客户和供应商建立了稳固的合作关系。截至 2010 年,全球 50 强运营商中的 45 家选择了华为作为合作伙伴。此外,与友商建立多层次合作,共同构建面向未来的、多赢的、共同生存的安全发展模式。实现分工合作、优势互补。如,2003 年 8 月,华为与西门子合作推动 TD—SCDMA 产品的产业化、商用化;2006 年 7 月,与摩托罗拉在上海联合成立全球 3G 研发中心等。除此之外,在管理方面,华为同世界一流管理咨询公司合作,重组管理与业务流程,建立与国际接轨的管理运作体系。在技术方面,与世界一流公司(如 Intel、IBM、Microsoft、HP 等)进行合作和建立联合实验室。

华为的全球合作战略也是值得其他企业去效仿学习的。与海内外优秀企业的合作，可以利用合作的整体优势，各方从中获得更多的收益；能更为有效地利用资源，获取尖端的技术、广阔的市场以及先进的管理经验，去弥补企业的诸多不足；可以用更高的标准来约束自身，与竞争对手和合作伙伴共同建设维护良好环境；可以加快产品开发和投入市场的进程，在竞争激烈的市场中迅速占领一席之地等等。其他企业要从华为的合作经验中获得启示，积极寻求契机，找准方向，加强企业间合作实现共赢。

【思考题】

1. 华为成功的开发出400G核心路的基础是什么？
2. 华为在开发新产品的过程中积累了哪些成功的经验，这些经验是否值得其他企业学习和借鉴？

【资料来源】

[1] 苗青丽. 华为公司技术创新管理研究［D］. 武汉理工大学硕士学位论文，2007.

[2] 徐上峰. 华为企业业务快速突破的三个原因［J］. IT时代周刊，2015 (5).

[3] 武亚军. 中国本土新兴企业的战略双重性：基于华为、联想和海尔实践的理论探索［J］. 管理世界，2009 (12).

[4] 引爆400G，激情超越——记核心路由器400G研发故事. 华为心声社区.

[5] 田涛. 不创新就会被消灭华为的创新理念与实践［J］. 创业家，2014 (6).

可口可乐公司的产品
差异化与标准化策略

摘要： 可口可乐公司成立于1886年5月8日，总部设在美国佐治亚州的亚特兰大，是全球最大的饮料公司。"当地主义"使可口可乐的海外市场得到了奇迹般地扩大，可口可乐公司收入的63%，来自海外市场。可口可乐公司这种既避免风险，又给人以利，共同开创事业的"当地主义"经销方式，成功地拓展了其他国家的市场。可口可乐在中国的产品结构非常清楚地展示了可口可乐公司如何根据消费者需求的变化，灵活地将本土化思考、本土化行动的思想战略应用于实践中。

关键词： 当地主义；本土化；产品结构

1. 公司简介

可口可乐公司成立于1886年5月8日，总部设在美国佐治亚州的亚特兰大，是全球最大的饮料公司，拥有全球48%市场占有率以及全球前三大饮料排名中的两项（可口可乐排名第一，百事可乐第二，低热量可口可乐第三）。可口可乐在200个国家拥有160种饮料品牌，包括汽水、运动饮料、乳类饮品、果汁、茶和咖啡，其中可口可乐为其取得超过40%的市场占有率，而雪碧则是成长最快的饮料，其他品牌包括伯克的root beer、芬达、酷儿等。

自问世以来，可口可乐一直被视为美国的象征，成为美国生活方式的组成部分。100多年来，可口可乐公司逐渐发展成为一个兼营多种行业的资产雄厚的大帝国，成为世界软饮料的霸主。品牌已经由美国本土品牌逐渐变成一个世界品牌。可口可乐在欧洲市场份额达到50%，在日本，可口可乐控制了80%的销售。伍德鲁夫提出的"让全世界的人都喝可口可乐"体现了可口可乐公司立足于全球市场的雄心。

1927年，可口可乐进入中国，但其在中国的真正繁荣发展还是在1979年重新回到中国市场后（此前可口可乐公司曾因一些原因撤出了中国市场）。重返中国市场后，可口可乐建有43家生产厂（包括港澳台地区），拥有约45 000名员工,其中,99%为中国本地员工,截至2014年年底,可口可乐在中国的累计投资达90亿美元。在此期间,可口可乐(中国)有限公司以其骄人的业绩和良好的市场口碑当仁不让地霸据中国软饮料市场的榜首,成为饮料行业争先恐后学习和效仿的楷模。

据统计,2014年,全球饮料行业年均增长率达到3%。其中,即饮料的年均增长率达11%,能量饮料为10%,非碳酸饮料达8%,酒精饮料为6%。南美、亚洲、中东和非洲地区的碳酸饮料市场正以5%的速度增长,印度碳酸饮料增速约为10%。相比碳酸饮料销量的不断增长,玻璃瓶包装和金属罐包装市场份额逐渐被塑料包装所侵蚀。随着越来越多的企业参与到全球饮料行业中来,可口可乐公司面临着巨大的竞争压力,尤其是来自百事可乐的竞争。

百事可乐创建于1898年,比可口可乐晚十多年。经过近半个世纪的不懈努力,百事可乐发展迅速,与可口可乐相比,1960年为2.5∶1,1965年变成1.15∶1,1977年以来,它在美国软饮料市场的销售量开始赶上可口可乐。百事可乐现在已经成为足以与可口可乐相抗衡的国际品牌,并与可口可乐进行着持续激烈的商业竞争。从口味到价格,从定位到广告,从营销活动到明星代言,从商业文化到包装变化,世界两大可乐巨头之间的龙争虎斗可以说精彩纷呈。百事是年轻一代非常热衷而欢迎的品牌,但可口可乐这个既古老又年轻的品牌,凭借着其深厚的品牌文化背景,并通过收效甚佳的本土化运作,已经在消费者心目中建立起独一无二的品牌形象。

2. 可口可乐公司的标准化和差异化战略

2.1 "当地化"的提出

可口可乐大规模地走出美国本土,是从第二次世界大战时开始的。在这之前,可口可乐虽然也在法国等欧洲国家销售,但销量实在是微不足道。"二战"中,可口可乐伴随着美国士兵的步伐飞到了欧亚许多国家。在美国军人的影响下,当地人也开始喝可口可乐。到20世纪40年代中期,即第二次世界大战末,可口可乐的年销量已达50多亿瓶,仅在世界各地的可口可乐装瓶厂就增加到64家,从此可口可乐公司成了世界知名的大企业。"二战"结束以后,随着大批参战的美军回国,海外市场面临着迅速萎缩的危险。时任可口可乐公司总裁的伍德鲁夫经过一番调查,提出一个新的设想,即在海外利用当地的人力来开拓可口可乐的市场,这也是伍德鲁夫的所谓"当地主义"。

伍德鲁夫"当地主义"的主要原则是:①在当地设立公司,所有员工都用当地人;②由当地筹措资金,总公司原则是不出钱;③除了可口可乐"秘密配方"

的浓缩原汁以外，一切设备、材料、运输、销售等，都由当地人自制自办，总公司只提供技术服务；④销售方针、生产技术、人员培训由总公司统一负责。那个时候，跨国的企业联营还处在萌芽状态，国际间的技术转让与合作，也仅仅在机械方面开始出现，像饮料市场这样的一般消费品，转让技术和出卖制造权还是没有先例的。伍德鲁夫的设想提出以后，自然遭到了董事会里一些人的反对，他们认为这样做恐怕难以保证可口可乐的质量。伍德鲁夫向他们解释说："技术和质量控制完全由我们教给当地人，只要他们掌握了就不会有什么问题。重要的是我们必须这样办，外国人对美国货不会永远迷信。他们的爱国之心会逐渐加强，像饮料这样的消费品，如不借助当地人的力量，很难在海外长期立足。只有搞'当地主义'，让当地人来掌握生产和销售，才能永久立于不败之地。"

以后的事实无可辩驳地证明了，"当地主义"使可口可乐的海外市场得到了奇迹般地扩大。可口可乐公司只提供每瓶可口可乐仅0.31%的原浆，其他的99.69%的水、碳酸、砂糖、香料都在当地调配。据统计，20世纪末，可口可乐已经在全球借别人之力建起1 200多家装瓶厂，可口可乐公司收入的63%来自海外市场。可口可乐公司这种既避免风险，又给人以利，共同开创事业的"当地主义"经销方式，成功地拓展了其他国家的市场。

2.2　"全球化思维，本土化行动"——差异化的进一步推进

1997年，经济危机导致整个东南亚市场低迷；1998年，俄罗斯政府不履行债务；2000年，美国股市泡沫破裂；以伊拉克战争及恐怖活动为代表的政治局势动荡……20世纪末，可口可乐的业绩处于低迷状态。在亚洲危机波及全球的1998年，可口可乐的收益连续两年大幅度减少。正是在这种形势下，为了重振经营，道格拉斯·达夫特于2000年2月走马上任。达夫特上任后一年多以后，将重点放在了开拓可口可乐国际市场方面。达夫特认为公司的经营将受到国际事件的极大影响，他认为至少有八成销售额靠美国之外实现。有评论称，达夫特具有独到的全球性思维，是可口可乐公司真正懂得海外市场运作的首席执行官。

达夫特上任后，立刻对可口可乐的全球战略进行了调整。他宣布："我们如今所处的世界已经发生了巨大的变化，因此我们必须积极调整我们的战略从而迈向成功……没有什么全球化饮料，各个地区的消费者都有自己不同的消费口味和习惯，如果他们渴了，他们会买一罐当地生产的可乐。"在其经营思想下，可口可乐公司推出了针对全球每一个市场区划的新市场计划，运用广泛的组合传达一个集中的理念。不久，公司的销售收入开始回升，经营状况逐渐好转。达夫特的经营思想则被一些战略管理学者概括为"全球化思维，本土化行动"。

从2002年第二季度以后，可口可乐逐步摆脱低迷，步入正常发展轨道。在世界经济停滞不前的形势下，如何实现这种高增长？对于这一难题，达夫特给出

的答案就是"多元化"。而这里所说的"多元化",是始终在饮料这个老本行里,通过不断投入新产品,来扩大产品阵容。"在以可口可乐为代表的现有商品方面,本公司已经建立了与几十亿消费者密切相关的稳定的流通渠道,我们将增加在这一渠道中流通的饮料种类",达夫特的战略非常明确。可口可乐在全球 200 个国家开展业务,拥有销售现有饮料的渠道,因此该公司的基本战略就是通过推出更多的新产品来增加收益。

2.3 产品多元化战略的配合

2.3.1 口味的多元化

(1) 在传统碳酸饮料中增加新产品。可口可乐公司投入精力最大的是传统可口可乐品牌的多元化。21 世纪初在美国上市的"香草可乐",就是在广为人知的可口可乐中加入香草味的商品。上市一年后,表现出强劲的发展势头,并跻身可口可乐在美国推广的饮料品牌的前 10 名。随后登陆日本、德国、英国、俄罗斯、摩洛哥等国家,已开始在 20 多个国家销售。在可口可乐 100 多年的历史中,除了 1982 年的"健怡可乐",1985 年对以前的可口可乐口味加以改进、失败后立即收兵的"新可乐"等为数不多的前例之外,基本上没有生产过由老产品派生出来的新产品。然而,21 世纪初,可口可乐不仅推出了香草可乐,还开始销售各种由可口可乐派生出来的产品。除柠檬口味的"柠檬味健怡可乐"之外,还向市场推出了酸橙味的"酸橙味健怡可乐"、低热量的香草可乐"健怡香草可乐"。"人们的口味各种各样。希望通过向不同口味的人们提供他们喜欢的、被他们看作'我的可乐'的商品,就能抓住更多消费者的心。"可口可乐前总裁兼首席运营官斯蒂芬·海尔解释了多元化的目标。

不仅是可口可乐,在其他的碳酸饮料方面也加快了新产品的投产步伐。例如,主打品牌之一的雪碧于 2003 年开始销售水果味的"混合雪碧",而芬达品牌也开始销售葡萄果味的新产品"葡萄果味芬达"。可口可乐公司碳酸饮料的增长与这些新产品的推出密切相关。21 世纪初,雪碧品牌的出货量在欧洲年平均增长 8%,在北美年平均增长 4%;芬达品牌的出货量同样在欧洲年平均增长 4%,在亚洲年平均增长 5%。

新商品的投入与实现高利润率的目标密切相关。可口可乐所推出的新产品与采用新包装的商品的利润率要高于以前的商品。如在欧洲市场销售的 250 毫升罐装柠檬味雪碧,每罐的毛利比 350 毫升的雪碧还要多 13%;每瓶酷儿的利润比可口可乐高 97%;在菲律宾香草可乐的利润也比可口可乐高出 80%。

2010 年,可口可乐在 200 个国家或地区拥有超过 3 500 种饮料。市场占有率超过 48%。然而,虽然全球市场在向多元化迈进,但可口可乐公司至今未变的战略是:保持并提高主打品牌可口可乐的品牌价值。因为提高碳酸饮料,也就是可口可乐的品牌知名度，加深它给人们留下的印象，也会提高香草可乐、柠檬味及酸橙味健怡可乐的销售额。有的人正因为是了解了可口可乐品牌，才会购买由它衍生出来的其他商品。

（2）非碳酸饮料的多元化。近年来，随着碳酸饮料市场份额的逐步萎缩，代表健康、自然的茶饮料和果汁饮料已成为时尚新宠。可口可乐公司的非碳酸饮料也在向多元化发展，生产了包括果汁、茶饮、乳制品饮料、矿泉水等。其非碳酸饮料发展的进程中，不可忽视的是日本可口可乐起到的重要作用。与美国总部形成鲜明对比的是，日本的销售额中罐装饮料与非碳酸饮料等一直占据了八成左右，一直被认为是可口可乐全球战略中的异类。但日本可口可乐公司推出的上百种口味的几百种饮料，在收入和利润两方面均对可口可乐总公司做出了巨大贡献。销售多种饮料的日本公司在为可口可乐全球战略带来变化与革新方面起到了"催化剂"作用。日本经营者通过在日本市场寻求差异化，使酷儿在全球各地大获全胜。进而形成了以碳酸饮料为标准化，寻求各地产品差异化的经营方式。在不同的地区，可口可乐的当地经营者根据实际情况，销售不同口味与种类的饮料，如在德国就有樱桃口味的商品，而中国台湾更早地开始销售尚未在日本上市的酷儿儿童运动饮料。

2.3.2 包装的多元化

可口可乐不仅增加了饮料的种类，在包装上也实施了"多元化"战略。我们最早接触可口可乐都是玻璃瓶装的，玻璃瓶的设计是可口可乐于1898年斥巨资购买的包装专利。一度使消费者一见到玻璃瓶装的产品，头脑中便显现出可口可乐。此后，可口可乐公司也是不断改进着包装上面的设计。2003年可口可乐将其原有弧形瓶改为设计独特的"气泡弧形瓶"；"飞浪红盖"则被可口可乐斯宾瑟英文字体所代替。针对中国市场，可口可乐传统的中文字体被更新为更具现代感的斯宾瑟中文字体。

21世纪初，可口可乐推出新标识和芬达的葫芦瓶包装，并针对在家饮用、外出时携带、出席晚会等不同场合，设计出了不同容量的包装，包括2.3升大包装和500ml的小型瓶装。除此之外，可口可乐还常常通过改变包装形象来配合自身的广告或公关活动，从而使品牌传播效果达到最优化。

2.4 可口可乐在中国的产品战略

2.4.1 产品结构多样化

改革开放至今，随着中国消费者的需求越来越多样化，饮料的市场结构已发生变化，加之饮料民族品牌不断发展壮大，可口可乐公司面临着激烈的市场竞争。因此，自1996年起，可口可乐公司开始涉足非碳酸饮料市场，推出了茶饮料、果汁和矿物水。相继推出了"水森活"瓶装水、"酷儿"果汁、"阳光"系列茶、"岚风"蜂蜜绿茶和雀巢冰爽茶等饮品。目前,可口可乐公司在中国销售的汽水饮料包括可口可乐健怡可口可乐、零度可口可乐、雪碧、芬达、醒目,非汽水饮料包括冰露、原叶茶饮、爽健美茶、酷乐仕、美汁源果粒橙、美汁源果清新、美汁源果粒奶优、健康工房本草饮料、维他命饮料酷乐仕等。

目前,非碳酸饮料已经成为可口可乐公司在中国市场增长的重要动力。可口可乐在中国的产品结构非常清楚地展示了可口可乐公司如何根据消费者需求的变化,灵活地将本土化思考,本土化行动的思想战略应用于实践中。

2.4.2 包装策略本土化

针对中国本土特点,可口可乐将春节等主题融入其包装,使其更具有观赏性和收藏价值。消费者在购买时不仅仅是可乐本身,更是一种对于文化理念的内在感受,如颇具创新的12生肖主题可乐罐就是针对中国特有市场及文化设计的,它标志着可口可乐首次在全球根据中国文化,设计出了具有浓郁本土特色并极具收藏价值的纪念性包装。2001年,可口可乐公司结合申奥成功的事件营销策略,推出珍藏版包装设计。北京申奥成功之前,就特别设计制作了限量发售的珍藏版"申奥金罐"包装。罐体由红、金两种颜色作为主色调,并匠心独具地加入天坛、长城等象征中国地建筑以及各种运动画面,将申奥成功的喜悦、体育的动感,以及奥运精神有机地融合为一体。罐口处写着"为奥运牵手,为中国喝彩"的字样。

2013年5月,在国内碳酸饮料市场集体走衰的背景下,可口可乐在中国全线启动了"个性瓶"战役。"高富帅"、"喵星人"、"文艺青年"、"小清新"等年轻人熟悉的网络流行语被签印在可口可乐的瓶身上,作为对购买者的昵称。如果你想拿到印有自己名字在的可口可乐,还可以通过快乐贩卖机,为自己制造独一无二的快乐昵称瓶。在"昵称瓶"受到广泛关注与好评之后,可口可乐趁热打铁,又上市了第二季的"歌词瓶"。这些歌词大多来自当下最受欢迎的明星和他们的热门单曲,包场括周杰伦的"听妈妈的话"、五月天的"我和我最后的倔强"。歌词考虑了不同年龄段人群对流行歌曲的认知区别,既有"70后"熟知的"阳光总在风雨后",也有"80后"熟知的"我一直有双隐形的翅膀",还有"90后"和"00后"都喜欢的"时间都去哪儿了"。

"昵称瓶"和"歌词瓶"在发行前均通过大量精细化的市场调查以及客户人群细分,设计时的创意均以个性化以及情感为主,极具本土化特点,满足了用户的个性化需求,受到了用户的广泛好评和高度青睐。也为可口可乐公司赢得了客户的高度青睐以及业绩的大幅上涨。2014年7月24日,可口可乐宣布其在中国二季度的业务增长达到了9%,中汽水的增幅达到10%。可口可乐公司通过产品创新和营销方式的创新,吸引了消费者的持续关注并带动业务的不断增长。

可口可乐公司一直以最典型化的美国风格和美国个性来打动消费者。但随着其全球化经营的推进和消费者需求的多样化,为了获得更多的市场份额,可口可乐公司正在大踏步地实施本土化战略,在全球第一个提出了"Think Local, Act Local(思考本土化,行动本土化)"的本土化思想,即应当地消费者的需要而作相关的决定。可口可乐公司推出了多元化的产品以满足各国消费者的需求,同时,通过包装的本土化促进了产品的销售。

虽然全球市场在向多元化迈进,但可口可乐公司至今未变的战略是:保持并提高主打品牌可口可乐的品牌价值。因为提高碳酸饮料,也就是可口可乐的品牌知名度,加深它给人们留下的印象,也会提高香草可乐、柠檬味及酸橙味健怡可乐的销售额。有的人正因为是了解了可口可乐品牌,才会购买由它衍生出来的其他商品。因此,产品的标准化和差异化策略是相辅相成的,任何一种绝对的策略都是不可取的,跨国公司的选择也是因时因地而变的。

【思考题】
1. 产品标准化与差异化策略关系怎样?可口可乐公司是如何处理二者的关系的?
2. 企业选择标准化或当地化策略的条件是什么?
3. 案例中谈到的差异化与多元化是一回事吗?给出你的理解。
4. 评价可口可乐在中国的营销策略。

【资料来源】根据相关资料编写。

麦当劳该不该当地化

> **摘要：** 作为美国精神的范例，麦当劳的成功离不开其具有远见的当地化战略，目前麦当劳在121个国家拥有近三万个快餐店，产品本地化是麦当劳在当地市场取得成功的重要手段，麦当劳在不同的国家都是推出适应当地人口味的产品。为吸引合格且资金充足的国外合作商，麦当劳授予地区特许经营权，而不是常见的按店铺授予经营权。麦当劳的当地风格强有力地提升了麦当劳在所在地的竞争力。
>
> **关键词：** 产品本地化；特许经营；竞争力

  由于严格的质量控制以及在全球范围取得的成功，麦当劳集团经常被看作美国精神（和全球化）的范例。麦当劳在121个国家拥有近3万个快餐店，每天服务约4 600万顾客，年销售总额超过410亿美元。

  公司拥有相当细节化的需严格遵守的规范和制度。在英国，麦当劳咖啡的高标准激起了英国咖啡供应商的众怒，公司在无法获得高品质汉堡面饼的情况之下修建了自己的工厂。麦当劳向泰国农民提供援助，教其种植爱达荷黄土豆。当在欧洲无法获得理想的供货时，公司毫不犹豫地从加拿大进口法式薯条，从俄克拉荷马州进口派。

  但是，正如《广告时代》《华尔街日报》和《直销》所报道的，公司在商品方面也允许适度的灵活性和创造性。在东南亚，麦当劳提供用美味的热带水果制成的榴莲口味奶昔，亚洲人接受这种香味，而西方人则觉得恶心。在中国香港还可以看到椰子、芒果和热带薄荷奶昔。在欧洲也应该对菜单进行修改。麦当劳在瑞士销售淡啤酒，这在当地不需要酒精饮料许可，并在欧洲大陆出售鸡块（以阻截KFC）。麦当劳在香榭丽舍提供白葡萄酒和红葡萄酒，而咖啡则是用小杯装的特浓黑咖啡。在英国，麦当劳提供茶品。除非客户要求红茶，否则会在茶中加奶。

  麦当劳的澳大利亚快餐店以前提供羊肉派，而在面条特别流行的菲律宾快餐店提供McSpaghetti。相类似地，在墨西哥，麦当劳提供McPollo鸡肉三明治和墨西哥胡椒调味汁作为汉堡包的调味品。对于日本人而言，由于食用美国中西部牛肉就像吃鹅卵石，麦当劳在日本销售的汉堡采用不同的纹理和香料。在许多国家，消费者将快餐看成是小吃而不是正餐。

此外，公司的经营理念也有所改变。为吸引合格且资金充足的国外合作商，麦当劳授予地区特许经营权，而不是常见的按店铺授予经营权。

尽管有强大的美国形象和三明治，麦当劳还是需要完成相当多的产品本地化。看看以下这些非美国产品：咖喱牛肉饭、姜汁牛肉和香辣土豆蛋黄酱（台湾），煎蛋加腌甜菜片汉堡包（新西兰），香辣肉饼配酸奶酪和番茄汁（土耳其），红酱意大利面（菲律宾），油炸豆荚肉饼（埃及），Aloo Tikka（印度），Teriyaki 肉饼（日本），Mcarabia 薄饼（安曼），犹太人爱食用的 McNuggets（以色列）以及两片薄烤面包片间夹起司和火腿（法国）。

在中国台湾，麦当劳餐厅几乎完全由台湾人经营。麦当劳在 2002 年延续中国香港以及菲律宾、印度尼西亚和泰国的趋势，增加了米饭。麦当劳控制了台湾地区快餐市场七成份额，并希望通过米饭来吸引成年人与儿童在快餐店用餐来增加市场份额。而管理层所注意事实是在台湾地区的成功完全基于其核心业务（麦当劳传统业务）。

McThai 有限公司增加了麦当劳泰式感受。约 15% 的菜单都采用本地产品以符合本地口味。菜单包括椰奶米饭配香辣木瓜沙拉，以及甜点，如西米和椰子派。此外，总经理还计划引入"饮食娱乐"概念，将娱乐与饮食相结合，增加卡拉 OK 和竞赛等活动也在计划之中。

在欧洲，麦当劳也体现出明显的当地风格。麦当劳在英国的快餐店是全球第一家销售新鲜水果的店铺（葡萄和苹果片），还有不加糖的果汁和含有低于 5% 脂肪、266 卡路里的面食。法国对于麦当劳更为关键，公司每 6 天就会开一家新店。令人意外的是，法国顾客每次前往麦当劳一般会花费 9 美元，是美国平均消费水平 4 美元的 2 倍之多。对于效率至上的麦当劳而言，麦当劳法国店似乎忽略了这一点。麦当劳用别致的内饰和附加设备（如 MV）对店铺进行重新装修，以鼓励顾客多逗留。取代美国店铺那种为提高服务速度而提供的流线型菜单，法国店增加了菜单项目，一种热火腿—起司三明治特别流行。在建筑风格方面，麦当劳法国公司将店铺设计进行修改，以结合当地建筑风格。在 Alps 的一些快餐店使用木材和石头内饰，让人有牧场小屋似的怀旧感。在 900 多家法国快餐店的风格设计方面，在标准设计基础上又增加了 20% 的附加设计，店铺的销售额也增加了多达 20%。

可以想象的是，法国的此种方法在美国可能不会奏效，因为美国快餐顾客只是想要快速服务，以及便宜、可口的食品。麦当劳也曾从澳大利亚引入 McCafe 概念，但在美国失败了，而且在比萨饼方面也没有做好。

在过去，麦当劳的理念是在相同的餐厅环境中向各地的消费者销售相同的食品，此战略在使公司成为全球最大快餐连锁企业过程中起到了重要作用。麦当劳已计划在2007年向欧洲业务方面投资多达8亿欧元。尽管欧洲的快餐店数量仅有美国的一半，但其获得的投资与美国一样多。正如麦当劳所解释的，"麦当劳是美国品牌，但麦当劳应该变得更欧洲化。与过去相比而言，麦当劳应该更多的与本地文化相联系"。

【思考题】

1. 受到在亚洲和莫斯科所取得成功的鼓舞，麦当劳的管理者想在全球范围内"麦当劳化"，请讨论这种想法应用的前景。

2. 麦当劳是否应该将产品组合标准化？麦当劳如何体现普遍化并出口到其他国家？

【资料来源】［美］萨克·翁克维斯特，约翰·J. 萧. 国际营销学［M］. 邵建红，王凯译. 清华大学出版社，2013.

宝洁公司多品牌战略

> **摘要**：在 21 世纪经济全球化发展的今天，随着各国的经济贸易往来日益加深，各国的文化、商务交往日益频繁，各国正在逐渐融为一体化已成未来发展趋势。而在这种大背景下，作为世界"航空母舰"级别的跨国公司巨头——宝洁公司，从发展之初到今天在如此纷繁复杂的世界市场中稳居日化业企业巨头的地位，究竟靠的是什么发展策略取得如此的成功？本案例从内外部环境详细分析宝洁公司的多品牌战略，揭示了宝洁多品牌战略的成功之道。
>
> **关键词**：品牌战略；营销；品牌

1. 公司简介

宝洁公司（P&G）成立于 1837 年，是美国的一家股份制性质的具有 178 年发展历史的全球最大的日用消费品公司之一。作为世界日化行业"航母级"的跨国公司，宝洁在全球 80 多个国家设有工厂及分公司，总员工数约 127 000 人之多，在全球分布有 28 个技术中心，每年投资在研发上的费用超过 13 亿美元，所拥有的专利数量超过 29 000 项，经营 300 多个品牌的产品并且畅销于 160 多个国家和地区，其中包括织物及家居护理、美容美发、婴儿及家庭护理、健康护理、食品及饮料等。

该公司品牌在世界品牌实验室（World Brand Lab）根据公司的品牌影响力、市场占有率、品牌忠诚度、全球领导力五要素的综合测评而编制的 2014 年度《世界品牌 500 强》排行榜中名列第 34 名。

此外，根据 2014 年宝洁公司的财务报告显示，其在 2014 年的净销售额达 830.26 亿美元，营业收入达 152.88 亿美元，归属于宝洁公司的净收益为 116.43 亿美元，营业利润率达 14.1%。

2. 公司内外部环境分析

2.1 宝洁公司的外部环境分析

本案例中将利用 PEST 分析方法对宝洁公司的外部环境进行综合分析，其中，PEST 分析是指宏观环境的分析，P 是政治（politics），E 是经济（economic），S 是社会（society），T 是技术（technology）。在分析一个企业集团所处的背景的时候，通常是通过这四个因素来进行分析企业集团所面临的状况。为此，本案例对宝洁公司的外部环境具体分析如下。

2.1.1 技术环境分析

（1）追求可持续发展是技术创新的源泉，而环保节能也推动了宝洁公司进行技术创新，这些创新既能提高利润，也能增加销售收入。

（2）据了解，宝洁公司曾计划在 5 年内（2008～2012 年）最少生产累计价值 200 亿美元的对环境影响比较小的产品。而在 2009 年，宝洁还加入了《哥本哈根气候变化框架公约》，制定了 2012 年全球减碳足迹的指标，并表示将及时公布阶段性减碳的结果。

（3）世界各地消费者对美容产品的需求变化多端，零售需求量瞬息万变，市场季节需求波动大，同样一种商品今天热销，明天就可能无人问津。因此，产品的研制，供应和存货水平必须提高灵敏度，紧跟市场需求走，坚持以市场为导向，不断突出保洁公司的名牌优势，因此宝洁公司从美国延伸到世界各地的供应链必须拥有反应快，效率高和持续性强的特点。首先，降低世界各地存货水平的 3%～7%，同时，确保世界各地产品的满意度在 99% 以上。这样可以确保宝洁公司的产品能够随时适应市场的变化并可以防止产品浪费，造成损失。

2.1.2 社会文化分析

由于人们的环保意识加强，以及节约能源等原因影响，宝洁也需要注重这些方面的产品的生产，使用可再生资源，研究可以再次回收利用的产品。由于人民生活水平的提高，日化产品结构将从基本消费向个性化消费转变，人们的普遍消费将不再太过看重产品的价格，而更加重视产品的质量以及效果。现在，日化市场将从以城市为主向城乡并重转变，宝洁也加强的对非城市地区的宣传与推广，使其产品不断为人所熟知，扩大了其影响力与市场占有力。无论在哪个国家，宝洁都是一支特别重视公益事业的企业，这为其塑造了良好的公益形象，是人们更容易接受其产品，也提高了产品的竞争力与品牌价值。

2.1.3 政治法律环境分析

在中国，由于社会主义市场经济的发展，人民的生活水平大大提高了，同时也为日化行业带来商机以及广大的市场。"十五"规划提出发展包括日化在内的轻工业,这对于宝洁来说是遇到了其发展的黄金时期。而从 2006 年 4 月 1 日起取消了护肤护发用品的消费税,高档护肤品的消费税率从 8% 上调至 30%;则使保洁的产品价格上拥有更大的弹性,促进其产品的消费,整体来说,这个政策对宝洁来说是有利的。

2.1.4 经济环境分析

经济全球化的发展以及人民消费水平的迅速提高,导致对日化市场需求巨大,这就给宝洁产品创造了一个良好的市场环境,尤其是在中国,近 20 年来,我国化妆品年销售额以年均 23.8% 的速度迅猛增长。但同时也要看到中国物流不尽如人意,一些地方交通不是很便利,产品运输不能达到尽善尽美。信息化还不是十分普遍,原材料价格的上升,以及金融危机对日化产业的影响,同样对宝洁的发展造成了阻碍,而宝洁克服这些阻碍仍需要自身不断的努力。

2.2 宝洁公司的内部环境分析

2.2.1 宝洁技术与研发能力分析

创新是一个企业立于不败之地的必要条件。技术的创新和研发是分不开的,宝洁在全球拥有强大的研发后盾,具有极大的竞争优势。

19 世纪 90 年代,宝洁在 ivorydale 工厂建立了第一个分析实验室;

1952 年,宝洁在辛辛那提市成立了一个全新的研发中心;

1963 年,欧洲技术中心在布鲁塞尔落成;

1993 年,在日本的总部,技术开发中心落成。

2010 年 8 月 19 日,宝洁全球六大研发中心之一的北京研发中心正式落户顺义天竺工业园,该研发中心就研发领域及品类规模而言已超过宝洁的美国总部。公司员工的外部科研人员在全球已达到 180 万人,对宝洁公司来说这只是起点,他们希望网罗全球更多的科研技术人员,并进一步把目标锁定在全球高校师生科研群体。宝洁在技术研发方面实行借助"外脑"式的开放式创新策略,2009 年 5 月,宝洁公司在全球首次面向大专院校和科研机构举办的微生物技术创新大赛,也是其"联系+发展"网站面向中国后,又一创新举措。除了公司内部分布在全球 28 个研发中心的 9 000 余位优秀研发人员,像这样不属于宝洁公司的外部创新人员总数约 180 万人,使宝洁公司的研发网络遍布全世界。

宝洁每年都会将销售额的 4% 用于研发工作中,在全球范围内,宝洁拥有超过 2.4 万种专利,并以每年新增 3 800 个的速度递增。

目前,宝洁在全球的技术研发中心多达 22 个,遍布 12 个国家,其自身强大的技术创新和研发实力给企业带来了巨大的经济效益。

2.2.2 宝洁人力资源状况分析

(1) 培训开发。宝洁重视人才并重视培养和发展人才,公司每年都从全国一流大学招聘优秀的大学毕业生,并经过独具特色的培训把他们培养成一流的管理人才。不遗余力的培训和发展员工,是宝洁未来事业成功的关键。

宝洁的人才培训公式是:人才 = 观念 + 方法 + 投入。

其中,方法为培训体系;投入为资金、人才的投入;观念就是该不该培训、会不会白花钱这两个问题的答案。

宝洁在美国和中国都建立了培训学校。在中国的培训学校有三点特征:一是全员性。公司所有雇员都有机会参加各种培训。二是全程性。内部提升制客观上要求,当一个人到了更高的阶段,需要相应的培训来帮助成功和发展。三是针对性。公司根据雇员的能力强弱和工作需要来提供不同的培训。公司通过为每一个雇员提供独具特色的培训计划和极具针对性的个人发展计划,使他们的潜力得到最大限度的发挥。

宝洁还对员工进行入职培训和管理技能、商业知识的培训;公司根据工作需要,选派各部门工作表现优秀的年轻管理员到美国、日本、英国、新加坡等地的分支机构进行培训和工作,使其全面发展。公司在员工的不同发展阶段,聘请知名英语培训机构教师进行英语授课,新员工则参加集中的短期英语培训。

(2) 薪酬福利。宝洁的激励包括两部分,物质上和精神上的。物质上的包括提升和提薪两种主要的措施,同时还有平时一些及时的奖励。如果某个雇员在一些工作上表现突出的时候,经理就会及时地给他一些小的物质奖励,还有一种叫作模拟股票制,就是通过给成绩突出的雇员若干认可的模拟股票,鼓励他保留若干年之后再去卖出,股票增值部分就属于雇员。

当一个人在物质上基本满足以后,来自精神上的奖励就成为需要。尊重和认可也许是最基本的精神奖励。在宝洁公司,上级会经常过问下属的工作,尊重下属的意见,及时沟通。同时,当下属的工作取得了成绩的时候,上级经理会及时致谢,通过感谢信或者表扬信的方式来奖励下属。

宝洁不希望员工因为金钱的缘故而离开,但宝洁绝不把它作为唯一机制。校园招聘、内部提升、特设培训及富竞争力的薪酬福利制度等一整套人力资源体系的有机结合是中国宝洁能够持续吸收和留住人才的关键所在!

3. 主要战略

宝洁公司所经营的 300 多个品牌的产品畅销 160 多个国家和地区,其中包括护肤美容用品、个人清洁用品、口腔护理用品、妇女保健用品、婴儿护理用品、食品、织物和家具护理用品、纸巾类品九大产品。由此可看出,宝洁公司的产品策略主要是多品牌战略。

3.1 多品牌战略发展历程

3.1.1 1915~1929年（品牌由职能部门管理）

在此期间，品牌的管理由企业内具有专业化知识的中层（或中高层）经理和广告机构承担。也就是说，要把同一个品牌分配给两个或更多的职能经理及广告代理人来管理，这样虽然有利于发挥有关机构和人员的特长，但往往会由于各方面之间的不统一而使品牌管理变得混乱和无效。

3.1.2 1930~1945年（品牌经理制出现）

1929年爆发的全球性经济大危机使生产者品牌受到了极大的挑战，因而促使企业寻求更有效的品牌管理方法。1931年，宝洁公司首次为它的每一个品牌分配了一个品牌助理和品牌经理，并让他们负责协调各自品牌的广告和其他营销活动，于是品牌经理制应运而生。但是，在其诞生之后的相当一段时间内，这种管理方式并没有受到其他企业的重视。

3.1.3 1950~1980年（品牌经理制盛行）

"二战"以后，各国经济出现了高速增长，品牌经理制开始盛行起来。到1976年，大型包装类消费品生产企业中有84%设立了品牌经理，耐用消费品生产企业中也有34%设立了品牌经理。品牌经理制得到了广泛采用。

3.1.4 20世纪80年代末90年代初

随着环境的变化，品牌经理制逐渐显现出许多问题。于是，越来越多的企业开始对原有品牌管理体制作出调整，一种新的品牌管理方式——品牌整合应运而生。

3.2 品牌管理系统

1931年，宝洁首创"品牌管理系统"，成为20世纪最具创造性的营销史诗，它让宝洁在营销界名垂青史。

宝洁公司的品牌管理系统的基本原则是：像管理公司一样来管理品牌。此管理系统是品牌管理的鼻祖，并成为其他运用品牌管理系统公司的楷模。这一管理理念目前已成为宝洁经营运作的基石之一。

宝洁人对品牌的重要性有高度的共识与认同，这不仅与宝洁的营销文化有关联，也与历史悠久的品牌管理制度息息相关。

自从宝洁于1931年推出品牌管理制度以来，已经历70余个年头，宝洁成功地将品牌管理制度内化为企业文化的一部分，使营销部门与非营销部门的人员都清楚地了解与认同，品牌的重要性和品牌经营状况的好坏会对公司的长期与短期营运绩效造成重大而直接的影响。

因此，即使是非营销部门的人员，也会采取任何可能的行动去维系并提升品牌价值与形象，以品牌生命的维系为己任，不会认为那是营销部门的事而置之不理。

通过专业的品牌管理能力与产品类别小组的操作，宝洁不论是在新产品上市的成功率、推出新品牌的成功率、成功经营品牌的比率，还是推出品牌营销活动的成功率方面，都遥遥领先于竞争者。

3.3 多品牌战略

多品牌战略是指企业对于自己的产品，使用两个或两个以上品牌的战略。实施方法是，企业的目标、管理分别面向不同的品牌，每种产品或每类产品群分别满足不同消费者的个性化需求，保证品牌定位的特性，通过多品牌占领市场。实施多品牌战略可以最大限度地占有市场，实现对消费者的交叉覆盖，并且还能降低企业的经营风险，即使一个品牌失败，对其他品牌也没有多大影响。

关于品牌，宝洁的原则是：如果某一个产品的市场还有空间，最好由自己的品牌去占领。因此宝洁在各产品细分中拥有极高的市场占有率。例如，宝洁公司先后就洗发水产品推出了"去头屑专家海飞丝""头发柔顺专家飘柔""头发营养专家潘婷""专业发廊效果的沙宣"以及"草本精华伊卡璐"五大品牌。再比如，宝洁公司在美国市场上，销售六种洗衣粉品牌（汰渍、Cheer、Gain、Era、卓夫特和象牙）、五种品牌洗发水（潘婷、海飞丝、Aussie、伊卡璐和Infusium23），以及四种品牌的洗洁精（Dawn、象牙、Joy、Cascade），并且每种品牌的诉求都不一样。多品牌提供了一种新的方式，这种方式能够针对不同的顾客需求建立不同的品牌特征，从而获得更多的经销商货位以及更大的市场份额。比如宝洁的六个洗衣粉品牌总共占据了美国洗衣粉市场62%的份额。宝洁公司正是利用品牌之间功能、特性的差别赢得了不同需求和生活品位的用户，而且每个品牌都有自己的发展空间，不会发生市场重叠，使每个品牌在各产业中拥有极高的市场占有率。

宝洁的多品牌战略不是把一种产品简单地贴上几种商标，而是追求同类产品不同品牌之间的差异，包括功能、包装、宣传等诸多方面，从而形成每个品牌的鲜明特性，这样每个品牌都有自己的发展空间，市场就不会发生重叠。

3.4 宝洁多品牌战略成功原因分析

一个成功的品牌是公司最有价值的资产。品牌包含了市场心目中与产品联系在一起的多年的广告、商誉、质量评估、产品经验以及其他有价值的特性。品牌形象是公司识别和战略的核心。而宝洁公司的品牌在为世界所熟知，在日化品行业取得如此之成功与品牌战略的成功运行关系之重要不言自明。接下来将具体分析宝洁公司成功之因。

3.4.1 满足不同需求

宝洁的多品牌战略使每一个特性鲜明的产品都能满足不同消费群体的需要，从而使各个品牌都在消费者心目中留下深刻的印象，从而获得自己应有的市场份额。另外，消费者购买是寻求变化的，每次购买可能会转换品牌。因此，多品牌可以迎合消费者的不同偏好。

宝洁在不同市场上的产品令人眼花缭乱，但是，"宝洁的重点不在于告诉消费者这么多品牌都来自宝洁，而在于一个品牌能满足一种消费需要"，宝洁飘柔品牌经理如是说。

3.4.2 卖点制胜

如果从市场细分上讲，宝洁公司的多品牌战略是寻找差异；而从营销组合的角度讲，它就是找准了"卖点"（USP）。以宝洁在中国推出的洗发精为例，海飞丝的卖点在于去头屑，潘婷的卖点在于对头发的营养保健，而飘柔的卖点则是使头发光滑柔顺。

宝洁多品牌战略的成功之处就在于：它能够在别人认为没有缝隙的产品市场上寻找到投资契机，从营销组合中找准"卖点"，生产出特性鲜明而又适合市场的商品；而在营销方面，宝洁总是能够找到合适的营销组合，成功地将这种差异推销给消费者，取得他们的认同，赢得大额的销售量。

3.4.3 资源及经验共享

宝洁多品牌战略成功的另一个秘诀是，不同品牌间要形成营销资源或经验的共享。比如，在洗发水市场，飘柔最初在美国只是个小品牌，诉求点是"三合一"，即洗发润发护法一次完成。当宝洁发现这个品牌好卖之后，立刻把这种洗发润发护法同时进行的技术，加入到当时最大销量的海飞丝品牌。宝洁将一个品牌的核心竞争力嫁接到其他品牌，从而产生了巨大的营销效力。

3.4.4 以攻代守

宝洁认为，最好的防御策略就是自己不断攻击自己。宝洁认为与其让对手开发出新产品来瓜分自己的市场份额，不如自己向自己挑战，让本企业各种品牌的产品分别占领不同的市场，以巩固自己在市场中的领导地位。宝洁秉承着"思想全球化，作业本土化"的原则，不仅会研制适合消费者的产品，而且更会打造品牌、管理品牌，这都是宝洁公司长期立于不败之地的关键因素。此外，由于宝洁具有多个品牌，造成了对竞争对手的包围局势，这提高了产品的竞争力，延长了每个品牌产品的寿命。

宝洁利用多品牌战略频频出击，利用一品多牌从功能、价格、包装等方面划分出多个市场：一方面，达到满足不同层次、不同需要的各类顾客需求的目的，培养消费者对本企业的品牌偏好；另一方面，在消费者心目中树立起良好的企业形象，提高消费者忠诚度。

【思考题】

1. 宝洁公司实施多品牌战略的基础是什么？

2. 宝洁公司的品牌管理有什么特点,对中国企业有何启示?

【资料来源】

[1] 时骅. 宝洁营销攻略 [M]. 广州:南方日报出版社,2005.

[2] 王咏梅. 品牌战略与企业成长:理论研究·案例分析 [M]. 北京:经济科学出版社,2007.

[3] 马宁. 宝洁与联合利华 [M]. 北京:中国经济出版社,2005.

[4] 克莱夫·巴德. 宝洁品牌攻略 [M]. 徐世明译. 哈尔滨:哈尔滨出版社,2003.

雅芳公司的墨西哥分公司

> **摘要**：作为世界上最大的直接销售企业。雅芳公司生产和销售化妆品、香水和盥洗用具，还有时尚珠宝及其附属产品，雅芳的分销模式在墨西哥取得了巨大的成功，雅芳公司通过给予销售代表直销援助来指挥它的特价促销和销售开发活动，墨西哥究竟具有怎样的市场特征，能够充分发挥雅芳的直销模式？
>
> **关键词**：直销；分销；市场特征

1990 年，雅芳产品公司（Avon Products，Inc.）的市场部经理菲利普·埃文斯（Philip Evans）和他的同事一起商讨适应长期的拉丁美洲市场的战略计划，特别是墨西哥这个国家。墨西哥是一个绝对有利可图的市场，它和其他的拉丁美洲国家占据了雅芳公司世界销售额的大约15%。雅芳公司的执行主管所面临的问题是如何能够保持过去已经取得的销售业绩的增长速度。

1. 公司的背景

雅芳产品公司是一个从事多种经营的企业，包括雅芳公司、马林克罗特（Mallinckrodt）公司、蒂凡尼（Tiffany）公司和一家直接邮寄公司。

雅芳公司是世界上最大的直接销售企业。它的两大主要部门生产和销售化妆品、香水和盥洗用具，还有时尚珠宝及其附属产品。雅芳产品公司1989年的销售额达到了40亿美元，其中超过42%是美国以外地区的业务收入。国际业务利润在1989年达到了53%。同年，在拉丁美洲的业务销售达到了5.456亿美元。1989年总的公司利润达到了6亿美元，其中8 160万美元来自拉丁美洲。

雅芳国际分部成立于1949 年，那年雅芳公司把分销和销售力量扩展到加拿大。在1954 年年末，雅芳公司把它的业务扩展到了波多黎各和委内瑞拉。在以后的几年中，雅芳公司的国际业务飞速增长，先是扩展到了欧洲和拉丁美洲，然后又扩展到了远东和非洲。

在墨西哥，雅芳公司拥有一个名为 Avon Products, S. A. de C. V. 的全资子公司，总部在墨西哥首都墨西哥城（Mexico City）。在墨西哥的子公司有3个生产实验室和5个分支机构。这些实验室和分支机构遍布墨西哥和拉丁美洲其他地区。

雅芳公司在拉丁美洲获得了它的最大的国际市场份额。在这里，竞争比其他的市场都要小得多。在墨西哥，成果已经是非常显著了。这些都是因为拉丁美洲的好客和雅芳公司的营销方法很好地混合在了一起。拉丁美洲人特别愿意邀请雅芳公司的代表去他们家里做客。然而，在美国，雅芳公司的代表在平均两周之内的宣传中只赢得了不到30个顾客的订单。但是在墨西哥，在平均3周的宣传中，赢得了54个顾客的订单。

2. 产　品

雅芳在墨西哥的最主要的两个业务就是生产和销售以下产品：①化妆品、香水和盥洗用品。②时尚珠宝及其附属产品。这些产品会被雅芳公司的代表直接拿到顾客家里去销售。这种营销方法自从1886年雅芳公司创建的时候就一直使用到现在。雅芳公司销售650种产品。尽管在国外销售的产品范围不如在美国销售的广，大多数的产品和国内销售的非常相像。在墨西哥市场上交易的产品分类如下：

- 女性使用的香味产品和沐浴产品。这些产品包括香精、科隆香水、香粉、香味蜡烛、香盒、乳液、香皂和粉末。它们按照一系列香味类型销售，每一系列都有自己独特的香味和包装主题。
- 女性使用的彩妆产品、护肤产品和其他产品。这些产品包括唇膏、眉毛油和眼影，皮肤护理产品，指甲和手部护理系列，秀发护理系列例如香波、护发素和梳子。
- 男性化妆用品。男士化妆用品包括科隆香水、须后乳液、剃须泡沫、爽身粉和香皂。这些产品也是香味系列产品，每一系列都有自己特殊的味道和包装主题。
- 日常用品、儿童和青少年用产品。日常用品包括除臭剂、止泻药、口服卫生产品、家庭常备产品如室内喷雾剂。儿童和青少年用产品包括香味产品和给婴幼儿的新奇产品。
- 时尚珠宝及其附属产品。这一系列包括女性、男性、儿童使用的戒指、耳环、手镯、项链。女性系列占据这一系列销售的主要部分。

在墨西哥，雅芳化妆品的价格是人们能够负担得起的。中等价格的产品同时吸引了家庭主妇和一小部分在外工作的女性。

雅芳公司产品的包装包括玻璃和铬合金瓶子，还有陶瓷的广口瓶。为了迎合初级市场中广大中等阶层的喜好，这些包装都制作得非常考究。

2.1　产品分销

在墨西哥和拉丁美洲的其他地方，雅芳公司的化妆品、香水和化妆用品是由队伍非常壮大的销售人员卖出去的。这些销售队伍由一些作为雅芳公司销售代理人员（雅芳代理）的女性组成。她们是独立的经销商而不是雅芳公司的代理商或者员工。她们直接从雅芳公司购货，然后把这些产品销售给她们所在社区的居民。乡村存在一些例外。每个销售代表负责一个地区。和美国的销售区域不同，在墨西哥，平均一个地区有大约200户人家。但是和美国相似的是，墨西哥的经销商登门拜访她们所负责的地区的居民。通过使用突出新产品的小册子和每3个星期更换的特价产品目录向他们销售产品。样品、示范产品、彩妆图和完整的销售目录也同时被使用。这些经销商每3个星期提前向位于墨西哥城外的销售中心订货。每个经销商的订单被雅芳公司处理和收集并且通过当地的邮政服务邮递到她的家里去。

从长期来看，雅芳公司的计划是让它的销售队伍人数增加10%——保持稳定的收入增长速度的决定性的因素。雅芳公司建立销售队伍的方法是一旦一个地区被覆盖了，就缩小销售地区的范围。这个策略适合激励经销人员去更努力工作。

雅芳公司的招募销售人员的长期计划在墨西哥看起来是特别有用的，因为社区能够接受门挨着门的销售了。私人的联系方式和当地的广告都用来招募销售人员，当地的一个管理人员这样说：雅芳公司在墨西哥的影响面是广大的。我们渗透到每个非常小的城镇和乡村里，正如在大城市一样。墨西哥65%的人口在25岁以下。我们是非常年轻的国家，拥有非常年轻的国民。随着年轻一代购买力的增加，我们有更多的机会创造更多吸引他们的产品。

2.2　产品促销

雅芳公司通过给予销售代表直销援助来指挥它的特价促销和销售开发活动。这个方法通过提供援助：如样品和示范产品以及雅芳的宣传小册子得以实现。雅芳公司通过使用特定奖励计划来奖励具有更好的销售业绩的经销人员。定期的销售会议由地区经理邀请经销人员来参加。这个会议的目的是促使经销人员对产品系列的更新保持敏感，并且向经销人员解释销售技巧，还有就是对销售业绩更好的人员给予表彰。墨西哥的经销人员对于自己由于销售的业绩受到的表彰是深感自豪的。因此，管理层赞成在未来的发展战略中增加奖励经销人员活动的次数。

另一种促销方法在1988年被引入墨西哥——一个名为"机会无约束"的计划。在这个计划中，业绩最好的经销人员，被认定为小组销售领导，将有机会赚取在组内激励销售增长或者激励经销人员的佣金。这些人员只要激励销售增长就可以继续赚取佣金。这个计划预期小组销售领导可以通过搜寻新的经销人员、训练新的经销人员、激励和援助经销人员的方法提高组内的销售业绩。墨西哥是

"机会无约束"活动的试验地。如果在墨西哥进行的这个活动取得成功的话,雅芳公司计划在其他海外市场中推广这个计划。

2.3 产品生产

雅芳公司生产和包装它旗下的几乎所有化妆品、香味产品和盥洗用品。尽管大多数在墨西哥生产的雅芳产品是以美国产品为基础的,但是,雅芳公司墨西哥分公司自己研制了一些适合墨西哥人品位的香味产品。包装,包括瓶瓶罐罐和包装的组成部分,是以美国雅芳为基础但是在墨西哥制造的。

时尚珠宝系列一般都是美国雅芳公司的员工设计的,并且在波多黎各和委内瑞拉或者由美国的一些独立制造商生产,然后再运往墨西哥销售中心。

3. 墨西哥的化妆品市场

墨西哥的化妆品市场可以根据产品和最终使用者进行划分。男性、女性和儿童加入新的经销人员,以便更集中地吸引消费者。

这些所谓的更小的区域划分自从 20 世纪 50 年代末期就发生了。那时墨西哥的经销人员被要求必须向 400~500 个家庭进行推销。自然,几乎没有人能够完成这个任务。所以,雅芳公司开始把这个数字减少为 250~300 个,这对经销人员的收入没有什么影响。然而,对于整个公司的收入的影响是巨大的。这个战略使雅芳公司墨西哥分公司的销售力量在 15 年的时间里扩大了 3 倍。

到 1992 年,雅芳公司墨西哥分公司期望完成一个计划:对于墨西哥,从当前 150 个家庭的区域到 100 户家庭区域的变换。一旦这个计划完成了,雅芳公司墨西哥分公司是不一定会走下坡路的。显然,如果雅芳公司想随着人口的增长不断壮大并且领先于通货膨胀率的话,它就必须选择其他销售途径。

其中一个方案是增加新的产品系列,特别是那些能适应墨西哥市场的产品。但是美国雅芳公司的执行主管担心这些新产品会对已有的产品构成威胁。埃文斯和他的同事意识到,计划是必需的,如果雅芳公司墨西哥分公司想在未来继续维持销售和利润增长的话。

【思考题】
1. 雅芳公司的分销有什么特点?
2. 雅芳公司在墨西哥面临着哪些挑战?它应如何面对这些挑战?

【资料来源】[美] 萨布哈什·C. 杰恩. 国际营销案例 [M]. 宋晓丹,张莉等译. 詹正茂等校. 北京:中国人民大学出版社,2006.

吉列公司的新产品开发

摘要：1998年4月，吉列掀起了剃须业革命性的进步，吉列以其不同寻常的策略对消费品进行了革新，相比大多数类似公司均通过调整产品供应来应对竞争和市场需求，吉列只有在实现真正的技术领先后才推出新产品，吉列的产品绝不迎合地方特色，标准化和规模经济效应发挥到了极致，再配合高度发达的分销网络和领先业界的研发能力，使新品快速占领市场并引领潮流，这一产品策略为吉列带来了巨大的成功。

关键词：标准化；规模经济；分销

1998年4月，吉列（Gillette）掀起了剃须业革命性的进步：锋速3剃须刀问世。这是吉列历经15年、耗资7.5亿美元开发出的产品。锋速3是吉列自超感系列产品以后研制开发成功的最具市场潜力、最关键的新产品，吉列希望借此再创辉煌。8年前，吉列剃须刀市场的控制权被一次性产品夺走，并面临着继一系列不怀好意的收购企图后的第4次标竞。超感系列产品拯救了公司，既恢复了吉列对剃须刀市场的控制权，又避免了被收购的危险。今天，吉列无比强大，其市场资本总额从1986年的30亿美元飙升到1998年的661亿美元，跨入美国最大的30家企业之列。然而，公司仍然对锋速3的高标价和可能给其国际市场带来的影响忧心忡忡。

吉列的未来不可能完全走生产剃须刀这条路，虽然它占据北美和欧洲剃须刀和刀片市场70%的份额。吉列的品牌深受管理咨询人员的青睐，其中包括金霸王、欧乐-B（Oral-B）牙刷、派克（Parker）及沃特曼（Waterman）笔。然而，投资者对其增长缓慢、销售乏力及即将发生的最高管理层的变动已经开始感到焦虑不安。巨额收益的剃须刀部门的增长放慢，部分原因是规模更小的竞争对手舒适（Schick）。

1997年8月，收益微薄的警告使其市场份额下降了近乎20%，尽管其后又收复了失地。

吉列以其不同寻常的策略对消费品进行了革新，大多数类似公司均通过调整产品供应来应对竞争和市场需求。然而，吉列只有在实现真正的技术领先后才推出新产品。为了制造锋速3，吉列发明出一种将坚如钻石的石墨与钢条融合的方法。吉列的首席运营官迈克尔·霍利自豪地宣称该技术"遥遥领先"。

但是，剃须刀技术并非公司研发人员在创新方面努力的唯一产品领域。公司将于1998年5月推出新的产品金霸王碱性电池，为专门需要持续较长时间强电源支持的电器提供电源，如掌上电脑、个人CD播放器等。电源的使用时间比竞争对手的产品多出509。吉列承诺，将于1998年年底推出新款"绝对全新、非同寻常"的，新牙刷，摒弃了从牙刷顶部固定毛刷的常规做法。

本质上，吉列愿意把自己看成是一个巨大的实验室。吉列的研发经费占销售总额的2.2%，是普通消费品研发支出的两倍。"我们像医药制造业一样管理自己的公司，"公司的董事长蔡恩先生说："在牙刷部门工作的大部分人拥有高分子化学博士学位。"如同一家医药企业，吉列拥有系列产品线，锋速3后续系列正在研发之中。从另一个角度来衡量，吉列的成绩远比医药业突出：1997年，其100亿美元销售额中的一半来自过去5年内推出的产品。这一数字远远超过了史克必成公司（制药集团）和强生公司引以为荣的数字。蔡恩先生希望保持这一业绩。当然，这完全依赖于1998年一年内上市的20多款新产品。

1. 营销战略

吉列的营销战略同样独具特色。1997年那次震惊华尔街的低速增长，一部分原因是吉列在超感和Atra上市的那个星期之前，即决定抛售股票。当时，大多数竞争者认为这是自杀行为，而吉列采用通过新产品上市这一战略攫取了巨额利润。

锋速3以高出超感35%的价格出售，而这一价格本身又比超感系列的上一代产品Atra贵60%。金霸王的价格比普通电池高20%。蔡恩先生坚持认为，"涨价无所谓，消费者从来不记得过去付了多少钱，他们最关心的是物有所值。"或许如此。但剃须的人们也许因锋速3上价值1美元60美分的刀片而犹豫。

吉列长期致力于完善产品工艺过程的原则受到管理界权威的高度赞扬。善于将新产品开发与全新的生产工艺结合起来的公司少之又少。这一完美结合卓有成效地增强了吉列在市场竞争中的优势。10亿美元的锋速3研发经费，其中3/4全部用在专用机器的200个新的零部件上。这台自行设计的专用机器，可以在一分钟内生产出600个刀片架，是当前生产速度的3倍。根据吉列的预测，这意味着2年内可收回全部投资。吉列对生产设备的投资超过新产品开发的投资这一事实，是不断达到每年降低4%的生产成本这一目标的原因之一。

吉列与其他大多数消费品制造公司的区别还在于，吉列绝不使其产品迎合地方特色。这使吉列在生产过程中产生出巨大的规模经济效益。这一规模经济效益反映在分销环节上。通常，吉列以剃须刀产品打入某一新的市场，随后利用已建立起的分销渠道，大量销售电池、钢笔、化妆用品。这一战略对利润产生巨大的影响：公司的营业利润以每年1%的速度增加。目前已经达到23%。

吉列的产品显然具有全球吸引力。1997年，公司70%的销售额源于美国以外的地区。超过12亿的人口每天至少在使用一款吉列的产品。这一数字在1990年仅为8亿人。吉列一点一滴地渗透进发展中国家的市场：以市场价值计算，吉列占有91%的拉丁美洲剃须刀市场和69%的印度市场。吉列同样希望进入中国的剃须刀市场，问题在于中国人的胡须稀少。"如果中国人摇头，意味着他们不需要剃须。"吉列的一位高级管理人员如此评价。因此，吉列有可能借助中国人对设计精巧的小机械的喜爱，如寻呼机，以金霸王为主开辟出一条进入这一市场的道路。

2. 未来前景

吉列未来所面临的最大问题不是技术，而是人力资源。吉列近来的绝大多数成绩应归功于蔡恩先生。他接管吉列运营部门的时候，吉列的名字似乎贴在所有产品上，从太阳镜到手表到计算器。他力主重点突出几项居世界领先地位的产品。目前，他已经过了正常的退休年龄，但为了吸引新的投资，他被挽留下来，在董事会继续任职一年。投资者对他的继任者霍利先生有些担心，因为他已经60岁，且管理风格与蔡恩先生截然相反。从思维方式比较，蔡恩是一位思维清晰、有战略的管理者，其沟通能力令华尔街和企业惊叹，而霍利先生却是一位强硬的企业管理者。

霍利清楚地知道他们之间的不同风格。"艾尔（蔡恩先生的名字）首先是一位建筑设计师，其后才是建筑工人；他首先想出新的观点，然后才想方设法去实现这个观点。我不会这样，我的经验是建立，继而扩大。我认为自己是催化剂，有助于从已有的现实中获取更新的东西。"

吉列的全球意识已根深蒂固于企业文化之中，这并非个人崇拜。但是，已投入巨资的新的剃须系统的成功还有待于验证。

大多数男人极不情愿花费早上宝贵的时间来修理脸颊。因此剃须刀的质量就变得极其重要。由于每次剃须时大约得刮700次便极可能会刮伤脸颊。一个人一生中共剃除了27英尺（8.2米）长的胡须。吉列公司位于波士顿"全球剃须业总部"的科学家们耗费了7.5亿美元，历时15年的时间，开发出了最新的响应市场的产品。

1998年4月8日公司在纽约上市。吉列举行了可与美国太空总署进行的太空发射相媲美的产品介绍会，会场矗立着震耳欲聋的喷气机的完整模型。这一新的剃须刀拥有一个与之匹配的名字：锋速3。

该产品的高科技含量名副其实。锋速3拥有35项专利。这对于像剃须刀这样的大众化产品来说是相当惊人的。安装富有弹性的3个刀片的刀刃部分约比上一代产品"超级超感"双刃刀片薄10%。刀片是由半导体行业使用的钻石般的石墨磨制而成的，材料是通常用于超导磁铁的铌化钢，这是一种罕见的锡合金。

吉列公司研究和开发副总裁约翰·布什将其剃须效果比做用斧子砍倒一棵大树，而不是用楔子将树挤倒。既然受到强烈刺激的皮肤是剃须者最大的抱怨，而大多数男人都将割伤和皮疹归咎于他们的剃须刀，而不是他们自己，因此，这种刀片是天才的改进。

正如吉列人吹嘘的，新刀片还有额外的益处：生产效率提高。新刀片每刮一下可以比过去多剃掉40%的短茬。想象一下，4 000万美国男性工人每人每天可以因此节约一分钟。这就是说，一年增加了700万个工作日——假如他们不浪费早餐时间的话。

当然，所有这些创新都会带来一股流行浪潮。吉列公司希望消费者付出近7美元的价格购买附带两个备用刀片的锋速3。这个价格高于目前市场最贵的超感系列的35%。吉列公司有成功游说消费者购买高价产品的经验。然而，这一战略同样会引起类似于针对微软的抱怨，即消费者被迫接受的一轮又一轮的软件升级。剃须的人们只要事先用热肥皂水在他们的下巴上浸泡两分钟，就可以轻而易举地剃除胡子茬。这种做法可以将硬如铜丝的胡须变为柔软的铝线。锋速3带来了最新的剃须技术，但对于对价格敏感的消费者来说，锋速3与一次性的塑料剃须刀的效果是一样的。

【思考题】

1. 吉列公司在新产品的开发上具有哪些特点，他是如何处理产品的标准化与差异化的？
2. 吉列公司如何让消费者接受其新产品价格？

【资料来源】［美］萨布哈什·C.杰恩.国际营销案例［M］.宋晓丹，张莉等译.詹正茂等校.北京：中国人民大学出版社，2006.

哈 根 达 斯

> **摘要：** 作为风靡全球的冰淇淋品牌，哈根达斯的品牌策略一开始就是立足于高端，哈根达斯直接定位于顶尖奢侈品牌，从开始就走食品中的奢侈品路线。正如许多顶尖奢侈品牌，哈根达斯走的是"曲高和寡"的经营路线，它始终坚持并突显自己"矜贵"的品牌个性，高价的产品价位，高端的用户定位，使其矜贵的品牌形象深入人心。哈根达斯的成功在于营销策略与品牌定位的高度统一。
>
> **关键词：** 品牌定位；营销策略；品牌形象

1. 公司简介

哈根达斯是风靡全球的冰淇淋品牌，原为美国冰激凌品牌，1921年由美国人鲁本·马特斯研制成功，并于1962在美国纽约布朗克斯命名并上市。1983年，哈根达斯出售给品斯乐公司之后，品斯乐公司纳入通用磨坊公司旗下。2002年，雀巢公司已经收购哈根达斯冰淇淋在美国全部注册商标权，收购总价超过10亿瑞士法郎（约合6亿美元）。雀巢公司用上述款项购买了美国通用磨坊公司在ICE CREAM PARTNERS公司的50%的股份。收购之后，通用磨坊公司仍然拥有哈根达斯在美国之外全部注册商标权。它亦成立了连锁雪糕专门店，在世界各国销售其品牌雪糕，在54个国家或地区共开设超过900家分店。另外，在市场占有率上：美国6.1%，英国3.5%，法国1%，日本4.6%，新加坡4%，中国香港5%。哈根达斯生产的产品包括雪糕、雪糕条、雪葩及冰冻奶酪等。研究资料显示，到了2005年时，哈根达斯已成为全球第一大冰淇淋品牌，占据全球市场48%的份额，年销售额达16.5亿美元。

诞生及发展历程：

1921年，品牌创始人鲁本·马特斯研制美味的冰淇淋，受到广泛欢迎。

1961年，鲁本·马特斯将这种冰淇淋正式命名为"哈根达斯"，并在美国正式上市。

1976年，第一家哈根达斯甜品屋在美国开业。

1983 年，哈根达斯进入新加坡和香港。
1984 年，哈根达斯进入日本市场。
1986 年，推出"Stick Bar 冰激淋脆皮条"，被 Dairy Foods 杂志评为年度产品。
1987 年，哈根达斯在欧洲首度亮相。
1992 年，哈根达斯进入意大利、冰岛和中国台湾。
1996 年，哈根达斯登陆中国大陆，上海首家冰淇淋甜品屋开业，风靡一时。
1997 年，哈根达斯登陆菲律宾和巴西。
1998 年，哈根达斯在北京隆重登场，上海淮海路旗舰店大放异彩。
1999 年，哈根达斯登陆杭州西子湖畔，北京第二家分店在国际贸易中心。
2000 年，随着广州第一家分店开幕，哈根达斯正式进军华南市场。
2001 年，哈根达斯成为美国通用磨坊旗下品牌。
2004 年，哈根达斯扩张至宁波，苏州，南京等地；上海，广州，北京多家新店揭幕；哈根达斯在中国专卖店达到 40 多家，甜蜜气息迅速蔓延。
2005 年，哈根达斯专卖店在成都，青岛，常州闪亮登场，迄今已遍及 10 多个城市。
2006 年，哈根达斯甜蜜气息迅速蔓延，风靡全国 10 多个城市，时尚生活全新体验。
2007 年，占据 4 层楼面，气势恢宏、极富创意的全球旗舰店落户巴黎香榭丽舍大街。
2008 年，浪漫仲夏，哈根达斯大连百年城新店开业，全国 70 余家专卖店，邀您共同体验尽情尽享完美人生。
2010 年 11 月 18 日，哈根达斯进驻无锡第一家门店——哈根达斯无锡中山店，在锦江饭店一楼。

时至今日，在世界各地，哈根达斯已成为高档冰淇淋的标志。自哈根达斯于 1984 年在香港落户第一家店后，经过 26 年的发展，截至 2010 年已在大陆、台湾、香港拥有百余家专卖店。在大中华区，所有销售的哈根达斯冰淇淋产品 100% 由法国进口。

2. 哈根达斯的品牌定位

哈根达斯直接定位于顶尖奢侈品牌，从开始就走食品中的奢侈品路线。哈根达斯究竟有多贵？一个冰淇淋小球单价上标着 100 克 35~70 元不等，被誉为冰淇淋中的"劳斯莱斯"。哈根达斯的重量是同样体积冰淇淋的两倍左右，这种冰淇淋密度很大，料足艺精。哈根达斯的冰淇淋无须加配料，本身口感就很纯正。使用纯正的材料是它的成功之本。其中有来自马达加斯加的香草、比利时巧克力、哥伦比亚咖啡。

正如许多顶尖奢侈品牌,哈根达斯走的是"曲高和寡"的经营路线,它始终坚持并突显自己"矜贵"的品牌个性。马塔斯在创立哈根达斯之初,便明确地喊出了自己的宣言"制造最好的冰激凌"。

在产品制作上,马塔斯舍弃当时偏重外观而忽视口味的做法,不吝成本,严格地选用100%天然的原料。为保证傲人的品质,哈根达斯不懈寻找世界上最优质的原料,不含任何防腐剂、人造香料、稳定剂和色素,在冰激凌中加入更多鲜奶油,并努力降低冰激凌的空气含量。采用脱脂奶、新鲜奶油、蔗糖及经过严格品质鉴定的新鲜蛋黄是哈根达斯骄人口味的秘密,正如哈根达斯所宣称的:每一口哈根达斯冰激凌都比一般的冰激凌更加香软幼滑,品尝后顿觉齿颊留香。至今,哈根达斯仍延续了这一优良传统。

在产品定价上,哈根达斯与和路雪、雀巢不一样,走的是高价位路线,目标消费群是处于收入金字塔顶层注重生活品位、追求时尚的年轻人。哈根达斯冰激凌的价格令普通人"望价却步",一份"梦幻天使"78元,一个冰激凌球25元,一个主题冰激凌更是在百元以上。然而哈根达斯的高价位依然引来大批信徒趋之若鹜,在其拥护者眼中,哈根达斯就是高品质生活的一个代表符号。

在专卖店设立上,1976年,马塔斯的女儿多丽丝·马塔斯在美国开了第一家哈根达斯专卖店,其高雅的设计获得了巨大的成功。哈根达斯专卖店绝不会设立在嘈杂的超市或杂货店里,而是设在时尚繁华路段,由设计师精心设计,有时哈根达斯一家旗舰店的投资会超过数百万美元。幽静的角落,温情的音乐,柔和的灯光,让顾客在品尝冰激凌的同时,体会优雅的"哈根达斯一刻"。

在宣传策略上,为了维护其"矜贵"形象,哈根达斯几乎不做针对广大受众群的电视广告,广告只偶尔出现在一些时尚杂志上,而且大都是极富视觉冲击力的平面广告。哈根达斯更看重"口口相传"的效果。另外,哈根达斯精美的菜单里令人目不暇接的主题雪糕也许比广告更具诱惑力,当你面对菜单里诸如"浓情脆意""爱琴海之舟梦""心怡情怡""梦幻天使""情迷黑森林""梦牵霞飞"等美妙新奇的冰激凌名字时,你怎能不垂涎欲滴而乖乖投降呢?哈根达斯还有一个独特的宣传策略,就是将产品贴上爱情标签,一句"爱我,就请我吃哈根达斯"的广告语,让吃哈根达斯就像送玫瑰一样,俨然成为小资男女的浪漫爱情信物。哈根达斯在情人节时还特别推出"情侣冰激凌",免费拍情侣照,罗曼蒂克的促销手段让情侣们流连忘返。

半个多世纪来,对"矜贵"品质尽善尽美的追求,使哈根达斯成为享誉全球的品牌,无论在哪里,只要一提到哈根达斯,人们心中便会激起温馨、甜蜜、时尚的涟漪,哈根达斯卖的不是冰激凌,而是对爱情、对美好生活的梦想!

3. 哈根达斯的产品——多种产品样式及口味，制造新奇

据了解，哈根达斯口味有香草、巧克力、咖啡、草莓、抹茶、夏威夷果仁、葡萄兰姆酒、牛奶太妃、卡布奇诺松露、曲奇香奶、曲奇巧克力、比利时巧克力、芒果、杏桃、仲夏野莓、芒果雪芭、桑果雪芭、提拉米苏、芒香西番莲、百利甜、草莓芝士饼等。

甜品有：陶醉浪漫、浓情脆意、天生一对、给我的爱、心醉浪漫、爱琴海之舟梦、伊甸园；欢乐时光、心花怒放、心怡情怡、绚丽冬日；梦幻天使、玫瑰峰、巴厘烈焰、情迷黑森林、蒙地卡罗、梦牵霞飞。

哈根达斯月饼金韵琉璃限量臻献：哈根达斯特邀琉璃工房精雕富丽芙蓉，不仅寓意富贵荣华，更尊贵呈现中秋花好月圆。外裹醇厚黑巧克力脆皮，内蕴巧克力、葡萄朗姆、曲奇香奶草莓、香草、咖啡六款经典冰淇淋品味，内蕴进口芒果雪芭，引发奢华至上的味蕾献礼，让中秋金璨非凡，尊韵十足。

哈根达斯月饼玲珑心意：玲珑精致的四只月饼冰淇淋嵌在精美的礼盒中，口味经典的进口香草冰淇淋和香莓冰淇淋，外裹浓郁醉脆的白巧克力和黑巧克力脆皮，精致邂逅玲巧，点缀一份礼遇般心情，净空月明。

哈根达斯月饼圆满心意：高贵典雅的六只月饼冰淇淋坐拥华丽礼尚，以香滑诱人的进口香草、草莓、巧克力冰淇淋为内馅、外裹白巧夺天工克力、黑巧克力、焦巧克力、焦糖巧克力脆皮，层层优雅滋味，圆满祝福丝丝在心中。

哈根达斯月饼七星伴月：独具匠心的经典造型，生动盎然的月饼情趣，七只内含进口香草、草莓、夏威夷果仁、咖啡、芒果、曲奇香奶、仲夏野莓七种口味冰淇淋的椭圆形迷你月饼围绕着内裹进口芒果雪芭的巧克力月饼冰淇淋，特丹图纹托出一轮金璀满月，独具匠心彰显示尊贵雅韵。形似众星拱月，意如尊崇献礼。豪华礼盒将中秋敬意，表达得淋漓尽致，由内而外，典雅精致。

哈根达斯月饼彩云追月：9只装，缤纷隽永的外形令人一见倾心，白巧克力、草莓巧克力、蓝莓巧克力、焦糖巧克力脆皮内蕴八种多姿口味：芒果、哈密瓜、草莓、草莓芝士饼、仲夏野莓、香草、夏威夷果仁、咖啡冰淇淋。八只精美月饼围绕着内裹进口芒果雪芭的巧克力月饼冰淇淋，其上镶刻牡丹图纹，嵌缀一轮金璀满月，恍若绮丽彩云绕月欢舞，欢悦照人。创意臻品，匠心礼遇至美中秋。醇浓美味，欣喜入心，甜蜜分享至臻。

哈根达斯月饼金尊装：精心创意镶制花纹，将奢华气度与月饼风尚融合为尊贵礼遇，汲取世界各地八种经典进口冰淇淋口味：香草、草莓芝士饼、巧克力、咖啡、抹茶、曲奇香奶、葡萄兰姆酒、夏威夷果仁，荟萃其中。精心缀刻隽永牡丹，成就崇高味觉体验，馈赠悉心雕琢之晶莹蝶恋花瓶，礼尚珍贵，一表心意。

哈根达斯冰淇淋产品样式很多，但都宣称采用纯天然材料，不含任何防腐剂、人造香料、稳定剂和色素。在哈根达斯刚进入中国的时候，号称所有产品都是从美国空运过来的，所有加工原料也都精选产地。比如，哈根达斯的香草采自马达加斯加，草莓采摘自俄勒冈州及华盛顿，幼滑巧克力选自比利时，果仁是精选的夏威夷一级果仁等。优质的材料使其具有全球统一的新鲜、天然的口感。除了产品本身具有高品质之外，哈根达斯在进行营销推广时还刻意塑造它的生活品质。除了产品本身带来的巨大的物质享受，哈根达斯也向消费者宣扬其注重精神层面上的追求，强调关注自我和精神追求。代表"尽情尽享、尽善尽美"的"哈根达斯一刻"理念将身体的生理感受升华为精神上美妙的体验。哈根达斯的品牌定位为"高价质优"，注重生活品质，成为顶级冰淇淋。哈根达斯的目标消费者为高收入年轻人群体。在对目标客户群进行营销推广时，哈根达斯走高端路线凸显它的生活品质，使得产品的高价格更容易被接受。

4. 营销策略与品牌定位的统一

哈根达斯营销成功很大的一个原因在于它的营销策略做到了与品牌定位统一。营销学在制定营销策略时通常采用4P营销组合策略，本部分结合哈根达斯在中国市场的营销策略，从产品、价格、渠道、促销角度逐一分析其营销策略制定的可取之处。

4.1 产品策略

产品是所有营销活动展开的基础。哈根达斯的产品线比较短，以冰淇淋为主，此外还有冰淇淋月饼等其他甜点。哈根达斯产品的特点主要有以下几个：（1）宣传以纯天然原料制作而成，全球出售的哈根达斯都是选用最好的原料，而且每道制作工序都实行严格的质量检测。当前重视身体健康的需求逐渐步入人们的视野，"纯天然"是绿色食品的象征，从而印证了哈根达斯"质优"的品牌定位。（2）具有生活品质，"哈根达斯一颗"、"爱她就请她吃哈根达斯"等表达的产品形象，使得哈根达斯产品的附加价值更大，价格高更容易被接受，印证"价高质优"的品牌定位。（3）冰淇淋月饼的出现体现了哈根达斯的产品创新，将自己的西方浪漫风情融入传统的东方情结，照顾了中国消费者的心理需求，维护了哈根达斯"体贴、亲和"的形象，从另一个角度印证了哈根达斯本身"质优"的追求。总之，哈根达斯的产品策略深化了哈根达斯品牌的定位，为其他营销活动的开展奠定了基础。

4.2 价格策略

目前国内冰淇淋市场的主要特点为：产量迅速增长，中低档产品占主导地位。客观地说,哈根达斯在国内冰淇淋市场上具有绝对竞争优势。通用磨坊全球 CEO 斯蒂芬·森格明确表示:"很难说我们有一个真正主要的竞争对手。"由于产品的高质量,哈根达斯采用"撇脂"定价策略。而高价格与其一如既往的尊贵品质是一致的。哈根达斯的创始人鲁本·马塔斯在品牌创立之初就瞄准高价冰淇淋的市场空当,虽然后来哈根达斯的所有权数次发生变化,但其尊贵的形象一直没有改变。进入中国市场以后,哈根达斯仍保持高价。哈根达斯运营的成本包括固定成本和变动成本,固定成本主要为专卖店的成本投入,变动成本主要为原料成本、相关的运输成本以及关税等。高运营成本向消费者表明高价格似乎是合理的。另外,哈根达斯属于全球知名品牌。名牌产品的价格一般都要高于普通同类产品的价格。有经济界人士为哈根达斯的高定价策略归纳出两条"营销学经典理论":品质较高的产品,价格可以不成比例地提高;定价较高的产品,则会使消费者认为产品的品质较高。总之,高价格和哈根达斯的高档定位契合,深化了其价高质优的形象。

4.3 渠道策略

哈根达斯在中国的销售渠道主要为两种:第一种为自营店铺,截至 2009 年 10 月,中国大中城市开设的哈根达斯冰淇淋专卖店共计 92 家。在这些冰淇淋专卖店中有装修豪华的旗舰店,也有具有浓厚小资情调的小型甜品屋。哈根达斯在进行选址时非常慎重,会聘请专业房地产代理商来挑选地址。一般旗舰店都设在相对购买力旺盛的北京、上海、杭州、广州和深圳等重点城市人流量大的繁华路段。哈根达斯专卖店的装修成本可能高达数百万元,即使是规模较小的甜品屋装修成本也可能高达几十万元。所有哈根达斯的装修风格都意在营造一种轻松、悠闲、舒适、富有情调的氛围。第二种为现代零售渠道,包括高档的咖啡店、五星级酒店、影院、高档餐馆、购物中心和夜总会等。即使是借助其他零售渠道,哈根达斯也不会选择普通超市和杂货店,将自己的产品与廉价冰淇淋混合在一起。哈根达斯的自营店铺销售额占比重更大(2009 年约 80%),其刻意凸显的装修特点给人带来舒适、温馨、富有情调、有时尚气息的感觉,非常迎合年轻客户群体的心理,这与哈根达斯高贵、具有生活品质等品牌定位相一致,深化了品牌的形象。

4.4 促销策略

常见的促销手段有广告促销、人员推销、公共关系促销等方式。由于产品的独特性和定位高端等特点,哈根达斯选择促销手段非常慎重。哈根达斯的消费者主要为具有较高收入的年轻人群体。因此,哈根达斯很少做针对广大受众群的广告宣传,维护了哈根达斯苦心经营的高贵形象。哈根达斯很少通过压价进行促销,这同样违背了哈根达斯的高端定位。哈根达斯所有的促销活动都时刻注意与品牌定位相一致。例如，哈根达斯的广告大部分为具有富有视觉冲击力的平面广告，切合具有生活气质的品牌定位，在保证销量提高的同时不至于降低品牌定位。再如，2008年哈根达斯以申奥成功的名义做公益活动，邀请申奥形象大使刘璇出席，并借机推销自己的绿色冰淇淋，将自己的品牌放在大众注意力的中心，从而凸显了哈根达斯关注生活、关注自我的品质。促销策略和品牌定位的高度一致，使得哈根达斯的品牌形象在大众心中不断强化。

5. 情感营销

哈根达斯号称自己是顶级冰激凌品牌的哈根达斯，在上海已经连开了7家分店。哈根达斯进入的44个国家，都是定价最昂贵的品牌。与和路雪和雀巢不一样，哈根达斯走的是"极品餐饮冰激凌"路线，瞄准的目标消费者是处于收入金字塔顶峰的、追求时尚的年轻消费者。在投巨资确保产品品质的同时，价格也是毫不客气的昂贵。哈根达斯的定价策略，是依据营销学的两条经典理论：品质较高的产品，其价格可以不成比例的提高；而定价比较高的产品，又会使消费者认为产品的品质比较高。这种螺旋式上升的消费者心态，让哈根达斯找到了自己独特的运作方式。在进入一个新市场的时候，哈根达斯分为几步走。

第一步，建立品牌旗舰店，在消费者的心目中创造一个品牌知名度和品牌形象。在选址的时候，哈根达斯会特别聘请专业的、熟悉当地生活形态的房产代理来挑选旗舰店的地址。如在上海的旗舰店就选在了繁华的南京东路，这里人流量非常大，广告的效果非常明显。在上海的第七家店设在有众多高档楼盘的古北新区，吸引周围高收入的人群。

第二步，所有的旗舰店都不惜重金装修，竭力营造一种轻松、悠闲、舒适、具有浓厚时尚情调的氛围。旗舰店的投入可高达数百万元，而一家小小甜品屋的装修可能也要几十万元。在相对购买力旺盛的北京、上海、杭州、广州和深圳等重点城市，富有浓厚时尚气息的哈根达斯专卖店一开张，不少年轻人就会慕名而来。

第三步，创造品碑，不断保持注意力。为了让消费者觉得物有所值，哈根达斯走的是情感路线。哈根达斯的广告把自己装扮成"高贵时尚生活方式"的代言人，重金礼聘不少明星，为哈根达斯捧场。最初在切入上海市场的时候，哈根达斯认真地分析了上海年轻人的心态。当时上海人认为，时尚生活的代言人是那些出入高档办公场所的公司白领、高级主管和金发碧眼的老外。哈根达斯就邀请那些人士参加特别组织的活动，吸引电视台做了一个"流行风景线"的节目，一下子把自己定义成流行的同义词，引起了一场小小的轰动。随着第一批玩过"高贵时黎雄应尚生活"的人的口碑宣传，很快有更多人趋之若鹜，蜂拥而至。这种口碑宣传的手法一向是哈根达斯的专长，而且极为有效。每进入一个新的城市，哈根达斯就如法炮制一遍，从未失手。

在相对成熟的市场上，为了要确保品牌永远在注意力的中心，就要创造话题，这是哈根达斯的另一秘籍。炒完"时尚生活品质"之后，哈根达斯又把自己贴上永恒的爱情标签，把自己的产品与热恋的甜蜜连接在一起，吸引恋人们频繁光顾自己的旗舰店。店里店外散发的浓情蜜意，更增添品牌的形象深度。在情人节的时候，哈根达斯又大大发挥它原有的罗曼蒂克风格，除了特别推出由情人分享的冰激凌产品之外，它还给情侣们免费拍合影照，让他们对哈根达斯从此"情有独钟"。2001年7月底，哈根达斯以申奥成功的名义大做公益活动，邀请了申奥形象大使刘璇出席。当然，哈根达斯也没有忘记顺便推销自己的绿色冰激凌。在瑞安广场和中信泰富等高档写字楼派发印制精美的卡片，借申奥成功的东风，把自己的品牌贴在大众注意力的中心。最妙的是，这些卡片里还有一张哈根达斯书签，可以让消费者长久保留下来，不知不觉间就把产品广告带回了家中。

与和路雪等大众化的冰激凌食品相比，哈根达斯的目标消费群体要小得多。因此，哈根达斯几乎不做电视广告，因为电视的覆盖面太广，对哈根达斯来说，反而是一种浪费。所以，大部分的哈根达斯广告都只是平面广告：在特定的一些媒体上发布大幅面的广告。这样既节省了广告费，又最大化了广告的视觉效果。为了锁定那些金字塔尖的消费者，只要消费者累积消费了500元，填写一张小表格，就可以成为会员。到目前为止，数据库里已经有了2万名核心会员的资料。为了挖出这些重要拥护者的消费潜力，哈根达斯会紧密"呵护"每一位重点会员，定期给他们寄直邮广告。除此之外，哈根达斯自办"酷"杂志来推销新产品，还不定期举办消费群体的时尚PARTY，听取他们对产品的意见，进行双向沟通。针对不同的消费季节、会员的消费额和特定的产品发放折扣券，把CRM（客户关系管理）的水磨功夫做得非常细。而这些消费者的品牌忠诚度之高，也令哈根达斯回报丰厚。

中国巨大的企业购买市场也吸引了哈根达斯的眼光。针对中秋的礼品市场，专门开发高价高质的冰激凌月饼，向各大公司推销，作为给普通员工的节日问候，也猛赚了一把。哈根达斯的销售员还专门带上新鲜的冰激凌样品到各个大公司，让那些主管可以当场品尝。这种"新鲜"营销的手法，吸引了一些大客户。上海所有外企员工的大老板——上海对外服务公司，一年就向哈根达斯订了两万多份产品，作为给下属员工的生日礼物。销售额还只是小收益，哈根达斯最大的收获就是接触到了这些目标消费群体，又一次将其品牌触角伸入人心。

【思考题】
1. 哈根达斯为什么要走高端路线，试分析其原因。
2. 哈根达斯如何将自己的品牌定位与营销策略有机地统一起来？

3. 哈根达斯的情感营销效果怎样？结合你了解的情况给予评价。
4. 结合案例谈谈奢侈品营销应注意的问题。

【资料来源】 根据朱良骏的《哈根达斯：甜蜜品牌的浪漫营销》（深圳特区报 2005 年 12 月 22 日第 A15 版）以及李巧灵、唐铮、赵申苒的《跨国餐饮企业中国本土化研究：以哈根达斯、必胜客、星巴克为例》（载于《企业管理》2013 年第 2 期）等资料编写。

第九部分 国际分销策略

KW 公司拓展海外市场

摘要：KW 公司虽然有专利上的竞争优势，但由于美国本土生产成本太高，所以与其他竞争对手比没有价格优势，因此，KW 公司通过与国外厂商签订许可证协议的办法来拓展海外业务。KW 公司分别于英国、法国、德国企业签订协议，打开了欧洲市场。除了签订许可证这一措施，KW 公司还通过进一步扩大出口、与海外公司进行合资，甚至建立完全有自己控制的海外子公司来扩大自己的市场份额，并取得了巨大成功。

关键词：许可证协议；合资；控股子公司

美国 KW 公司的产品为连接器和离合器系列，其中 KW 皮线连接器及其他一些相关设计在世界上拥有专利，因此尽管市场上其他竞争对手的产品线发生了很大变化，但 KW 在连接器和离合器市场上仍占有固定的市场份额。KW 公司在美国和加拿大市场上具有很强的竞争力，因为公司的专利产品在设计上具有难以仿制的特点，也没有一个竞争对手拥有与其完全一样的生产线。20 世纪 80 年代初，来自海外的订单在缓慢而持续地增加。拓展海外市场虽然存在诸多困难，但在美国本土的生产成本太高，外国政府对 KW 产品征收的关税比过去增加了 10% 以上，致使 KW 产品在国际市场上缺乏价格竞争力。

KW 公司在美国和加拿大以外的业务都是以许可证协议的形式开展的。英国赛伦公司对 KW 公司的皮线连接器很感兴趣。1975 年年末，它们签订了为期 15 年的许可证协议，允许赛伦公司在英国生产和销售 KW 现有和将来的产品。此外，赛伦公司还获得了在除美国、加拿大、墨西哥和法国以外的其他国家销售 KW 产品的许可；KW 公司可以从赛伦公司利用其专利生产的设备的出厂价格中提取 1.2% 的专利费。至 1980 年，KW 通过该协议获得了 30 万美元的收入。它对公司利润的提高有十分积极的影响，而且公司并未对此追加任何投资。

KW 公司在法国也有一个许可证持有人——赛拉公司，赛拉公司在法国享有产品的独家专卖权。该协议从 1979 年起生效，为期 10 年。在生效后的第一个销售年度，KW 公司从该项合作中获得的税后收入近 2 万美元。到了 1981 年，赛拉希望与 KW 进行合资经营，KW 在合资企业中投入 40 万美元，而赛拉则提供一间 4 万平方英尺的厂房、设备、国内分销渠道和管理人员。新企业将命名为赛拉—KW 公司，将德国作为未来拓展的主要目标。原赛拉公司将拥有新公司 60% 的股权。KW 公司除可获得红利外，还可获得 KW 专利产品销售额的 5% 作为税收补偿。

与此同时，KW 公司有可能获得一家德国连接器厂商 CMF 公司。CMF 老化的管理层既希望出售公司的产权，又希望能继续经营公司。可是，如果 KW 自己直接进入德国市场，将被视为一种"不友好举动"。因为德国是赛伦公司的地盘，赛伦对 KW 的利润贡献颇大，KW 不希望由此而与英国的合作伙伴交恶。

1981 年，欧洲市场的工业化和机械化步伐加快，这无疑给 KW 带来了新的机会。KW 公司非常希望能抓住这一机遇，与欧洲公司合作在欧洲进行生产。KW 公司把拓展海外市场的原因归结为：①合作将使单系列产品的市场尽可能地扩大，这样可以用地区扩张策略代替产品多样化策略；②KW 在欧洲产品的重大改良和技术革新，将对其在美国市场上有利竞争地位产生积极的影响；③KW 公司对本国生产的产品成本十分担心，必须将更多的制造工序移往海外而进口更多的配件甚至成品。

KW 公司在确定是否进一步拓展海外市场前，归纳出可供选择的各种策略有以下 4 条：①KW 将通过扩大出口来建立海外市场。若策略能取得成功，将使生产成本大大降低。②该公司可争取获得更多的许可证协议。这一策略在英国和法国已取得成功，但再次运用该策略获利将不会太高，其上升空间有限。③该公司可与海外市场上现有的公司进行合资。KW 将提供资金和生产技术，海外公司将提供管理技术、劳动力资源、销售渠道等。这一策略看来很有发展前途。④KW 将建立完全由自己控制的海外子公司。但要达到这一目标也有许多困难，因为 KW 缺乏海外经营所需的管理技术，对海外市场也不熟悉，缺乏实际运作经验。从事海外经营是一件十分复杂的事情，独资经营企业需要投入大量的时间、人力、物力和财力。

【思考题】

1. KW 公司进入国际市场可供选择的模式有哪些？并分析各种模式的利弊。你认为 KW 公司选择哪种模式最合适。

2. 联系实际，分析中国家电制造企业如何进一步拓展海外市场？

【资料来源】蔡新春，何永祺. 国际市场营销学（第 2 版）[M]. 广州：暨南大学出版社，2004.

宝洁的权重分销

> **摘要**：宝洁公司进入中国十几年创造了许多市场营销的方法、步骤，其中最为宝洁公司看重的是80%的权重分销。80%的权重分销指的是，宝洁至少要在可产生80%日化产品销售的地点实现全面的终端覆盖。宝洁公司为了完成这一目标采取了两个经销商有序竞争、鼓励早付款、建立分销商生意系统的网络信息交易平台等措施，取得了良好的效果。其次，保洁公司清除资不抵债的百货站，在人员招聘上任用能力最强的人，这一系列措施，使宝洁公司在中国市场上取得巨大成功，给中国企业树立了标准。
>
> **关键词**：权重分销；分销效率；职工素质

宝洁进入中国十几年，所做的最成功的事情，就是一直坚持80%的权重分销，并作为公司的第一策略始终没有改变。

1. 甩掉百货站

有人说，宝洁是中国最大的一所营销培训学校，影响并推动了中国企业营销的进步，如果没有宝洁出现，中国的市场行为将很有可能比现在要落后好多年。如今在中国企业营销中已经司空见惯的一些做法，甚至已经成为大家开拓市场必不可少的一些方法、步骤，很多都是由宝洁最先引入进来并逐步推广的。比如，宝洁最早引入了市场调研工作；最早开始做终端和渠道的覆盖；最早推出专门针对中国市场而制作的真正意义上的公关广告片；最早的实行供应链管理；最早建立客户管理系统；等等。

这样的评述同样适用于宝洁在中国终端和渠道市场的变革与改造。

20世纪90年代初，刚进入中国市场的宝洁的渠道与终端还非常原始，其主要客户就是分散在部分省市的国有百货站。

很多百货站的规模并不小，上有站长、主任，下面还有各科科长。客户都是自己找上门来的，然后就在百货站的大厅里挑选各种商品。而百货站对客户挑选的态度基本上是无所谓的，根本没有主动推荐一说。并且百货站的商品也全都是根据计划下达的，比如百货站的日化类商品，只有宝洁、联合利华以及少数的几个本土品牌能产生实际销售量，大部分根本就无法售出，但百货站依旧会进一些这些品牌的商品，用大量空间来摆放它们。在客户要货之后，百货站的送货服务也极其随意，有时候想去送就送，不想送就不送。宝洁意识到绝对不能这样继续下去，因此就自己出钱组建了一支送货的配送队，至少保证自己的产品都能做到送货。

实际上，百货站早就已经资不抵债了，但它依旧保持高高在上的作风。最奇怪的是，它明明已经没钱了，但在请客吃饭时依旧大手大脚。对于经销商品的货款，其作风也是能拖就拖，能赖就赖，所有这一切都使宝洁最终下了决心：一定要另找经销商。

但当时的困难是市场上还没有如今已经遍地都是的成熟的经销商群体，真是连一个都找不到。由于当时国内还没有成熟的经销商体系，而社会上的信用体系也正在面临极大的危机。经销商也是鱼龙混杂，宝洁在寻找地区代理商的过程中就遭遇过许多骗子，很多只是想捞一把就走，货发出去经销商卷款而逃的事件时有发生。但也有许多代理商注重长期与宝洁的合作与发展。宝洁在一些试点区域寻找经销商并与之进行了成功的合作，说明了注重合作和长期收益的重要：事业是可以做的，而不只是互相欺骗！随着越来越多的经销商日渐成熟，宝洁渐渐"冷落"了原先的百货站。

2. 80%的权重分销

宝洁进入中国十几年，所做的最成功的事情之一，就是其一直坚持80%的权重分销，作为公司的第一策略始终没有改变。80%的权重分销指的是，宝洁至少要在可产生80%日化产品销售的地点实现全面的终端覆盖，而宝洁市场的所有策略都是为了保证这一目标得以完成。可以说宝洁进入中国的十几年，正是中国市场经济转型中的十几年，这中间国内的渠道模式曾发生了数次大的变化。从最初计划经济色彩浓重的国有百货站渠道，到各大批发经销商的兴起，直到最近，大卖场、超市渠道又骤然崛起成为主流。随着这些变化，宝洁也作出了数次调整。虽然每次调整的方法都不相同，但其基本原则是：无论什么样的改变，其最终的结果都一定要最有效率。

随着环境的变化，宝洁的市场部门在不同的时期，为完成这一目标主要做了如下几项重要的创新。

其一，宝洁在国内市场上第一个建立起了一个完整意义上的分销市场体系，包括如何分销，如何让产品摆上货架，如何促销，海报及其他终端宣传，等等。

其二，在经销商的选择上，最初宝洁在一个地区通常会选两个经销商。因为有两个经销商，它们之间就会产生竞争，这样一来在服务终端客户时表现就会更好；同时两个经销商又不致出现过度竞争，导致终端混乱。

其三，在付款方式上的创新。为了鼓励早付款，宝洁出台了一项政策，如果7日之内付款，就可以得到3个点的优惠；如果过了30日不付款，就将被取消代理宝洁产品的资格。由于3个点的优惠比银行的贷款利率还要高，这就使得许多经销商自己贷款都要提前付款。这项政策主要是针对当时社会上大量存在的拖延付款并形成三角债的现象，效果非常突出。

其四，建立了一套叫作分销商生意系统的网络信息交易平台。这主要是为了提高分销效率。由于当时的客观条件很差，大多数经销商没有计算机，宝洁就亲自派人上门帮助安装并教会经销商怎样使用；同时向经销商解释上这样一套系统的好处，对其生意将有怎样的帮助，可以减少多少无效的库存，提高多大的资金和仓库利用效率等。同时，是采取一些强制性措施，告知如果不上这套系统，就会将其从宝洁的客户中除名。最终在一年左右的时间里，基本完成了用这套分销商生意系统管理所有经销商的工作。在没有这套系统时，宝洁的客户管理是相当落后的，对于一家经销商，其到底有多少库存，库存里又到底是什么样的货物，销售情况怎样，根本无从知晓。许多地方甚至一年也不会盘点一次，只能靠大概的估计。这样无论是销售、要货，还是回款，基本上是在非常盲目的情况下做出的。而由于有了这样一项从算盘到计算机的巨大革新，宝洁在对经销商的动态管理上一下子就与其他企业拉开了很大的距离。

其五，将宝洁原先的经销商、供货商转变为服务商的革新，宝洁因为其提供的仓储物流方面的服务而对其支付一定的服务费。这项政策主要是针对当时大卖场崛起导致经销商的利润越来越微薄，其经销积极性受到极大挫伤的情况下制定的，是为了给这些经销商一定的物质补偿。

大卖场时代的另一个变化是宝洁开始逐步依靠大分销商，并大力提高分销商的能力，同时开始减少分销商的数量，淘汰那些跟不上形势发展的经销商。在具体的淘汰过程中，最初宝洁采用的是直接砍掉的方式，就是用书面方式告知，宝洁将终止与其合作。但宝洁很快就发现这种方式过于粗暴，因此遭到了许多反弹。之后宝洁再淘汰经销商时就只采用经济手段了。宝洁会提供一个竞争的机会，如规定一个最低发货量，如达不到就自动被淘汰。

3. 招聘未来能做你上级的人

宝洁是一家业绩导向的企业，其员工的职位提升，也基本是依靠业绩说话。个人的业绩主要是由许多评估打分来体现的。而给员工打分评估的标准主要依据两项硬指标：一是个人的工作业绩，根据情况不同，宝洁对此有非常详细的考评系统。二是下属的工作业绩，特别是其进步的情况。也就是说，宝洁永远鼓励任用那些能力最强的人，甚至在招聘时就要求"要招来未来能做你上级的人"。因为有这条标准，假如你的下属中有人获得了提升，那你个人的评分就会相应增加；而假如下属中有人离职或降级，你的评分也会有较大幅度的下降。宝洁内部的气氛非常好，虽然内部竞争也非常激烈，但绝不会有相互间的钩心斗角，也不会有相互拆台的现象，因为宝洁对内部员工的品德要求极其严格。从一个例子就可以看出：无论是企业内部还是外部，不允许有任何贿赂行为，而在财务上更是不能容忍一丝腐败。"哪怕有一元钱、一张单据与事实不符，如果查出也会被立即开除！"

但正如任何一家企业一样，宝洁也并非完美，也存在许多弊端，但这些弊端与优点往往是一个事物的两面。比如在宝洁，凡事都希望行动快，而且看重结果，并且凡事都追求完美，这样就会显得很苛刻，特别是让人感觉缺少耐心。

【思考题】
1. 宝洁在刚进入中国市场时，为何要"甩掉"百货站？
2. 宝洁在中国的分销体系有什么特点？

【资料来源】苏东. 宝洁80%权重分销策略 [J]. 世界经理人，2005（10）.

道达尔公司进驻中国模式

摘要： 全球四大石油化工之一的道达尔公司入驻中国的路程并非一帆风顺，在中国的第一个天然气化工项目 AK，2006 年着手至今尚无任何斩获，先是四川达州败北，继而广安遇冷。宝贵的天热气源，牢牢掌握在中石油和中石化两大国内巨头手里。于是道达尔选择和中国石油巨头合作，与中国中化集团公司分别在北京、上海组建了中化道达尔燃油有限公司、中化道达尔油品有限公司。另外，道达尔公司与中国招商局集团在中国共同投资了位于江苏、安徽、湖北、湖南、山东的 11 家压力液化气库和液化空混厂，还在中国的石油下游产品领域大力开拓市场。其次，提升石油附加服务质量、完善员工培训。这些措施的实施基本打开了中国的市场。

关键词： 合资共赢；附加服务；特许加盟

道达尔公司是世界四大石油化工公司之一，在全球超过 120 个国家开展润滑油业务。2003 年 5 月 7 日，该公司在全球被统一命名为道达尔（TOTTAL），总部设在法国巴黎，旗下由道达尔、菲纳、埃尔夫 ELF 三个品牌组成。

作为最早（1979 年）进入中国海上油气勘探的外国公司之一，道达尔在中国的海上、陆上盆地（北部湾、渤海湾、南黄海、塔里木盆地等）开展油气勘探已经有 30 年的历史在华累计投资超过 10 亿美元，拥有 30 多家合资或全资公司，员工超过 3 500 人。最初，道达尔依次通过对话合作、绿地投资、跨国并购，入驻中国。伴随中国石油市场的大门缓缓开启，外资石油巨头明显加快在中国内地的渗透步伐，而困境中的民企则成为前者进入的"跳板"。

道达尔公司参与了中国第一家石油炼制中外合资企业——大连西太平洋石油化工有限公司的建设，占 22.407% 的股份。该项目在 1996 年 9 月投入运行，年加工能力达 750 万吨。2002 年，道达尔公司与中国招商局集团在中国共同投资了位于江苏、安徽、湖北、湖南、山东的 11 家压力液化气库和液化空混厂。另外，道达尔公司还在中国的石油下游产品领域大力开拓市场，每年在中国销售大量的润滑油、聚合物生沥青、乳化沥青及树脂等产品，建立了埃尔夫润滑油（广州）有限公司、青岛广源发沥青有限公司、常熟氟化工产品厂、上海双氧水厂、广州聚酯催化剂厂、昆明农用化工厂等一系列合资、合作企业。

但是道达尔中国的能源资源寻求之路并非一帆风顺的，它在中国的第一个天然气化工项目 AK2006 年着手至今，尚无任何斩获——先是四川达州败北，继而广安遇冷。在中国产业政策制定的背后，是中国天然气用气指标的紧缺，正是由于这些项目用气量太大，国家发改委难以发放获准"金牌"。况且，宝贵的气源，牢牢掌握在中石油和中石化两大国内巨头手里。于是道达尔选择和中国石油巨头合作，将加拿大油砂项目 10% 的股权出售给中国石化；同时，还与中石油和中石化在委内瑞拉有石油开发的合作项目。双方之间是一种既竞争又合作的关系，但是可以在竞争中寻求合作，共同发展，才能达到双赢。

道达尔除在湖北武汉有 8 座加油站外，2004 年、2005 年与中国中化集团公司分别在北京、上海组建了中化道达尔燃油有限公司、中化道达尔油品有限公司。中化道达尔燃油有限公司计划在环渤海地区的北京、天津、河北和辽宁四省市开发 200 座加油站。中化道达尔油品有限公司计划在长三角地区的上海、江苏、浙江建立 300 座加油站。在采取特许经营之前，其会先做一个方案，同时对中国市场进行长期的调查。加盟条件是很严格的，不是随便就可以拿到资格的。真正做出精品的特许加盟店，绝对不是挂个牌子充充数这么简单。因此，加盟店与自有站在服务、质量等各方面没什么区别。在道达尔看来，加油站的"黄金终端"意义不仅在于卖油实现利润，还在于附加服务中蕴藏的巨大商机。因此，道达尔专注于服务，它的"全面服务，尽可信赖——Total Service, Total Trust!"全球服务理念，也正是道达尔公司的英文 TOTAL 名字的最好诠释。要更好地做到本土化，给员工一个完善的培训，让他们来为中国顾客解决一些基本问题。

【思考题】

1. 道达尔公司进驻中国市场采取了哪些方式？
2. 随着国际化的逐渐深入，大市场营销的形成与发展，尤其在遭遇金融危机、石油等价格大幅下跌的情况下，道达尔公司将面临哪些新的挑战？

【资料来源】何志达天涯社区网，2009.7.9，http：//bbs.tianya.cn/post—n0100—43066—1.shtml.

第十部分　国际定价策略

3DO 的定价合适吗？

> **摘要**：霍金斯为了开发 3DO 动式多人游戏产品与软件商提出了一个许可交易，使 3DO 光盘制式得以上市，但由于其光盘制式阻止游戏者在光盘上存储数据，使一些使用者更喜欢卡带制式。这使得 3DO 动式多人游戏产品刚上市就遭遇滑铁卢，为此，霍金斯启动了一项内部软件开发计划弥补生产和广告成本，同时采取降价措施，终于使 3DO 打开了市场。
>
> **关键词**：许可交易；价格战

3DO 是一个经典的硅谷发家故事。几年前，威廉·"旅行者"·霍金斯（William "Trip" Hawkins）开始开发世界上技术最先进的家用游戏系统。3DO 动式多人游戏产品包容的计算能力两倍于（32 位而不是 16 位）世嘉和任天堂（Nintendo）的竞争性游戏系统。此外，3DO 的软件使用激光光盘而不是卡带。这样的特性使得 3DO 比较真实并使影像游戏可以收入电影和电视片断。尽管 3DO 比较复杂，霍金斯还是期望它能有广泛的市场吸引力。他说，"这不是服务于电脑迷的产品，这是为大众生产的。"

当霍金斯开始构思 3DO 时，他意识到，只有有足够多的"刀片"，"剃刀"才会卖得出去。换言之，霍金斯知道，他必须说服软件供应商创作流行的软件从而推动 3DO 机器的销售。为此，他利用软件开发商对世嘉和任天堂的抱怨（每销售一套软件就必须支付每盘卡带高达 12 美元的费用）。他提出一项许可交易，即只要求为每套游戏交费 3 美元。同时软件开发商也被 3DO 使用的光盘制式所吸引，因为光盘的生产成本低于游戏卡带。

第一批 3DO 游戏机于 1993 年 10 月开始销售；这个由日本松下公司生产，标有 Panasonic 品牌的机器售价高达 699 美元。虽然霍金斯成功地组织了数百个软件开发商，但是，在 3DO 销售的头几个月里，仅有约 50 种游戏上市。当时，世嘉"索尼克刺猬"的形象对其创世游戏机的销售促进明显，而没有一个 3DO 机的游戏在此情况下一炮打响的。尽管 3DO 多人游戏机有着动人的音质和影像，但其光盘制式阻止游戏者在光盘上存储数据（ROM 的含义是："只读内存"）。

因而一些使用者就更喜欢像"疯狂足球"这样的世嘉16位创世游戏版的游戏，因为卡带制式允许游戏机在整个赛季中对球员和球队编辑统计数据。另外还有定价问题：在世嘉和任天堂16位游戏机的售价低于100美元的情况下，就连很想拥有3DO机器的消费者也很难理解它过高的定价。在产品上市后的第一年里，3DO在全世界售出30万台。霍金斯希望，1994年11月推出的"FIFA国际足球"新游戏能够促进其在年末的销售。

有限的消费者需求使霍金斯公司的财政局势格外紧张；3DO给结束于1994年3月31日的财政年度造成5 100万美元的损失。它低迷的业绩使得名为"数据探求"（Data quest）的咨询公司的行业分析家布鲁斯·赖恩断言："我认为3DO将会失败，它将成为商业史上的一个脚注。"到1994年5月，3DO公司的股价从1993年10月的每股47美元下跌到十几美元。

1994年12月，股价跌到每股11美元以下。而且，在霍金斯做出几个让其供应商愤怒的决策后，情况更加不妙。首先，他启动了一项内部软件开发计划，使公司与外部开发商直接竞争。损害更大的行为是，他宣布为弥补生产和广告成本，每套软件3美元的许可费需要翻一番，变成6美元。然而，在供应商表示其愤怒后，霍金斯又被迫将加价3美元变成1美元。

一些行业观察家预计，3DO在1994年圣诞节期间会有强劲的表现。韩国的高士达公司开始营销3DO机器。3DO游戏机遍布6 000多家商店（是1993年商店数的3倍）。另外，它又上市了100种游戏，其中有"破坏者"，它包含着西尔维斯特·史太隆（Sylvester Stallone）电影的真实片段。一场强有力的电视广告战役显示了与3DO竞争的机器都被扔进棺材里去的镜头，解说词同时敦促电子游戏爱好者们"扔掉你的玩具"。然而，最重要的也许是3DO机器的标价已经降低了40%，为399美元。即使如此，竞争者也一直在不停地开发它们自己的新机器。索尼公司于1994年圣诞节时在日本上市了它自己的32位CD-ROM机器。当其游戏机"游戏平台"于1995年9月在美国开始销售时，标价为299美元；预计在头一个月可售出7万台。索尼的游戏机比世嘉1995年进入美国市场的土星卖得更好。可能1995年最令行业惊讶的是对专为1日16位系统设计的新游戏的强劲需求。在美国，大约有4 000万创世和超级任天堂16位旧机器依然在用；几套任天堂新的16位机游戏（包括"驴康国"和"杀手本性"）是绝对优胜的畅销品。看起来3DO是被夹在了旧机器和"游戏平台"这类新32位系统之中。与此同时，人们开始对任天堂超级64这个新系统抱有很高的期望，该系统定于1996年9月在美国以250美元的价格销售。一位名为保罗·萨福（Paul Saffo）的行业顾问对局势作了如下总结："旅行者清扫了跑道，但是他并没有清除树木。"

【思考题】
1. 霍金斯在3DO首次上市时采用了什么定价策略?
2. 3DO主要的产品特征有哪些?
3. 你是否同意霍金斯改变与软件供应商的费用协议的决定?
4. 你认为在今后几年里3DO会成功吗?为什么?

【资料来源】［美］沃伦·J. 基坎,马克·C. 格林. 全球营销原理［M］. 傅惠芬等译. 北京:中国人民大学出版社,2003.

意大利椅乡面临中国的挑战

> **摘要：** 意大利东北部小城曼扎诺以生产椅子著称，半个世纪以来，制椅业给曼扎诺和周边10个小镇带来巨大的繁荣，把这个普普通通的乡间小城发展为意大利最富裕、最充满活力的商业区。随着全球化进程的加快，曼扎诺面临来自中国的挑战，中国制造商以低得多的成本大批量生产质量相当的椅子，导致曼扎诺镇的中小企业大批倒闭。如今，曼扎诺镇的中小企业主意识到唯有进行创新，走高端市场才能生存下去。
>
> **关键词：** 全球化；创新；高端市场

全世界最大的椅子有7层楼那么高，近23吨重，就在意大利东北部小城曼扎诺的一条路边。这个由赤松木制成的巨椅不是先锋派艺术家的作品，而是当地商界给制椅业的一份"特大号"承认：半个世纪以来，制椅业给曼扎诺和周边10个小镇带来巨大的繁荣。这块称作"椅业三角"的地区每年出产多达4 000万把大小不同、形状各异的椅子——特别是山毛榉和橡木做的椅子，销往世界各地的办公室、家庭、宾馆、游艇、医院和饭店。当地人爱说一句话：在鼎盛时期，全世界每卖出三把椅子就有一把出自这里。对曼扎诺椅的需求给当地1 100多名高度专业化的工匠和小型公司提供了足够的工作，并把这个普普通通的乡间小城发展为意大利最富裕、最充满活力的商业区，一个几乎人人有工作而且熟练工人永远短缺的地方。为椅子制造提供生产设备的企业家朱利奥·法宁骄傲地说："我们是欧洲的中国。"

但是，如今真正的中国却使曼扎诺的成功像两条腿的凳子一样岌岌可危。这是全球化的典型例子：来自中国制造商的激烈竞争不断把客户从曼扎诺抢走。过去3年来，约有200家曼扎诺公司被迫关闭，剩下的900多家也在艰难挣扎。锯木厂纷纷迁到克罗地亚、波兰和罗马尼亚，越来越多的预制配件都在那些地方生产。过去，基本型旋转办公椅是曼扎诺的势力范围；如今，曼扎诺生产这种椅子的企业几乎全部垮掉，因为中国制造商能以低得多的成本大批量生产质量相当的产品。眼下，中国人已经开始瞄上家居用椅和其他类型的椅子，不仅是基本型号的金属和塑料椅，而且包括工艺复杂的木材和皮革制品。在曼扎诺，人人都在谈论"这场危机",就连经营状况良好的公司也开始担心这里独特的产业结构即将解体。曼扎诺一位名叫西蒙娜·福卡奇的银行经理说:"人们眼里含着泪水,一副走投无路的样子。"

瓦莱里奥和卢乔·米宁就是例子。20 世纪 90 年代,他们的父亲半世纪前创建的公司每年生产 50 万把椅子。2005 年公司仅生产 13 万把椅子,而且有相当一部分堆在库房里卖不出去。公司最大的客户——一家法国批发商已经倒闭。营业收入在两年内下降 50%,米宁兄弟最近不得不从 15 名员工中解雇 5 名。"眼下的情形糟透了",51 岁的瓦莱里奥说,"我真不知道怎么继续下去。你只能不停地把头往墙上撞,结果要么是墙倒,要么是你倒。"

如今,意大利是欧洲的病人。如果把通货膨胀考虑在内,自 1999 年,意大利经济缩水 4%,"椅业三角"的困境或许能解释原因。像德国和法国一样,意大利也一直受到消费支出疲软、生产力下降、政府赤字上升等问题的困扰。然而,不同于中国的是,意大利缺少能通过出口解决问题的强有力的大型企业。今天的世界日新月异,许多曾经给予意大利经济活力和适应性的中小企业都无力应对这个世界带来的挑战。它们大多都不具备相应的规模、资金或商业专长以成为跨国企业。这些企业的产品固然很美,但既不特别复杂,也不难复制。换句话说,意大利的经济结构几乎天生就是要受中国侵蚀的——后者擅长的正是中等复杂程度的制造工艺,能够生产出西欧想都不敢想的低价品。在从纺织品到鞋子到家具等一个又一个领域,西欧企业都在失掉阵地。

意中制造业之战的影响超越国界。如果意大利人能找到一条创造高端市场的途径(那些最为成功的制椅公司正试图这么做),我们完全有理由相信欧洲人和中国人能够和平共处,共同繁荣。曼扎诺的一些企业家已经开始到中国寻找市场。办公椅生产商卢乔·扎莫说:"没人再能阻挡中国人。"扎莫通过使用中国进口的铝制基座(比意大利生产的基座便宜 40%)降低成本,但是,如果事实证明欧洲人无法在激烈的竞争面前守住阵地,政客或许就会通过贸易保护主义措施助自己人一臂之力。

曼扎诺的企业家知道,要想再创辉煌,他们只能靠自己。机械工具制造商法宁说:"到了该成熟的时候了。你无法在价格上竞争,你需要相信自己的公司,需要创新。没有第三条路可走。"

【思考题】
1. 中国的椅子依据什么策略打败意大利的椅子?
2. 意大利椅子要想走出困境应采取什么策略?

【资料来源】 据《参考消息》2005 年 12 月 6 日第 16 版报道整理。

第十一部分 国际促销策略

开展国际促销,树立"美的品牌"

> **摘要**:美的集团在1999年实现出口1.17亿美元,出口创汇连续8年居中国同行之首。经评估,"美的"品牌价值46.7亿元。提高品牌的国际知名度是一项复杂的系统工程,涉及企业经营理念、营销目标和资源投入等多方面因素,需要有一个渐进的过程,美的集团在树立了产品"口碑"的基础上,综合运用各种营销手段,将企业自身的品牌拓展到国际市场。
>
> **关键词**:国际知名度;口碑;品牌拓展

拓展品牌是一个企业获得长远发展的必要手段。美的集团在树立了产品"口碑"的基础上,综合运用各种营销手段,将企业自身的品牌拓展到国际市场。

美的集团在1999年实现出口1.17亿美元,出口创汇连续8年居中国同行之首。经评估,"美的"品牌价值46.7亿元。

"美的"品牌在国际上的知名度正在迅速提升。1999年,日本、美国、欧洲和巴西等地的媒体多次报道美的集团在技术创新和海外营销上取得的成就。2003年10月,美的集团总裁何享建先生访问巴西时,该国权威的《金融日报》慕名而至,作了专门的跟踪报道。由于品牌的影响力,现在慕名前来洽谈生意的客户络绎不绝。

美的产品在国内市场是高档产品,但在国际市场上,美的产品的定位是中档。当然品牌在国际市场上的定位会随着企业的发展而变化,美的集团正在不断努力,力争将"美的"做成国际一流家电产品的代名词。在世纪之交,美的集团确立技术创新为企业的发展定位。2003年更改后的国际商标"Midea"引申为"My Idea——我的理念",配合美的集团求新求变的企业发展定位。

提高品牌的国际知名度是一项复杂的系统工程,涉及企业经营理念、营销目标和资源投入等多方面因素,需要有一个渐进的过程。

首先,立好口碑。长期以来,由于美的集团注重技术创新,提高产品质量,以多样化的优质产品满足了国际市场需求,所以每年出口业绩都能够保持大幅增长。

其次，综合运用营销手段，有效宣传企业和产品，彻底改变国外消费者对中国产品的偏见。美的集团经常参加国际博览会，建立自己的企业网站，加入社群站点，在目标市场的各种媒体（如报纸、杂志、广播、电视等）做广告，提高企业知名度。在网络时代，通过电子商务进行营业推广也是不容忽视的品牌传播途径。

美的集团还利用国际、国内的各大博览会宣传自己的产品、推广"美的"品牌。美的集团每年在国内外的参展有10多次，既包括综合性的国际家电博览会，也有专业性的博览会。例如，参加法国家电展、南非国际贸易博览会等。

美的集团参加国际博览会是推广品牌的，美的集团每次参展前都要进行周密的计划和部署：①展台面积很大，布置得精致气派，有助于突出大企业集团的形象；②准备好详尽的企业画册和产品目录非常重要；③适度的展场促销，如赠送小礼物，准备咖啡、甜点等有助于参展者加深对企业的印象；④美的集团拥有一大批外语好、素质高、敬业的专业人才，他们在展场的答疑解难也能收到较好的效果。

美的集团在选择宣传媒体时，遵循了以下几个原则：选择影响力大、知名度高、覆盖面广的媒体，比如环球资源的杂志和网站。如果媒体的效果不佳、档次不够，尽管价格低廉，美的集团也一概谢绝，因为这样做会对公司的形象产生不利影响。

现在总的趋势是，企业的营销机构必须配合目标市场，实现本土化。各企业可以根据自身的实力、分销渠道的质量和目标市场的特点等因素，量力而行。

美的集团通过在国外建立自己的办事处来拓展产品品牌。美的集团在欧洲已经设立了自己的办事处，方便和当地的代理商、经销商及客户联系。在其他地区，美的集团采用了灵活多样的方式解决本土化和就近服务客户的问题，国际市场的营销效果也相当不错。

【思考题】
1. 试述美的集团怎样通过国际促销手段树立其品牌形象？
2. 试述国际博览会在企业国际营销中的功能。
3. 选择促销媒体通常要考虑哪些条件？美的是怎么做的？

【资料来源】 邢伟，胡德华. 国际市场营销 [M]. 杭州：浙江大学出版社，2004.

宜家的体验营销

> **摘要：** 作为一家跨国家居用品大型连锁零售企业的宜家，为了赢得客户青睐，采取了一系列措施，如在商场内增添一些附属设施，擅长"色彩"促销，使顾客在潜移默化中了解宜家、钟情宜家；进行"体验式"营销，产品设计人性化、精细化；将营销的信息全面公开和透明，拒绝主动服务，让顾客采用自选的方式进行。然而，宜家在中国也遇到了困境，如进入中国市场不及时，被中国消费者误解为走高端、时尚路线，偏离中国消费习惯，走欧美风格。为此，宜家采取了一系列措施，如增加服务人员、宣传方式，彻底执行大众路线，改变顾客习惯等，通过这些措施，宜家在中国逐渐打开了市场，获得了消费者的认可。
>
> **关键词：** 服务理念；体验式营销；本土化、分销模式

1. 家具业的神话——宜家

当你装修房子正为你那缺乏创意的大脑发愁时，当你不知道应该买何种家具和饰品来搭配现有的家具时，你会想到它。它是强烈鼓励消费者在卖场进行全面的亲身体验，如拉开抽屉、打开柜门、在地毯上走走、试一试床和沙发是否坚固等等的家具零售商，也是第一个向顾客介绍节能灯好处的零售商——宜家（IKEA）公司。

瑞典的宜家公司是一家跨国家居用品大型连锁零售企业，成立于1943年，总部位于瑞典Almhult市。宜家公司从最初仅有一人的邮寄公司发展到今天遍布全世界44个国家，拥有180家连锁店、8.4万多名员工的大型跨国集团，年接待顾客2亿人次，销售额年平均增长率达到15%。2000年，宜家在全球的销售额达到690亿瑞典克朗，2001年的销售额为940亿克朗，2003年超过1 044亿克朗，2004年约1 170亿克朗。宜家公司老板、创始人英格瓦·坎普拉德是瑞典首富，资产达3 000亿克朗，是当今国际家具行业最大的经营者。美国《商业周刊》最新的品牌调查显示，宜家公司名列全球前50名最知名品牌第43位，位列百事可乐、哈利—戴维森和苹果等品牌之前。其品牌价值为560亿克朗（约合

70亿美元)。

作为全球最大的家居用品零售商之一,宜家是怎样将自己的产品成功地推向市场,并被消费者广泛认可和接受的呢?

2. 让购买成为一种休闲旅行

宜家的服务理念是:"使购买家具更为快乐。"因此,在宜家商场布局和服务方式的设计上,公司尽量使其显得自然、和谐,让每个家庭到宜家就像是"出外休闲的一次旅行"。

2.1 舒适的宜家

宜家商场都建在城市的郊区,在商场内还有一些附属设施,如咖啡店、快餐店和儿童的活动空间。如果你累了,你可以在优雅舒适的宜家餐厅,点一份正宗的欧式甜点,或者一杯咖啡,甚至只是小憩一会儿,没有人会打扰你。经营这些餐厅,宜家可不单单是为了盈利,为顾客营造一次难忘的购物经历,这才是宜家的真正目的。

2.2 煽情的宜家

在卖场气氛营造上,宜家可谓是煽情的高手。到过宜家的人,没有一个不觉得清新,宜家要传递的正是"再现大自然,充满阳光和清新气息,朴实无华"的清新家居理念。宜家擅长于"色彩"促销,在重大节日将至的时候,宜家更似沉浸在色彩的海洋之中。春节和情人节期间,宜家所推出的"红色恋情""橙色友情"和"蓝色亲情"的梦幻组合,使整个卖场充满了人情味。

据有关资料表明,较常见的促销手段,购物经历正在日益为顾客所看重。销售终端竞争的成败最终决定着企业竞争的成败,宜家所营造的情感消费的氛围意义正在于此。但是众多的企业并没有真正领悟到这层意义,采用传统的仓库式终端的企业仍占绝大多数,其中不乏东方家园等一些经营很好的企业。相比之下,宜家有效的利用了终端,把商场当作家庭来布置,进行彻底彻尾的终端文化建设,将终端作为传播企业文化的大舞台,通过一切可用的传播手段来全方位地吸引和引导顾客,使顾客在潜移默化中了解宜家、钟情宜家。家具毕竟不同于一般的消费品,顾客购买决策会颇为慎重,需要有一个说服自己的缓冲时间,宜家在给消费者提供舒适、文卿、轻松、休闲之于,也为顾客开辟了一个思考决策的空间。在这样良好的环境里顾客自然愿意多待一会儿,多待一会儿就会多挑选几样东西。

3. 体验式营销 兜售质量主张

3.1 质量过硬的宜家

作为返璞归真的现代营销手段，宜家鼓励顾客在卖场"拉开抽屉，打开柜门，在地毯上走走"，或者试一试床和沙发是否坚固。这种"体验式营销"也叫"朋友式营销"，包括消费者免费使用产品，无条件退还，对产品进行破坏性实验等。

在睡眠者日，宜家给300多人提供在商店内过夜来试验新型宜家床垫，如果试验者第二天买了被试验的床垫，即可以给十分优惠的折价。

在宜家，用于对商品进行检测的测试器也非常引人注目。在厨房用品区，宜家出售的橱柜从摆进卖场的第一天就开始接受测试器的测试，橱柜的柜门和抽屉不停地开、关着，数码计数器显示了门及抽屉可承受开关的次数：至今已有209 440次！

在家居行业采用这样的营销手段具有很大的风险性。宜家之所以这样做并且能够坚持下来，首先，过硬的商品质量是根本原因；其次则是出于对消费者心理的准确把握。鼓励你尝试公司的产品，不知不觉中让你信赖，"朋友式营销"不同于"专家型营销"的地方是更亲切、更生活化。

3.2 精致、人性化宜家

宜家的产品做得非常人性化和精致，充分考虑到使用的方便性和舒适性。在这个以消费者为导向的时代，谁为消费者想得更多，谁就能够成为市场的赢家。宜家产品设计是从消费者日常使用的方面考虑的，这些东西是否适合消费者的使用，开发人员、设计人员都和供应商之间进行非常深入的交流，作过非常深入的市场调查。一般来说，产品的设计到制作完成需要半年的时间，包括设计、材料的选择、测试、完工等。平时，宜家了解消费者的途径通过零售商（宜家卖场），宜家卖场的人员还会及时将信息反馈给产品设计人员，设计人员会结合消费者的需求对产品进行改进和设计。

3.3 独具风格的宜家

商品的交叉展示及样板间也是宜家独创的风格。早在1953年宜家在自己的发源地就开辟了样板房，让人们可以亲自来体验，可谓是体验营销的先驱。顾客在宜家不仅可以买到称心如意的家居用品，而且可以获得色彩搭配等许多生活常识和装饰灵感。宜家把各种配套产品进行家居组合设立了不同风格的样板间，充分展现每种产品的现场效果,甚至连灯光都展示出来,使顾客可以体验出这些家居组合的感觉以及体现出的格调。宜家在中国的样板间的设计充分结合中国人对于生活的要求和消费模式:在北京宜家商场的三层,有58个家居设计的样板间,有9平方米、14平方米、20平方米等不同规格的设计,对单身贵族、年轻夫妇、三口之家以及儿童等不同的居住空间提出不同的方案。宜家承诺,消费者如果自己买回去的东西发现搭配不如宜家漂亮,可以在60之内退货,还要负责教会消费者怎样去搭配。

而在单个产品上宜家也设计了消费者自己动手体验的过程,宜家的大件产品都是可以拆分的,因此消费者可以将部件带回家自己组装,所有宜家的产品在设计师自己设计的时候自己动手组装,还会提供各种各样的工具来帮助安装,并配备有安装的指导手册和宣传片。比如,就纺织品来说,宜家就制作了一个搭配宣传片52集,教会消费者怎样去买、去搭配、去选择。

随着消费者消费意识的成熟,消费者对于消费的过程体验需求越来越强烈,宜家结合这样的需求,提供了一套从现场卖场到最终将家具搬回家之后的全套体验营销,让消费者不仅在现场体验,而且回到家后还可以自己动手安装体验,拉近了产品与消费者之间的距离。

4. 拒绝主动服务让顾客了解更多

4.1 拒绝主动服务给顾客营造轻松氛围

消费者在购买一件商品的时候,要么缺乏选择某一品牌、某一产品的坚定的理由,要么在很大的购物场所里面因为商品的种类太多而经常迷失方向,这在一定程度上增加了消费者的决策时间和决策成本。国内很多家居商场采取的是通过店员的详细介绍来说明每一件商品的特点,但是宜家的经营者认为,没有人比顾客自己更愿意帮助自己,因此,宜家将营销的信息全面公开和透明,引导顾客扮演非传统角色,购货采用顾客自选的方式进行,鼓励顾客参与购物的全过程,完全打破了消费者的顾虑,并节省了消费者的时间。

在宜家商场内的工作人员不叫"销售人员",而叫"服务人员"。宜家规定,其门店人员不得直接向顾客推销,而是任由顾客自行检验来决定,除非主动咨询。宜家商场的入口处,提供给顾客产品目录、尺、铅笔和便条,帮助顾客在没有销售人员的情况下作出选择。宜家认为对于顾客来说这些已经足够,售货员的全程陪同无非在顾客需要时提供同样的信息和一些顾客不需要的东西。这样的服务方式除了使顾客有一个轻松自在的购物经历、增加了从购物过程中所获得的满足感和成就感,也降低了对销售人员的需求,降低了销售费用。

宜家的顾客自我服务方式恰当地把握了现代家居个性化的大趋势。满足了人们追求自在、自我，渴望成为主角和支配者的心理需求，因此赢得了很多消费者的喜爱。

4.2 顾客信息指导 让顾客了解更多

宜家不仅给顾客提供轻松、自由的购物环境，而且为顾客精心地为每件商品制定"导购信息"。负责任的企业应该尽量向消费者提供关于产品、价格、功能等方面的全部真实信息，丰富而透明，以使顾客在充分掌握这些信息的前提下，作出完全自主的购物选择。在这方面，宜家堪称典范。

在宜家的"导购信息"中，有关产品的价格、功能、使用规则、购买程序等几乎所有的信息都一应俱全。对于组装比较复杂的家具，宜家在商店中反复放映录像和使用挂图解释如何组装该家具。为了让顾客了解相关的商品知识，宜家每件产品上的标签都详细而明了，宜家总是提醒顾客"多看一眼标签"。在标签上，您会看到价格、尺寸、材料、颜色、功能、购买程序、使用规则及保养指南。就是一颗简单的灯泡，宜家也可以将其灯泡的特点完全展示出来。宜家是第一个向顾客介绍节能灯好处的零售商。在北京宜家家居二楼的厅柱上写着："1. 一只节能灯泡的寿命相当于 8 只普通灯泡，您可以少换几次灯泡。2. 节能灯可为家庭一年节省约 400 元等。"这则说明的下面安装了两排闪闪发亮的灯泡，另一排是 6 只 60 瓦的普通灯泡。一只箭头指着两只电表："请看这两种灯泡巨大的区别。"就连你不懂怎样挑选地毯，宜家也会用漫画的形式告诉你："用这样简单的方法来挑选我们的地毯"：一是把地毯翻开来看它的背面；二是把地毯展开来看它的里面；三是把地毯折起看它鼓起来的样子；四是把地毯卷起看它团起来的样子。

每个顾客在做出购物决定之前，如果对所购商品的特性一无所知，那么他肯定就会感到手足无措，如果是在别人劝说之下做出的决定，买回去如果发现问题就会大呼上当带来不好的感受。因此，宜家采取了一种顾问式的营销方式，将每一个细节都考虑进去，来指导消费者快速做出购买决定，因此它出售的几乎都是完全符合用户要求的产品。

5. 锁定目标 DM（产品目录）营销

宜家主要以产品目录（DM）的形式展示自己，向顾客直观介绍企业产品。"宜家目录"可以说是宜家集团的一扇窗户，既是对顾客的一种信息服务方式，又是一种有效的广告宣传，一直被作为其主要的市场推广手段。

产品目录一直被视为世界家具流行趋势的向导。作为世界上发行量最大的免费印刷刊物，宜家产品目录册 2004 年全球总发行量为 1.31 亿册，共 45 个版本。

2004年在中国的发行总量为250万册,比2003年多发行30万册,其中北京120万册,上海130万册,内容也由上年的204页到增加到284页。宜家不惜成本向锁定对象免费散发目录手册,一是展示世界大牌的身价;二是树立潮流领袖的权威。尽管比起广告来,这样做的成本是巨大的,但是向锁定的消费群散发目录手册远比铺天盖地的广告廉价而且更能带来深入人心的品牌渗透效果。没有人会对这份精美的"艺术画册"视而不见。这不是在兜售一种产品,而是在兜售一种理念。这种"醉翁之意"的迂回"攻心战"在与顾客的直接沟通中,更易打动顾客的心。作为一种高端的DM广告,100%的暴露频率加100%的目标人群,使宜家每一分广告费用都能产生价值,虽然成本的一次性支出很大,但相比电视广告等传统传播媒介而言,从长期来看,却更为节省。

宜家在其他国家都大量采用电视这一媒体,因为宜家的经营理念就是为大众创造美好生活,电视媒体恰好满足了这一要求。但宜家在中国只有上海和北京两家商场,它的目标顾客是年龄在25~45岁,受过良好教育,工作稳定,高收入的人群。这部分人群并不代表大多数的中国消费者,而电视是一种大众化的媒体,因此,宜家进入中国伊始,同样是采用针对性强的DM方式,没有支付昂贵的电视广告费用。

6. 钟情中国却面临众多挑战

就如许多跨国公司评价中国那样,中国在宜家的眼里无疑是一块巨大的蛋糕,虽然宜家对中国情有独钟,但中国不会对宜家偏爱有加。1998年,宜家正式入主中国,经过这几年,宜家面临了众多的困难与挑战。

6.1 迟到的宜家

虽然宜家进入中国已经多年,但从时间上,宜家的进入显得不够及时。调查显示,中国国内市场的建材城已超过数十万家。仅北京就有40家左右的各种家居采购市场。家具市场增长最快的是在2000年前后。宜家已属于晚来者,所以时间成本与市场教育成本是宜家在此阶段需要考虑的。

6.2 被误解者的宜家

无论在瑞典本土还是北美市场,宜家都是一家典型的"家居便利店",这同样也是宜家的初衷。但是,在中国这个庞大的家居消费市中,本来想靠低价策略谋取大众市场的宜家被误读了。在中国消费者的眼里,宜家是"贵族"的形象。时尚高雅的店面装修、精巧华丽的造型设计、高昂惊人的产品价格令中国的普通消费者望而却步。宜家的出现,为喜欢变革的中产阶级们提供了一个温暖的支撑。在自己的私人空间里，宜家的家具是为生活中的不断变动而设计的———一个新公寓，一段新恋情，一个新家……即使仅仅随意的逛逛宜家的商场都会让许多人振奋起来。宜家的许多空间都被格成小块，每一处都展现一个家庭的不同角落，而且都拥有自己的照明系统，向人充分展示那可能的未来温馨的家。而看到价码会令人更加振作：这些外表高档，有品位的家具竟然是普通中产家庭就可以负担的。尽管只有上海和北京两家分店，宜家引发的轰动迅速由传媒扩大至全国各地。

几年来的运作，宜家成了一个文化符号，让长久以来渴望自由消费主义的中国新兴中产阶级趋之若鹜，我们可以明显地感觉到，当品牌成为一种时尚，成为一种群体的消费文化的符号的时候，其力量是非常巨大的。有杂志就曾做了一次时尚调查，发现北京上海广州流行时尚中，有两大共同的爱好：逛宜家，吃哈根达斯。宜家成了家居文化中最强势的符号。这给我们带来的启示是，随着中国新兴消费阶层的崛起，在未来，那些能够代表一个阶层的文化符号的产品注定有着广阔的空间。

对于刚刚进入中国市场的宜家，给中国消费者留下了这种高档、时尚的印象，这是宜家所有高层管理者所不愿看到的。一些老百姓甚至把购买宜家家具视为身份的象征。但这无疑是对宜家最大的一个误读：无论在瑞典本土还是北美市场，宜家都是一家典型的"家居便利店"；作为世界上最大的家居提供商，宜家的业务以家居解决方案、为顾客提供质优价廉的便利家具见长。

这种误解的根源是因为中国的整体消费水平的相对落后以及一些本土的消费习惯。当时的中国虽然处在一个高速的发展阶段，而且经济的增长速度令整个世界瞩目，但是由于中国经济基础的相对低下，加之受传统文化的影响很深。导致了中国市场的不成熟。也正是中国市场的这种不成熟，让刚进入中国的宜家遭受了一次沉重的打击。

6.3 被骗的宜家

面对中国成千上万的家具制造商，加之中国不太健全的法律环境，宜家经常遭受一些企业的仿造与欺骗。它们到宜家店里量尺寸，看样式，之后以更低的价格仿造出售。结果宜家风靡全球的"价格优势"在中国失灵了。

6.4 外来者宜家

宜家的的确确是一个"外来者"。它的独特的或者说具有欧洲特点的经营风格多多少少偏离了中国大众的消费习惯。尤其是在心理上，中国老百姓对它的北欧文化还有些不适应。于是"本土"与"本色"如何融合，成为宜家在中国发展的一个不可忽视的问题。

宜家在中国迅速壮大了，但在这样一个它认为尚不成熟的市场上，主要还面临着三大挑战。一是产品生产厂商，他们将保证宜家产品取得成本的绝对优势；二是在服务方面，引导消费者购买，帮助顾客选择自己所需要的目标功能的商品；三是消费，瞄准最有能力的消费群体，在中国市场就获得长期稳定的市场份额。

宜家是否能为中国而变？

7. 吸收中国特色执行大众路线

为了避免和减轻在中国的水土不服，宜家在坚持自身特色的同时，也吸收了"中国本土特色"，并将其顾客群锁定为中国的工薪阶层。

7.1 从郊区到繁华市区

第一个体现中国本土特色的举措就是将店址由郊区转向繁华地段。在全球各地，宜家一向把自己的商店开到郊区，并且配备宽敞的汽车停车场和其他便利设施。由于在许多发达国家，消费者都有私家车，交通不成问题，加上人们渴望回归自然的心理，使他们选择郊区作为居住休闲的最佳场所。

但是，中国的消费者大多没有私家车，交通要求便利。再者，宜家的访问量不高。为了获得足够的访问量，宜家家居店需设在交通便利繁华的地区，并具备一定规模。这从宜家的第一家中国标准店的选址就可以看出苗头——在上海开出的第一家标准店选在繁华的徐家汇商业区旁边。在这样一个寸土寸金的地段，宜家还是按照在欧美郊区建店的统一标准，只造了两层的卖场。其北京店设在三环边儿上，同样是交通便利地区，目的是为了获得足够的访问量。

7.2 增加人员服务

严格控制各个环节以减少经营成本一直是宜家的制胜法宝。在欧美国家，宜家的商店里，采用自选方式，减少商店的服务人员。并且没有"销售人员"，只有"服务人员"。他们不被允许向顾客促销某件产品，而是由顾客自己决定和体验，除非顾客需要向其咨询。顾客需要自己动手把买到的家具组装起来，而且宜家不提供送货。这些购物的不便利，国外消费者都习惯了。因为宜家在用实际行动告诉顾客，它们在为顾客"省钱"。

而中国的消费者却不习惯缺少服务的购物过程。它们更习惯家具厂商在商店里的热情服务，在购买家具等大件时更是将免费送货当作商场应提供的服务。它们难以接受自己运货或花钱运货回家的做法。宜家为了适应中国消费者的习惯，也配备了较多的送货车辆，并在消费者的强烈呼吁之下，降低了送货费用。另外，考虑到很多中国消费者远离宜家商店，宜家在中国市场的退货日期从14天延长到60天。

7.3 宣传方式增多

宜家赖以起家的促销绝活——邮寄手册是其广告宣传的"撒手锏"。在宜家进入中国伊始,同样是采用这一方式,并且取得了一定的效果。随着中国家居市场复杂程度的加大,宜家发展速度的要求,使其不得不考虑其他更适合中国市场的宣传方式。2002年9月,在北京和上海同时播出由其精心制作的52集电视系列片"宜家美好生活",每周一集,每集8分钟,解决观众在家居装饰中经常遇到的难题,使其在轻松愉快的气氛中更加了解宜家的产品和服务,欣赏宜家的创意,获得灵感。这是宜家进驻中国市场4年以来首次使用电视这一媒介。这一步是宜家管理层经过深思熟虑后才做出的。同样这也是宜家扩大市场份额的需要。

7.4 彻底执行大众路线

在终端上,宜家作为一个低成本的领导厂商极为重视在销售中发挥价格的"此时无声胜有声"的作用,灵活运用体验营销、信息营销等多种营销方式,加强顾客对宜家的认识。

除此之外,宜家为了在中国更好地发展,不断通过降价行动来改变原来在中国消费者眼中的"贵族"形象。从2003年9月起,宜家对1 000多种产品全面实行大幅度降价,这是宜家进入中国6年后的一次重大调整:彻底执行大众路线。宜家将其顾客群锁定为中国工薪阶层。"宜家的战略就是不断降价。"通过降价策略,中国巨大的消费潜力充分体现出来,一种名为佛宾的小凳子降价后,中国两个宜家商场比法国12个商场卖得还多。

7.5 改变顾客习惯

创造美好生活。宜家在对中国市场进行调研的时候发现,中国老百姓除了搬新家外,一般很少购买新的家居用品来改变现有的居住环境和布置。针对这种现象,宜家颇具匠心地推出了"改变很简单"(Change Is Easy)的口号,旨在帮助和鼓励广大普通老百姓通过改变一成不变的生活习惯和惰性,创造美好的生活环境和舒适空间。基于这一想法,宜家样板间才悄悄走进了普通老百姓的生活,电梯间才会变得如此浪漫。

宜家告诉消费者,改变不很麻烦,一点小小的变化可能就会起到画龙点睛和事半功倍的效果。于是宜家也配套地推出了一些不太贵的新品,比如封闭的阳台,如果一向堆着杂物、落满灰尘,可以花半小时擦拭一遍,空出块地方,买个新式摇椅放着;傍晚打开阳台玻璃窗,坐在摇椅上慢慢摇晃着享受夕阳。又如,喜欢的CD、影碟总没地方放,胡乱塞得到处都是,找时总是麻烦。可以买套CD

架钉在墙上，不仅能整齐地放下所有碟片，还显得颇有个性。采用这种化整为零的策略之后，配合诱惑人心的广告语——改变很简单，宜家吸引了众多消费者，自然也有效地击败了很多同行当年的促销行动。

为了能让宜家深入中国老百姓的心中，宜家还特意策划了一次"浪漫电梯屋"的活动。居住在北京恩济里、慈云寺、华严北里、慧新西街等区域某些居民楼内的居民绝对不会忘记 2003 年 9 月发生在自己楼内电梯间的事情，因为有一天他们突然发现往常又黑又旧的电梯间一夜之间被改造得焕然一新，变成了一个个时尚样板间：整洁、舒适、亮堂。还未进入家门就已经感受到了家的温馨。当时很多居民都不知道为什么会发生如此的变化，大家都猜测可能是物业对电梯环境做出的改善。后来才知道，是宜家家居把电梯装扮得如此漂亮。

自从电梯间变成浪漫屋之后，几个掌管电梯间的阿姨整天都笑呵呵，因为她们是改变的最大受益者。原本的旧桌子换成了具有多种储藏功能的宜家柜子，零碎的小东西不用愁没地方放了，椅子也变成了具有现代设计感的宜家吧台椅，工作变得舒适方便不说，还着实让这些电梯间阿姨们时尚了一把。而楼里居民们的情绪也被调动得很高，从来没想到乘电梯这件事还能变成对美的享受。人们你一言我一语，纷纷表示赞叹，有人还说现在坐在电梯间里比在家里还舒适；孩子们就更不用说了，在电梯间兴奋得叽叽喳喳，甚至跟家里人说晚上要搬到电梯间里来睡觉。

其实如果你不熟悉宜家家居的风格，你根本就不会知道这是宜家的所作所为，因为这只是宜家实施的一项公益活动，目的是让北京普通的老百姓都能亲身感受到生活环境的重要性。宜家的想法是：只要你关注你的生活，只要你想改变，你一定可以做到。

【思考题】
1. 体验营销的内涵怎样，宜家是如何运用的？
2. 体验营销适用于哪些行业，运用时应注意哪些问题？
3. 宜家的经营与其他同行相比主要的特色在哪里？它对中国企业有哪些启示？

【资料来源】
根据相关资料编写。

日用品公司如何选择广告代理商

摘要： 美国一家中等规模的食品及日用品生产商决定在几个主要欧洲国家生产销售某些产品，日用品公司的某些产品彼此之间是具有竞争性的。因而，在某种程序上，品牌营销主任不仅要考虑到来自公司外部的竞争者，而且还要考虑来自公司内部的竞争，由于欧洲的特殊地理环境，需要熟悉欧洲各国情况的广告专家，以使欧洲每一个国家的每一则广告都适合当地市场的特点，只有欧洲广告公司有条件符合这一营销导向。

关键词： 营销导向；市场特点；广告

日用品公司对欧洲市场产生了相当浓厚的兴趣。该公司是美国一家中等规模的食品及日用品生产商，公司最近决定在几个主要欧洲国家生产销售某些产品。公司曾在欧洲市场的唯一经历就是通过欧洲进口商或美国中间商搞了一些出口贸易，严格地说，公司还没有开拓欧洲市场的任何经验。

日用品公司并没有打算至少是开始就没有打算在欧洲生产和销售它的食品类及非食品类产品线。公司营销研究部的经理和对外研究部的顾问经过调查后发现，该公司的这三条产品线在欧洲市场最具潜力：冷冻食品、袋装蛋糕及调料、多功能家用洗涤器。其中的多功能家用洗涤器曾在美国市场上获得了极大的成功，此外，它生产的冻肉、冻鲜果、糕粉等产品在欧洲市场上也颇具竞争潜力。目前，该公司亟待解决的一个主要问题是欧洲广告代理商的选择问题。大多数的日用品销售都是通过零售商直接卖给消费者的，因此，公司开展有组织的营销活动意义不大，公司要想进入欧洲市场，必须依靠各种广告媒体，与冷冻储运商建立广泛的业务往来关系，营销经理的活动要与广告代理商们紧密结合，要依靠广告代理商们展开各种服务活动，要把他们看成是公司在欧洲的延伸。然而，公司的高级管理层并不知道他们应该或可能找到怎样的广告代理商，是找美国人好还是找欧洲人好呢？或是同时找美国人和欧洲人呢？显然，广告代理商的选择成为公司开拓欧洲市场的第一要素。

1. 公司简介

日用品公司成立于1927年，是由几家小公司合并而成的，曾主要生产包装食品，随着公司业务的发展，它逐步将其业务扩展到生产诸如洗涤器等非食品类产品。1972年，它的年销售额达7.3亿多美元，当年广告费的支出约为5 000万美元。公司的营销机构是根据产品品牌指定主管人员的。食品类分为两大类，非食品类作为第三类。每一类产品有一个营销经理，在营销经理之下，每一个产品品牌指定一位品牌营销主任，这些营销主任有时也负责一个产品系列。品牌营销主任全面负责他项下的产品或产品系列的营销管理工作。在公司总的管理政策限度内，品牌营销主任对项下产品的营销战略、销售政策、广告和促销方式的决策拥有相当大的权限，每一品牌营销主任都直接对分管营销经理负责，这些分管营销经理都是公司的高级管理层成员，直接对公司总经理负责。

2. 广告、销售政策和程序

事实上，日用品公司的某些产品彼此之间是具有竞争性的。因而，在某种程序上，品牌营销主任不仅要考虑到来自公司外部的竞争者，而且还要考虑来自公司内部的竞争。总经理每年给一个品牌确定一个销售目标，根据该品牌的销售完成情况对品牌营销主任进行考核。某些食品类产品，其计划销售额是按上年的实际完成额再加上10%的增幅来确定的。

目前，公司有四家广告代理商，这些广告代理商在美国的各大城市都有办事机构，其中有一家代理商还在加拿大的蒙特利尔和多伦多两地设有业务办公室。美国的广告代理商如要在加拿大做广告，既可直接通过加拿大的广告媒体，又可通过与美国广告公司有联系的加拿大广告公司。

加拿大的广告业务，无论是由美国的代理商还是由加拿大的代理商来做，都与美国的广告业务极其相似。公司的高级管理层认为，美国和加拿大广告业务的区别仅仅是程度不同而已。广告信息具有适应性，纽约的商品广告有什么新动向，在洛杉矶、芝加哥、蒙特利尔等地的广告市场上都会有所反应的。加拿大的人口大部分集中在美加边界附近，美国的收音机和电视所播放的节目都能被加拿大人接收到。该公司为了开拓法语加拿大人的市场，大量用法语做广告，不过这些法语广告仅仅是英语广告的简单翻译而已，为了使法语广告做得地道纯正，加拿大广告公司专门雇用了讲法语的加拿大人。

3. 欧洲市场的广告

多种因素促使美国日用品公司进军欧洲市场。首先，它认为，无论经济形势如何变化，大部分欧洲国家的居民收入和生活水平是在提高的；其次，它认为美国的自动销售法在欧洲也许具有重要意义，它坚信其产品开发部如若对产品的设计和包装加以改进，是肯定会满足欧洲自助商店或超级市场需要的。事实上，欧洲的自动销售在经过一段缓慢的发展时期之后，目前已在英国、法国、意大利等国家广泛风行起来。该公司认为与许多欧洲同类产品的生产者相比，它有能力适应这一销售革命的需要。再则，欧洲电视机的广泛普及也是该公司考虑进入欧洲的原因之一。某些国家曾经禁止电视台播放商业节目，但随着电视节目的制作成本逐步增大，各国终究还是播放了获益极大的商业电视节目。丹麦、瑞典甚至转播周边国家的商业节目。许多欧洲国家的电视内容是播放美国节目，无疑这也是促进美国产品的销售。就广告成本而言，电视并不是它的主要广告媒体，该公司也曾成功地举办过几次信度极高的产品展销活动，公司善于运用各种广告媒体推销产品，高级管理层相信本公司的产品是完全能被欧洲市场接受的。

日用品公司并不打算立即在欧洲所有的国家展开营销活动，公司准备首先在英国建立一家分厂，将其生产的产品直接在英国市场上销售，然后再与荷兰的食品加工厂合资，在欧共体市场内销售并伺机向欧洲自由贸易联盟各国出口。

4. 广告代理商的选择

公司目前还未就如何选择欧洲市场上的广告代理商取得一致的意见。不过总的看法是，在业务量还没有得到大量拓展之前，最好是找一家独家广告代理商，然后通过这家代理商，进行更进一步的行情调研，对欧洲各国的广告做法、包装习惯、销售法等进行深入的研究。

加拿大和美国的消费者口味是各不相同的，甚至美国各地的消费者口味也会大相径庭。西部美国人爱喝煮的咖啡，而东部美国人却喜欢喝速溶咖啡，这种消费者口味的差异性也许在欧洲各国之间会更大。因此，该公司就产品在欧洲市场上的适销性问题上还没有确定一个完整的生产计划。但有些管理职员提出，不应忽视消费者口味的同质性，选择的广告代理商应深知产品的适应性原理。

熟食部的销售经理认为，他们应选一家美国人经营的广告公司做代理，只要该公司有兴趣在欧洲开一个服务办公室就行，因为美国广告公司熟悉本公司的程序、政策、产品和经营目的。鲜品部的销售经理则认为，美国广告公司熟悉日用品公司的情况，这一点固然不能忽视，但熟悉欧洲市场行情的广告公司则更应注意,因此,应选择那些既了解美国情况又熟悉欧洲市场的国际营销咨询服务机构作为本公司的广告代理商。而非食品部的销售经理则持另一种观点,即应选择一家欧洲人经营的广告公司作为本公司的广告代理商,但同时要注意,该广告公司必须在欧洲各国都有分支机构,或者该广告公司是一家大型营销咨询集团的成员,因为欧洲广告公司熟悉欧洲每一个国家的详细情况,不仅要把欧洲看作一个统一的市场,还要把欧洲看作统一市场以下的众多分散市场,它需要熟悉欧洲各国情况的广告专家,以使欧洲每一个国家的每一则广告都适合当地市场的特点,只有欧洲广告公司有条件符合这一营销导向。

因此,公司为进入欧洲市场,在广告代理商的选择问题上面临着三种方案。总经理征询是否还有其他的可供选择的方案。公司也可将欧洲市场的广告业务分作两个部门,一部分业务交给欧洲人的广告公司,一部分业务交给美国的国际广告公司,然后经过一段时期的试用后,衡量究竟哪家广告公司的工作效率更高,尔后再选定该家广告公司作为欧洲广告业务的代理。

【思考题】
1. 日用品公司在选择欧洲市场的广告代理商时应考虑哪些因素?
2. 该公司应选什么样的广告代理商?
3. 公司可期望从广告代理商那儿获得什么?如何才能获得?
4. "在纽约卖得掉的东西在巴黎也能卖得掉",你相信这句话吗?

【资料来源】根据相关外文资料翻译编写。

国际广告：标准化、本土化还是全球化

摘要： 跨国经营中采用标准化、当地化还是全球化广告策略，是企业面临一项重要选择。万宝路、诺基亚、半岛酒店面对不同目标市场的特点需要作出了自己的选择。

关键词： 标准化；本土化；全球化

印度尼西亚是仅次于中国、美国、俄罗斯和日本的全球第五大香烟市场。美国成年男性的吸烟率为24%，而印度尼西亚是2/3。该国的广告限制很少，主要限制表现为广告中不得出现吸烟的镜头。对于在广告或公共活动中的品牌宣传没有限制，吸烟者也没有最低年龄限制。

2005年，奥驰亚集团的菲利普·莫里斯国际公司以52亿美元收购了印度尼西亚丁香烟草制造商的控股权，是该国引进的最大一笔外国投资。尽管万宝路在传统香烟类别中占有50%的份额，但传统类别在整个香烟市场中比重相对较小。在印度尼西亚，丁香烟（甜丁香）占有90%市场份额。为通过优质品牌获得更多的市场份额，菲利普·莫里斯计划以万宝路品牌推出丁香口味香烟。

诺基亚全球宣传使用的标语是："有1 001个理由拥有一部诺基亚照相手机"。不同于过去，在不同的国家使用不同的图片和信息，此次的想法是在所有国家使用同一种信息。这样做的依据是消费者可以在各地获得一致的信息，而公司可以从标准化中获益。诺基亚认为在全球范围进行产品的广告更为实际，因为全球许多地方都最终使用了相同技术，使得诺基亚可以同时向世界各地提供新产品。但直到最近，统一化的广告仍不可行，因为公司必须在不同时间不同地区推出不同产品。为迎合本地口味，诺基亚在广告中使用当地演员（如在非洲、亚洲、欧洲和美国）。在某些地区选择本地特色的市场（如在意大利的市场或中东的集市），并进行装修以展出诺基亚手机。

半岛酒店公司经营了7家豪华酒店（3家在美国，4家在亚洲）。公司凭借豪华的酒店形象而闻名全球。直到最近，半岛集团允许各家酒店在当地进行广告宣传。目前，公司想要更强大的一致的品牌形象，针对小型受众设计了一场全球性的活动，集中关注连锁酒店最大顾客构成的高消费的美国人，但也试图吸引英国顾客。在《经济学家》和《国际先驱论坛报》等杂志上开始刊登印刷广告。

这场名为"半岛肖像"的宣传活动以著名摄影师安妮·莱博维茨的人物肖像照为基础，莱博维茨在2007年当时受命为伊丽莎白女王拍肖像照而意外地成为全球新闻人物。BBC报道称，当莱博维茨建议女王"应该不用如此考究时，女王非常不安"。

对于半岛酒店而言，莱博维茨的作品展示了一系列宾馆人员和宾客的黑白照片。其中一张照片是一名香港经理在打理一辆劳斯莱斯轿车。另一张照片是戴手套的白人在纽约第五大街遛狗。还有一组仆人、厨师和管家的照片（与他们的孩子一起穿着制服）。

【思考题】

1. 万宝路是一个传奇，其形象如此强大以至于不需要万宝路广告再呈现太多文字叙述。照片基本传递了所有信息。万宝路如何在印度尼西亚宣传品牌的？在考虑法律规定的前提之下选择另一个国家应如何进行宣传？并解释万宝路是否应该采用标准化广告活动，或是否需要采用本土化的活动。

2. 评价诺基亚的"1 001个理由"广告活动。该活动应该归为哪一种：标准化、本土化或是全球化？提供支持你做出主要评估所使用的理论根据。

3. 评价半岛酒店的广告活动。该活动应该归为哪一种：标准化、本土化或是全球化？提供支持你做出主要评估所使用的理论根据。

4. 提供关于如何改进诺基亚、半岛宣传从而获得全球吸引力的建议。

【资料来源】［美］萨克·翁克维斯特，约翰·J. 萧. 国际营销学［M］. 邵建红，王凯译. 北京：清华大学出版社，2013.

第十二部分　国际营销的组织与控制

联合利华公司的组织变革

> **摘要**：联合利华作为全球范围内经营洗涤剂和食品的著名跨国企业，长期以来一直面临着宝洁公司强有力的竞争。面对竞争对手，联合利华锐意进取，勇于创新，改变了传统的营销方法和组织结构，在欧洲市场确立了稳固的市场地位。
>
> **关键词**：泛欧战略；营销创新；组织变革

联合利华公司是一家历史悠久的跨国企业，在全球范围内经营洗涤剂和食品业务。几十年来，联合利华公司对其洗涤剂产品一直放手经营。每一个主要的目标市场国都设有全面自治的子公司，包括生产、营销和研发等一系列价值创造活动。到20世纪80年代中期，该公司仅在欧洲市场就有17个独立的分支机构。

到20世纪90年代，联合利华公司开始改变其洗涤剂的经营方法，从一家宽松的邦联体转变为奉行全球战略的管理严谨的企业。这是因为联合利华公司意识到传统的经营方法在市场竞争中已不再有效。实现实质性的成本节约，进行营销创新并对市场变化趋势迅速做出反应已变得至关重要。

20世纪80年代，联合利华的主要竞争对手宝洁公司不断通过新产品占领市场，使联合利华公司的问题显得尤为突出。联合利华公司要"说服"17个欧洲子司生产新产品需花4~5年时间。此外，由于在每个国家的分支机构中都要重复添置生产设备，联合利华公司的成本构成很高，也无法取得同宝洁公司一样的规模经济。联合利华公司的高成本使其无法使用有竞争力的产品定价。

为改变这种状况，联合利华公司建立产品部门来协调各地区的经营。如今，17个欧洲子公司都直接向欧洲利华公司汇报，这一新举措的背后有一个协议：17个子公司放弃以往市场的自主权，以换得有助于发展和实施统一的泛欧战略的机会。

这些改变使生产变得理性化了，欧洲市场上的洗涤剂的生产集中在一些主要地区。生产肥皂的欧洲生产厂家由10家削减为2家。一些新产品将只由一个地点生产。产品的大小和包装实行一体化，以降低采购成本，并为整个欧洲统一做广告铺平道路。通过这些举措,联合利华公司估计一年在欧洲市场就能节省4亿美元。

联合利华欧洲分公司正试图加快新产品开发的速度并在整个欧洲同时上市。联合利华公司的努力是有回报的:20世纪90年代初,在德国上市的碗碟洗涤剂一年以后在整个欧洲上市,这是一个明显的进步。

但联合利华公司仍然有其历史局限性。宝洁的主要衣物清洁剂在整个欧洲使用同一品牌,而联合利华公司的产品有许多不同的品牌。该公司并不打算改变这一点,因为联合利华公司相信为了泛欧标准而放弃那些花了百年才建立的品牌是愚蠢的。

【思考题】
1. 简述联合利华公司原有组织结构的特点。
2. 面对宝洁公司的市场竞争,作为联合利华公司应如何再造其营销组织结构?为什么?

【资料来源】沈钺. 全球营销学 [M]. 武汉:武汉大学出版社,2004.

OEC – 海尔的推动力

> **摘要**：海尔的成功不仅归功于有效的营销策略，也归功于高效的管理模式。OEC 管理模式有其独特的特点，它成为海尔取得国际市场有利竞争地位的助推器。
>
> **关键词**：OEC；管理模式

海尔是个成功的企业，在海尔集团成功的背后，是 OEC 管理模式。OEC 的含义是"全方位地对每人、每天所做的每件事进行控制和管理"。一踏进海尔电冰箱股份有限公司厂区，便发现每条道路、每块花坛、草坪旁都挂着"负责人××，检查人××"的牌子。这现象到了车间就更普遍了，电梯、玻璃窗、消防器材、每台设备都张贴或悬挂着同样的纸牌。海尔集团 OEC 管理中的一个重要内容就是事事、物物都有人管，大到一台设备，小到一块玻璃都规定具体的责任人，并有人监督检查，以保证企业每一环节的运行不出偏差疏漏。

走进海尔生产车间，一眼便可看到入口处和作业区显眼的地方，有一块 60 厘米见方的特别图案，红框、白芯，白芯上醒目地印着一双绿色大脚印，这是海尔特有的现场管理"6S 大脚印"。站在"6S 大脚印"往前方看，一块写有"整理、整顿、清扫、清洁、素养、安全"大字的牌子映入眼帘，这就是"6S"的内容。这 6 个词的英文拼写第一个字母都是 S，因此，简称"6S"。每天班后，班长都站在此处，总结当日"6S"工作和当日要求，并且要将昨日"6S"工作和当日要求，并且要将昨日"6S"较差员工请到"脚印"上检讨自己的工作，以求今后改进。

在车间里，还可以看到每个班组都挂着一块醒目的牌子，牌子上写着班组每个员工的名字，名字下面大都贴有绿色圆标签，偶有出现黄色圆标签，则说明该工位工作有偏差，需要尽快纠偏。这种"绿色工位认证"不仅起到了激励作用，还使车间主任和其他管理人员能够掌握各工位工作状态，便于加强管理。

透视海尔的 OEC 管理，可以看到，海尔的每位员工每天都在寻找差距，以求每个第二天干得更好。而企业推出的优秀员工、合格员工、试用员工"三工"

并存动态转换的劳动用工制度和"计点到位、计效联酬"的分配制度，以及每年的金奖、银奖、铜奖、希望奖等一系列评比活动，推动着海尔事业的发展。

海尔人认为，企业在市场经济中所处的位置就如同是斜坡上的一个球体，它受到来自市场竞争和内部职工惰性而形成的压力，如果没有推动力，则会下滑。要想巩固自己在市场上所处的位置不下滑，需要向上的动力，即基础管理。

海尔的远大目标是创出国际名牌，成为跨国性大公司，海尔的 OEC 管理是为适应市场竞争的需要而产生的。青岛海尔集团总裁张瑞敏说得十分中肯："与国外大公司相比，我们的企业在人才、技术、市场占有率和资金方面都缺少优势，因此必须把管理搞上去。"

海尔的 OEC 管理经过几年的实践，员工们从不适应到适应，已自觉形成了超越自我意识。正因如此，近年来，海尔的产品和市场开发、经营管理和生产技术水平，始终能与世界先进水平保持同步。当获悉国际上将来要禁止生产和销售以氟利昂为制冷剂的冰箱时，便提早利用新技术生产出减少 50% 氟利昂的冰箱，又与美国环保部门合作，研制生产出超级节能无氟冰箱。

海尔的 OEC 管理也把每个职工的积极性、创造性调动起来形成合力，通过管人达到管事的目的。在海尔冰箱二厂总装车间门体预装工序上，有一个以操作工高云燕命名的"云燕镜子"。她以前负责给冰箱钻孔时，需翻过门体才能知道孔眼钻好没有，影响质量和效率。后来，她在钻台前面放置一面镜子，操作时一目了然，大大提高了加工质量和进度。一个小发明，一片爱厂心。"晓玲扳手"、"启明焊枪"等 11 项小发明均以职工名字命名。它肯定和鼓励着每个海尔人不断超越自我，相信海尔的明天会更美好。

在国产家用电器中，海尔的声誉有口皆碑。尽管海尔的价格要明显高于同类产品，但其旺销的势头仍然有增无减。消费者为何对海尔情有独钟？答案很明了，它的质量好。质量好的原因何在？在于严格、扎实而又富于人情味的 OEC 管理模式。

诚然，每个企业都有管理条例，但大都是写在纸上、贴在墙上，而海尔公司却是把每一个细节都落到实处，落到具体人身上。每天都有检查、每天都有对照，每一个偏差都被明示。都被得到最及时的纠正。于是，每一点偏差疏漏都无法逃过，总体质量便得到了最可靠的保证。久而久之，OEC 管理模式就融化于海尔人的行动中，落实在海尔人的行动上。他们不再感到执行这一管理模式累了，而成为一种自觉的行动。他们另一个值得称道的地方是，在调动员工积极性的手段上，不仅重经济手段，也重满足其心理需求。以发明者的名字来命名操作工具，在我国企业中算得上是个创举。这种激励，有时是金钱的力量所不能达到的。

【思考题】

1. 海尔的 OEC 管理模式有何特点，他对于海尔产品质量的保障起到了什么作用？

2. 结合本案例，谈谈企业如何使管理模式有效地发挥作用？

【资料来源】根据李建良、朱馨侬的《从海尔的 OEC 管理模式看企业的执行力》（载于《科技与管理》2007 年）和梁力东的《浅析海尔 OEC 管理模式》（载于《科教文汇》2008 年）以及王新、曹希绅的《海尔 OEC 管理模式的哲学解读》（载于《企业改革与管理》2005 年）编写。

出 版 说 明

　　本书作者对相关企业管理情况的分析、评议，不代表出版方的立场和观点。未经本书作者和出版方同意，严禁转载本书中的内容。

　　本案例撰写者对案例中所涉及的企业情况及数据来源的可靠性、真实性负完全法律责任，由此而引起的法律纠纷与出版方无关。